解生活烦恼的解读
接近"道"的解读
坚持辩证唯物主义
弘扬优秀传统文化

# 身边的《道德经》

吴长宏　著

陕西新华出版　三秦出版社

**图书在版编目（CIP）数据**

身边的《道德经》/ 吴长宏著. -- 西安 : 三秦出版社，2024.12. -- ISBN 978-7-5518-3294-6

Ⅰ．B223.15

中国国家版本馆CIP数据核字第202460K4V5号

## 身边的《道德经》

吴长宏　著

| | |
|---|---|
| 责任编辑 | 甄仕优 |
| 责任校对 | 雷梦雯 |
| 出版发行 | 三秦出版社 |
| 社　　址 | 西安市雁塔区曲江新区登高路1388号 |
| 电　　话 | （029）81205236 |
| 邮政编码 | 710061 |
| 印　　刷 | 西安天马印刷有限公司 |
| 开　　本 | 787mm×1092mm　1/16 |
| 印　　张 | 17.5 |
| 字　　数 | 215千字 |
| 版　　次 | 2024年12月第1版 |
| | 2024年12月第1次印刷 |
| 标准书号 | ISBN 978-7-5518-3294-6 |
| 定　　价 | 69.00元 |

网　　址　http://www.sqcbs.cn

序言一

# 灵慧醍醐漾躯壳

某个缀满云星的夜晚，眺望苍穹，我突然悟了。

中国传统文化，最讲究的便是悟。

所谓悟，更多的是长期地深究深究再深究，是迷糊迷糊再迷糊后的突然地醍醐灌顶。

没有无缘无故的悟，没有无缘无故地醍醐灌顶，所有的悟和醍醐灌顶，都是历经凡尘的痛苦磨砺出的珍珠。

感谢生活，感谢凡尘中所有的快乐和不快乐、痛苦和不痛苦、幸福和不幸福，所有的感受都是为了你更好地"悟道"，所有人和人之间的差距，只在于你是否有了一颗"道心"。这颗道心，有的人藏之于心，有的人彰之于身；有的人浑浑噩噩，有的人清澈见底；有的人笑而不语他人，有的人敦敦乎传之他人。

我便属于后者。

悟道，布道，法布施，如是而已。

既悟道，便需担起布道的心。

布道，让更多的人悟道、再布道，让世间少一些烦恼，多一些温暖。

向阳而生，也许，这本身就合乎"道"。

感谢我的家人，我们用了很长时间每晚学习讲解《道德经》。

本书的解读，参阅了大量方家对《道德经》的解读，主要采信岳麓书社吴友根版、中华书局王弼版、楼观台任法融道长版，其中的字词解读，根据《现代汉语词典》（第7版）、《古汉语常用字字典》（第5版）、《新现代汉语词典》（王同亿主编），在论述过程中不再一一标注引用出处。对于《道德经》的历史起源等，亦不赘述。我们只管吃鸡蛋，至于老母鸡的来龙去脉，我们不做探究，让更多的方家去做吧。在结构中，原文和"语义直译"供认真的读者和方家鉴证，一般阅读"悟道万象"部分即可。

那么悟道之后有什么变化？禅宗一个小故事说，悟道前，是挑水砍柴做饭；悟道后，还是挑水砍柴做饭。所不同的，只是"心"变了，"眼"亮了，生活更通透了。

这就是灵慧醍醐漾入了躯壳。愿有了这"第一大经"的加持，你我都能克服困难、克服心魔，灵台清明，更好地工作、生活。

悟道有先后，悟果有大小，悟境有高低，我所悟者，对高于我者，可能略显浅陋，供哂之；对低于我者，希望能有丝丝可冀。

我是坚定的辩证唯物主义者，不会俗称的"算卦"，那可能在《周易》里。《道德经》是悟道的，在悟道的过程中，我越来越觉得越是要弘扬中华传统文化，越要坚持辩证唯物主义；越是坚持辩证唯物主义，越能更好地理解传统文化，弘扬传统文化。

我们一同悟道破惑向上，如是而已。

2022年10月22日晚

于蠹籍堂

序言二

# 但愿人间无烦恼

这是一本解决大家烦恼的书。

在完成了我的第二本书《帮你用新闻——企业新闻宣传的新观察》之后，我原计划进入小说的创作领域。完成新闻的著作，是因为我在从事20多年的企业新闻宣传中，从小白到相对专业，在克服诸多困难中，颇有感触。我需要既研究也总结，提出自己不同于别人的观点和做法。

进入小说创作领域，是要完成自己从小的理想，做一个好作家。新闻宣传，是工作中磨砺出来的，文学梦想，是骨子里的喜欢和追求。

追求梦想和生活现实之间，就是烦恼。

我不可能只偏私自己的梦想。我是儿子、兄弟、丈夫、父亲、工作团队中的一员，生活中的每一个角色，都需要我去完成好，尽力去做好，至少我的孩子不能像我一样从小过穷日子（我似乎从小精神满足，物质的穷，除了顿顿吃因没有可口菜下饭而极不喜欢的搅团，几乎对穷无感，但我能深切地感受到家穷的种种窘迫）。

我不可能放下我的梦想。喜欢上文学是从小学三年级就开始的，父亲早逝，一大家在窘迫中各忙各的，自由成长可能属于不幸中的万幸，而我学习不好的主要原因之一，就是因为一直在看很多的文学作品，数、理、化只要过得去就行。这样的状态一直持续到大学毕业，我也确实不适合应试，死记硬背不是我的强项，也影响我的思维。因此，学历几乎成了我毕业后永远的尴尬。

草根要成长，那得多少烦恼！

好在我从众多的文学作品中学会了一样，清醒地面对烦恼，尽可能自己解决烦恼。

话又说回来，人行世间，得有多少烦恼？

佛家说，有多少青丝就有多少烦恼。

岂止是多少青丝，恐怕是有多少细胞就有多少烦恼。

如何出离烦恼？

从古至今，林林总总，有人在亘古不变地寻求解脱的方法。

我算寻求者之一吧，一直深处烦恼之中的我，基本从未让别人看到我的烦恼，他们的印象中，我一直是乐观的。

乐观是解决烦恼的方法之一。因为，你所有的烦恼根源只有一个：你不甘于当前的状态！

因为不甘，不管你是否采取措施，都是烦恼。不采取措施，是思想上的烦恼；采取措施，是思想和行动上的双重烦恼。

甘于现状的人，心无他事，怎可能烦恼呢。

这就是道！

我悟了很多年，终于悟出的"解决烦恼的道"。

产生解读《道德经》的想法源于2019年的疫情，全国按下了"暂停键"。

抗疫期间的一个衍生好处是——聚会基本没有了。在忙完工作的晚上九十点回去后，我开始研读《道德经》，每天半章或一章。采取的方法是几本书相互印证研读。一本岳麓书社的（吴根友版），一本中华书局的（王弼版），一本楼观台任法融道长的，还有一本商务印书馆的第五版《古汉语常用字字典》。

系统地研读收获颇深，让我对工作和生活有了不同以往的认识，心境一时开阔。并以此回溯以往和遍观亲朋好友和世间的种种烦恼，便觉应该将此一说，呈给众人，让大家在解脱烦恼时有一种参考，也算功德吧。

因《帮你用新闻——企业新闻宣传的新观察》一书的出版和工作的种种烦恼，以及懒的因素，直到2021年的12月，才终于动手解读。期间，也利用一些时间，又阅读了很多人的解读，比如王弼的解读原版、倪可大师的解读版，以及余秋雨先生的最新解读。一孔之见，可能得罪大师们，这么多的解读著作，玄而又玄地谈了很多，忽而天忽而地忽而古忽而今，于解脱普罗大众烦恼、提供实际问题解决思路、客观认识世界和人生方面，通透性不足，通俗性不足。简而言之，要让普罗大众听得明白，容易理解，方便自己思考。

产生这些不足的原因有三个，一是对古文字的读音和意义变迁理解不足，二是对普罗大众产生烦恼的根源参悟不足，三是对世间大道的参悟不足。

点出大师们的不足，本就属于不和"道"，但为了"大道"，斗胆而言，只为述"道"，还请见谅。

道法自然，道无穷尽，一孔之见，愿为大家解脱烦恼提供一点参考。

愿天下没有烦恼。

2021年12月18日晚

于蠹籍堂

# 九大概念领会《道德经》

1.道，即规律，万事万物都有自己的运行规律。有了寻求规律的信念，是为"问道"；认识了规律，是为"悟道"；把握好了规律，是为"道行"；有了结果，是为"道果"。

问道需动念，在糊里糊涂、浑浑噩噩中突然想搞明白某事。

悟道需持久持久持久，持久中才能灵光乍现，突然开悟。悟道有层次，不同高度对规律的认识不同，我砌墙、我盖房、我建大厦、我搞建筑艺术，层次明显不同。悟道有阶段，同一人少年、青年、中年、老年对同一事物的规律把握明显不同；不同职业的人对同一事物的认识明显不同，把握规律、运用规律的能力也明显不同。所谓英杰，就是在低层次、年纪轻的时候，在认识规律、把握规律方面，已经超越了同级，达到了上一层级甚至更高层级的水平。比如，27岁的诸葛亮，《隆中对》时刘、关、张均在47岁左右的年纪。

道行需用道，把握规律解决问题；用道才有道行，不用道是死道行；道行分高下，不断用道行才能不断提高道行；道行都是和自己和他人死磕出来的、奋斗出来的。与自己死磕，自己才能有提升；与天奋斗、与地奋斗、与人奋斗，才能成就伟业。玄幻小说中渡雷劫、生死劫，不就是道行提升时的艺术化处理！

道果有因由，它只是把握规律悟道行道的结果。道果分大小，道行越高深，用道越狠力，道果就越大。道果不可强求，世事总有变化，道果只是因由的果，你行道，别人也行道，道道相缠绕，岂能仅是自己如意的果。天需要果，地需要果，人也需要果，所有机缘均合道，才能结到想要的果。必然也有偶然，天上掉果地上捡果，磨盘上总有掉下的碎屑果，被蚂蚁捡到也合乎道。

2.德，即属性，万事万物都有自己的属性。德分上下，德分善恶，德分美丑。德紧随道，为道定性，为道护航。同样行道，同样规律，善人为之为善德，结善果；恶人为之为恶德，结恶果。比如奋斗，善人奋斗结什么果？强盗奋斗结什么果？德亦是道，坚持上德，即便只是微末小道、小小规律，也能结出好果；坚持善德，即便位置再低，也能结出善果；坚持恶德，即便再小，也结不出善果好果，是为恶小而莫为。比如我们普通人，坚持善念，坚持奋斗，哪怕只是拧螺丝，也会被人尊重。相比而言，心再好，能力再强，德性不好，哪怕仅仅刀子嘴，也未必落好。

3.为，这是感悟《道德经》最容易出问题的一个概念。"wéi""wèi"两种读音意义完全不同。《古汉语常用字字典》中对为不同读音的含义标注。为（wéi）：做。《论语·为政》："见义不为无勇也。"作为、当作。李白《梦游天姥吟留别》："霓为衣兮风为马。"变为，化为。《庄子·逍遥游》："化而为鸟其名为鹏。"认为。《穀梁传·宣公二年》："孰为盾（赵盾）而忍弒其君者乎？"是。《左传·宣公三年》："余为伯儵，余而祖也。"如果，假如。《战国策·秦策四》："秦为知之，必不救也。"为（wèi）：介词，给、替。《庄子·养生主》："庖丁为文惠君解牛。"帮助。《论语·述而》："夫子为卫君乎？"介词，因为。《荀子·天论》："天行有常，不为尧存，不为桀亡。"为了。《史记·货殖列传》："天下攘攘，皆为利往。天下熙熙，皆为利来。"介词，被。《三国志·吴书·吕蒙传》："为张辽等所袭。"句末语气词，表反问或感叹。《汉书·赵皇后传》："今故告之，反怒为？"

《古汉语常用字字典》还特别提醒，"为"是一个意义相当广泛的动词，基本意义是"做"，但在不同上下文中，可以表示多种具体的意义。如表示制作、修筑：《周礼·考工记·舆人》："舆人为车。"《史记·陈涉世家》："为坛而盟。"表示医治：《左传·成公十年》："疾不可为也。"表示研治：《孟子·滕文公上》："有为神农之言者许行。"

《现代汉语词典》对不同的读音也有标注。为（wéi）：做：有为、敢作敢为。充当、当作：四海为家、选他为代表。变成、成：一分为二、变沙漠为良田。动词，是：言为心声、十寸为一尺。名词，姓。被（多跟"所"字搭配使用）：不为所动。后缀。附于某些单音形容词后，构成表示程度、范围的副词：大为高兴、广为传播、深为感动。附于某些表示程度的单音副词后，加强语气：极为重要、颇为可观。助词，常跟"何"相应，表示疑问或感叹：何以家为？为（wèi）：帮助、卫护：为吕氏者右袒，为刘氏者左袒。介词，表示行为的对象。替：为你庆幸、为人民服务。介词，表示原因、目的：大家都为这件事高兴、为建设伟大祖国而奋斗。对、向：不足为外人道。

两本字典全面地归纳了"为"在不同音调下的语义直译。基本可以确定，读错就会理解错。而这种读错，在我们的语言言语中广泛存在，并给人们带了理解的烦恼和歧义。

比如，道家讲"无为而治""无为而无不为"。无为而治，是不作为吗？不作为怎么可能得到想要的结果？这不符合道的逻辑。这里，更合理的应该是为（wèi），表目的，不为特定目的特意地去治理。为什么讲没有特定的目的，因为道家讲自然，按自然的规律运行。这一点，在具体章节会结合章节完整阐述。"无为（wèi）而无不为（wéi）"，没有特定的目的就没什么不可为，这是道家飘然世外、无我助人的最高境界。

4.虚，在传统文化中，虚是和实紧紧相连并需要时刻映射在脑海中的概念，哪怕文章和言语并未提及，也需要立刻拿出和虚相对，这是事物的一体两面，不可分割，也无法单独分割。《道德经》中的虚，分为实体的虚（实）和意象的虚（实）。所谓实体的虚实，是指具体事物的虚实，比如"虚其心，实其腹"。要从具象中凝练出意象，类似于归纳总结抽象，比如"致虚极，守静笃"。意象的虚实，指的是在思维思考的层面，要在一个广大的范畴内观察对象，向最细小的微观去探视，向最遥远的星空去求索，向最无垠的意识界去寻找答案。而这些意象的虚，又是实实在在的客观存在。虚，表唯心；实，表唯物。虚，表抽象；实，表具体。道家二元双鱼图每个核心点呈现的既是二元的对立，又是二元的统一，并能不断转换。这是不是又很唯物辩证。

越是弘扬中华优秀传统文化，越要坚持辩证唯物主义；越是坚持辩证唯物主义，越能很好地弘扬中华优秀传统文化。

5.玄，玄和虚都是《道德经》中极其重要的概念。《道德经》中的玄，有两种含义：一是颜色的玄，黑色，对应或并列其他某些需要的颜色，比如白、赤等。一是意象的玄，类似于虚。但和虚不同的是，老子并没提出一个和玄直接对应的字来固化它，这既符合《道德经》的思想，又不符合《道德经》的思想。不符合，是因为道家的二元双鱼图，所有概念都会对应而生，比如大小、阴阳、强弱、硬柔等，一个很重要的概念没有对应的明确概念。符合是因为《道德经》讲"名可名，非常名"，对于玄，老子并没有能够明确一个字去固化它，按照原来名学、现在逻辑学的理论来讲，玄是一个范畴，玄之外是一个范畴，但并没有凝练出一个充分表达这一范畴的概念——字，只能权且以"不玄"意会之，也仅仅只能意会之。

6.太，《道德经》中有很多地方讲到太，比如，太玄、太上。那么什么是太，和大有什么区别。《道德经》中的大，是一个表示具体的概念，而太是一个表示抽象的概念，表程度。在任何一个具体的概念上加上"太"字，表示这是一个延伸到无限远、高、深的概念的程度。比如太玄，表示伸向无限意识界的玄；太上，表示无限意识界的上。这样的玄和上，就像伸向遥远的星空，一直直达黑洞更黑的黑星。

7.阴阳，阴阳不仅仅是《道德经》中的重要概念，还是中国传统文化的核心概念之一。所谓阴阳，是事物的两个方面，任何事物都无可辩驳的具有两面性，判断阴阳在中国传统文化中是一件极其考验水平能力的事情，完全在于个人的参悟和理解水平，用现在的话语描述就是，完全在于个人对于辩证法的理解参悟程度，而且这样的参悟判断，很多时候还要结合地域、气候、时令、性别、时辰等外在的客观因素，具有很强的个人色彩。与之相比，唯物主义辩证法同样具有这一属性，其可推广供人学习的标准性就要强很多，力量也要强大很多。简单的阴阳判断，比如手心手背、山南山北等，人们很容易掌握，但相较难度大一些的，就不那么容易。比如一种说法，白天为阳，夜晚为阴，子时阴气重还是阳气重，午时阴气重还是阳气重。我们通常会认为，子时阴气最重阳气最弱，午时阳气最重阴气最弱。但另一种说法，子时阴气最弱阳气最重，午时阳气最弱阴气最重，因为阴阳相交相搏，阳气已在子时绽露，说明已经战胜了阴气，因此阳气重；午时开始产生阴气，说明阴气战胜了阳气，因此阴气重，是不是也有道理。这样的道理，要不要作弄死人？这样的判断，是不是同样很辩证？类似的判断，在中医和易学中广泛而客观的存在，也并不缺乏案例。因此，能否弘扬好中华优秀传统文化，就在于如何形成一种相对标准化可广泛接受推广的学识内容，把广谱的交给大众，把高级辩证的交给那些大师。就像数学，把一般的数学交给大众，把高等数学、线性代数等高难度数学交给需要这些、能运用这些知识的少部分人。

从思维上来说，中国传统文化的阴阳思维和五行思维，是一种高难度的系统性思维，就像奥数里面的综合式，不需要设立未知数解方程，就可以得出答案。列出一个不等式，懂的人自懂，不懂的解释半天也未必懂。比如，一遇到问题，列方程和物化分析会是第一个闪现在脑海中的念头，你绝对不会想到三下五除二的算盘方式，或者掐指一算的五行相生相克。我们的传统文化，也仅仅是在语文、历史、时政和生活习俗习惯以及文学艺术、影视文化中不断浸染、延续。因此，对于一些不重视数、理、化之外学科的、长期专注外部文化的群体，他们在思想的根子上已经不认同中国传统文化的逻辑，进而不认可中国文化。

回到《道德经》，理解阴阳，根本的判读点在"积极""向好"，凡是展现积极的、向好的一面的，就是阳，反之就是阴；凡是向"积极""向好"一面发展的，就是阳，反之就是阴。

8.水，水是《道德经》中极其重要的一个概念。"几于道"，老子认为水几乎包含所有他想要阐述的道。对于水的理解要从三个方面理解：一是物理的水。这是客观存在的水，水的性质就是你理解的性质；二是物化的水。具有水的形态的水。老子认为，水的前进、存在方式，非常合乎事物的发展规律，它的痕迹和轨迹，也能够非常好地阐释事物发展的规律；三是意向的水。人的思想、社会风气，很多时候像水一样，所以对水的感悟，能够很好地启发"道"的感悟。

9.谷，《道德经》中的谷有着最多的意向性的描述。最形象的描述就像山谷。山谷有两岸，有或宽或窄的通道，这都暗合了"道"的物理形态。山谷有人，可以是谷口的人，也可以是背影逐渐远去的人，这样的画像，非常符合道家追求世界本源本质的意向，有着无限退想的意向。山谷中有风，风忽而左忽而右，忽而有忽而无，不知哪里来，不知哪里去，能够感受到，能够抚摸到，但就是不能确定最初从哪里来，最终到哪里去。这非常符合"道"的气质——"道可道，非常道"。

# 《道德经》题解

一直以来，解读《道德经》的书籍卷帙浩繁。关于《道德经》的起源也有一定的基本定论，不在本解读的范围，本解读重在内容。桃子好吃，有的时候我们需要了解种桃翁的今生前世，更多的时候我们只需要注重桃子本身足矣。

解题需要解答三个问题。

第一，《道德经》的内容标杆。《道德经》的内容标杆，在王弼（字辅嗣，三国时期曹魏山阳郡人，经学家）点校解读前，各家有各家的解读，尚未形成较为系统和经典到大家认可的版本。在王弼之后，对于《道德经》的所有解读，就再也绕不开王弼的点校。王弼版的解读，如同标杆一样，给当时和后来学习悟道者都指明了方向。在后来的不断解读研究中，人们要么沿袭王弼的思路，要么反其道而究之成为新说，比如把《道德经》分为《道经》和《德经》，比如有人认为要把《德经》放在《道经》之前，不一而足。为什么有这么多的历史版本和解读？究其原因，不外乎几点。一是时代的发展。不同的时代，对世界和人生的看法不同，正所谓"观"界不同。就像居于一棵树，树苗、大树、参天巨木，"观"界不同，感受不同。每个时代的人都需要一种力量，指引方向。《道德经》作为旷世第一大经，能够指引人们走向更好。二是语言的变迁。先秦、后汉、魏晋……当前，语言的变化是客观存在的现实，同一个字衍生出的不同的含义，句读的不同点断，语境、语义、语感均会发生极大甚至翻天覆地的变化。在语音方面也出现了很多的变化，曾经的正切反切读音方法，本就是后人音韵学总结发展的结果，和先秦的读法发生了变化，现在的普通话读音，更和先秦时期的读音有着巨大的差异，人们自然会按照现在的语音去理解内容，歧义在所难免。《道德经》的解读，就是需要一些切合时代的新解读，指引人们。三是时代群体思考的呈现。每一版本的解读，都是一个时代中深刻感受时代发展、将时代发展和传统文化深刻领会并反复咀嚼比较后得出的结论。这样的解读，不管水平高低、准确与否，都是人类思想思考的结晶，代表了一个时代人们对《道德经》、对事物发展规律的不同层次的认知。

第二，《道德经》的两种解读方式。遍观当前可较常见的解读，有的解读，会逐字逐句解读，更多的解读却只是意会式解读，一派天灵灵、地灵灵、玄妙高深、自我不可琢磨的样子。负责任地说，逐字逐句的解读，属于有水平的良心解读，"致虚极，守静笃"，这本身就属于《道德经》指明的方向。只谈意会，不究深意，在学术上，属于非严谨治学；在"道"的感悟上，属于道行不足，露怯；在指引受众上，有哗众取宠以《经》取利之嫌，悖道。悖道能怎地，不能怎地，就像不悟道能怎地，只是多了一些烦恼难以达成初愿而已。

第三，如何理解《道德经》中蕴含的"道"和"德"。道就是规律，这基本已经成为我们感悟《道德经》的共同认知。那么如何理解"道"和"德"？道就是规律，道分大小，所谓大道三千，小道无算，表明道有无尽的道，规律有无尽的规律。但道也就仅仅只是道，只是规律。规律有善恶吗？有好坏吗？规律本身没有属性。所以，道需要有德，德就是属性，就有好坏。好人用好规律，是为"上德"，坏人用好规律，能说"好德"？所以，道是根，是本；德是标，是性。道分大小，德有上下。道有德性，德亦是道，道德相生，上下相形；德不配道，道亦不道，道不载德，德亦难德。所以，用辩证的方法理解传统文化，才能更好地理解到传统文化的真谛、要义。所以，单纯地按《道经》《德经》理解《道德经》，已经走上了解读理解《道德经》的偏路；颠倒次序的解读，更是偏上加偏，已成错路。所以，道和德是一个事物规律的两个面，缺一不可，相辅相成并可以互相转化。这本身就符合"道生一，一生二，二生三，三生万物"的辩证规律。

# 目 录

# 第一章　道可道，非常道

道可道，非常道①；名可名，非常名②。无名天地之始，有名万物之母③。

故常无欲，以观其妙；常有欲，以观其徼④。

此两者同出而异名，同谓之玄⑤，玄之又玄，众妙之门⑥。

**注释：**

①道可道，非常道：第一个道，名词，即规律。可，可以。第二个道，按动词理解，说、讲、谈。非，不是。常，普通、通常、一般。第三个道，名词动词均可以讲得通。

②名可名，非常名：第一个名，名词，名字、名称。可，可以。第二个名，动词，命名。非，不是。常，普通、通常、一般。第三个名，名词动词均可以讲得通。

③无名天地之始，有名万物之母：无，没有。名，动词名词均可以讲得通，命名、名字。始，开始、初始（状态）。母，母亲、（产生的）根源。

④故常无欲，以观其妙；常有欲，以观其徼：故，所以、因此。常，常常、通常、一般。无，没有。欲，欲望、想法。以，可以来，可以语气助词。观，看、观察。其，第三人称代词，相当于"他""她""它"。妙，美妙、奥妙。徼（jiào），边界；徼（yāo）求取。

⑤同出而异名，同谓之玄：第一个同，相同。出，出处。异，不同。名，命名。第二个同，都。谓，称、叫作。玄，深奥、玄妙。

⑥玄之又玄，众妙之门：众，所有。妙，玄妙。门，大门、门径、门道。

**语义直译：**道（规律）是可以说的，但不是一般地讲讲（常说的规律）。名字（名称）是可以命名的，但不是一般地命名（命一个名字）。没有命名（名字）是天地的开始（初始状态），有命名（名字）是万物的母亲（产生的根源）。所以常常（一般）以没有欲望（想法）的状态，来观察他的奥妙（在哪里）；常常（一般）以有欲望（想法）的状态，来观察他的边界（在哪里，求取什么）。（道和名）这两者，相同的出处而不同的名称，都叫作深奥玄妙。奥妙之中有奥妙（玄妙之中有玄妙），这就是所有奥妙（玄妙）的门道。

## 悟道万象

道作为规律，是可以说的，但不是一般地讲一讲或者讲一讲规律。一件事是可以命名的，但不是一般地命名或者简单地命一个名字。没有命名没有名字的时候，是天地开始的初始状态；有命名有名字的时候，是万物产生的源头，是它的母亲。

所以，我们常常要以没有欲望、没有想法的状态，去观察一件事物的奥妙在哪里；以有欲望有想法的状态，去观察他的边界在哪里，他想干什么、要什么。

道和名这两样东西，出处相同但命名不同，细思起来，都很深奥玄妙。这些奥妙和玄妙中，奥妙之中又有奥妙，玄妙之中又有玄妙，道和名，就是所有奥妙的大门，就是所谓的门道。

在本章中，有两句有着不同的断句版本。一是"无名，天地之始；有名，万物之母。"一个是如上的断句，一个是"无，名天地之始；有，名万物之母"，"无名""有名"的断句更合理一些。二是"故常无欲，以观其妙；常有欲，以观其徼。"一个如上，一个是"故常无，欲以观其妙；常有，欲以观其徼"，逗号点在"欲"之后更合理一些。

第一章作为《道德经》的总纲，是对整书的高度概括，给人们理解、解读《道德经》指明了方向。其他各章，均是总纲之下的分类论述。

《道德经》指明的方向，就是告诉人们，在思考、认识、分解事物事件的时候，要首先从规律和命名开始，这两者看似两个方向，实则同出一源，都指向了事物、事件的最根本。而且，在探究这些事物、事件的时候，既要不带先入为主个人的色彩，又要带实现个人目标的目的。不带先入为主个人的色彩，是为了真正地看清楚事物的本质，带实现个人目标的目的，就是为了观察到事物事件是如何发展运行的，便于我们实现想要的结果和目的。《道德经》所谓的妙，关键就在这里，就在于你如何把握。事物、事件的大门是永远敞开的，规律和命名就是你实现目标的大门。所谓门径，就是知道门，沿径而走；所谓门道，就是知道门，寻道而行。是不是非常的辩证，仅仅因为当时没有"辩证"这个词。

越是不了解的事物，运用这样的方法越是有成效，越是需要克服困难解决问题，越是需要运用这样的方法，越是突发的事情，越是富有成效。生活中这样的事例遍地皆是。

比如职场中升迁。怎么升迁？不同的企业有不同规律，国企、私企和外企，截然不同。所谓道不同，你想要升迁，就需要研究和该企业相适应的规律，然后才有可能成功。怎么了解这一企业的规律？最简捷的就是研究名称，研究企业的命名。央企、国企、民企、外企，名称有很明确规范，规范也是规律。他的存在，也有着自己的存在规律，比如裙带关系严重，依靠裙带就是规律；注重利益，利益就是规律；突出个人能力，练强个人能力就是规律。寻找规律的过程，就是"问道"；深刻理解规律的运作，就是"悟道"；依规律而行，就是"用道"。问道越明，悟道越深，用道越狠，道果越大。遍观你所熟知的任何一个成功的人士，哪一个不是在自己所处的领域中，高瞻远瞩，入木十分，深得精髓。所以，高官深得为官的精髓，院士深得科研的精髓，神医深得病理的精髓，大亨深得赚钱的精髓。

比如家风的养成。怎么养？不同类型的家庭有着不同的规律。你想成为商贾之家，还是想成为经仕之家，是想成为军旅之家，还是想成为文化之家，是想成为累世医家，还是想成为"教父"之家。这些类别的家庭，有着明显不同的命名，也有着明显不同的规律。所以，你问什么道、悟什么道、用什么道，就会形成什么样的家风。

比如子女教育。怎么教育？你怎么命名结果就怎么教育。你想让他当医生、当老师、当兵，从政、从金融，等等，只要你明确了你的命名结果，你就需要寻找与之适应的规律，规律越明确，理解越透彻，用功越狠，成效越大。

《道德经》指引的方向，是我们成功的方向，能结出道果的方向。你可以记不住八十一章的全部内容，但只要记住并深刻领会了第一总纲的精髓，你就具有了成功的可能。

演变到现在的"道不同不相为谋"，并不仅仅是分手的情绪化话语言，而是明显差异化的不同规律，未必会在另一个领域取得成功。

那么，回到原点，大千世界，何谓之道？

大道三千，是谓之道。

这是指在广大的世界中，你有三千（泛指）个方向可供选择，每一个选择，都会是成功之法，成功之途。

但在个人看来，俗世间所有的大道只有两条，辅道五条，其余皆为垄间小道。所谓两条大道，一谓之政道，为官为权；一谓之商道，为利赚钱。五条辅道，一谓之兵道，一谓之学道，一谓之工道，一谓之农道，一谓之匪道。两条大道，是终极之道，所有道，最终必选其一而结道果；五条辅道初始似乎可以和两条大道并肩而行，但终究会择一大道而结道果。不管大道小道，凡道行越深，道果越大，道果越大，越为世人认可，已至敬仰。政道如伟人，商道如陶朱公，其他诸道如院士、如名家、如大国工匠、如各类英模能手。

你看世间，人们为官、为名、为利，皆为道而行，皆需依道而行。"道可道，非常道；名可名，非常名。无名天地之始也，有名万物之母也。此两者同出而异名，同谓之玄。玄之又玄，众妙之门。"

需要阐述《道德经》中一个重要概念：天地。什么是天，什么是地？《道德经》中的天地，可以分为广义和狭义，广义的天地，就是你知道的天、你知道的地。狭义的天地，可以是你头顶的那一点点天，脚下的那一点点地；可以是你存在的领域，天花板就是你的天，打回原形就是你的地。你可以拓展你的天地，拓展你的领域，但你无法真正甩开你的天地、你的领域。逃遁和跨界，看似脱离了天地和领域，实则只是换了一个区域，继续自己的天地和领域。天大地大人亦大，人性决定了人无法甩掉人道。所以《道德经》给予我们一个非常深刻的道理，面对困难，逃遁是解决不了任何问题的，只有深刻地反思"背道而驰"的根由，才能依道而行、结出道果。这就是解决问题的思路和方法。

# 第二章　天下皆知美之为美，斯恶已

天下皆知美之为美，斯恶已①。皆知善之为善，斯不善已。

故有无相生，难易相成，长短相形，高下相倾，音声相和，前后相随②。

是以圣人处无为之事，行不言之教③；万物作而弗始，生而弗有，为而弗恃，功成而不居④。夫唯弗居，是以不去⑤。

**注释：**

①天下皆知美之为美，斯恶已：天下，同世界。皆，都。知，知道。美，美好、美丽。为（wèi），表目的。斯，这是。善，好的，向好的。

恶在《古汉语常用字字典》中有几种读音。

恶（è），罪恶，不良行为，与"善"相对。"无恶不惩，无善不显。"恶人，坏人。丑，与"美"相对。"今子美而我恶。"坏，不好。"田虽薄恶，收可亩十石。"

恶（wù），讨厌，不喜欢。与"好"（hào）相对。"天不为人之恶寒也辍冬。"诽谤，说人坏话。"人有恶苏秦于燕王者。"

恶（wū），疑问代词。哪里，怎么。《孟子·尽心上》："路恶在？"《战国策·赵策三》："先生又恶能使秦王烹醢（hǎi）梁王。"恶乎，从哪里，在哪里。《荀子·劝学》："学恶乎始，恶乎终。"（学习从哪里开始，在哪里结束呢？）叹词。《孟子·公孙丑上》："恶，是何言也！"

《现代汉语词典》如下说：

恶（ě）心，想呕吐。使人厌恶的（这话真叫人恶心）。恶心钱，昧着良心取得的钱财。

恶（è），形声，从心，亚声。本义罪恶、不良行为。丑陋、粗劣。恶模样（指粗俗、不得体的言行）。坏、不好，恶徒（坏人），恶劣。不正之气、邪恶，恶念（邪恶的念头），恶声（邪恶的声音）。凶暴、猛烈，恶狗（凶恶的狗），恶党（凶徒，坏蛋）。

恶（wù），讨厌，恶生（厌生），恶忌（厌恶猜忌），恶不去善（不因为厌恶其人而抹杀他的优点），恶杀（厌恶杀生），恶嫌（讨厌）。憎恨，恶上（憎恶长上）；恶直丑正（嫉害正直的人），恶恶（憎恨邪恶）。诽谤、中伤，恶讪（诽谤）。畏惧、害怕，恶卒（胆小兵）。《战国策》："得罪，不假而恶于秦。"贫瘠，恶郡（贫瘠荒远的州郡），恶地（贫瘠之地）。污秽肮脏，恶沱（浊水不流貌），恶秽（污秽）。不幸、倒霉，恶征（不祥的征兆）。令人难堪，恶作。庸俗，恶辞（庸俗之词），恶谈（庸俗不堪的话）。

可以看到，恶在读音和含义上，古今有着极其多的不同含义。在《道德经》里，最贴切的可能是不良行为、丑、不好、恶性、诽谤、坏、贫瘠之类。

②故有无相生，难易相成，长短相形，高下相倾，音声相和，前后相随：生，产生。成，成就。形，对照，对比。盈，圆满、满足。和，附和。随，跟随。关于盈，个人以为，盈应该是通假字，通"迎"。迎的本意中，第一个是遇、相逢，第二个是面向着、正对着。

③是以圣人处无为之事，行不言之教：是以，所以。圣人，最完美的人。处，治理、办理、决断、对待。无，没有。为（wèi），表特定目的。事，事情。行，做。言，语言表达。教，教化。

④万物作而弗始，生而弗有，为而弗恃，功成而不居：万物，世间万物。作，兴起。而，表转折。弗，不。始，开始。生，生长、生存。有，占有。为（wéi），作为。恃，依靠、依赖。功成，成功。居，留、停留、占据。

⑤夫唯弗居，是以不去：夫，发语词。唯，因为。去，离开。


**语义直译**：天下都知道美而去刻意美（为美而美），这就不是美了（不良行为）。都知道善而刻意去为善（为善而善），这也就不是善了（不好了）。有和无相互产生，难易相互成就，长短相互对照，高下相互面对，音声相互附和，前后相互跟随。这是常态经常的。所以，圣人（最完美、高水平的人）不为特定目的做事，不用言语而实现教化，让万物兴起而不（让人觉察）开始，让万物生长而不占有它，有作为而不依靠它，功成也不停留、不占据它。不停留、不占据，因此也无所谓离开。


**悟道万象**

本章在一些版本中有小的不同。主要在"（故）有无相生，难易相成，长短相形，高下相盈（倾），音声相和，前后相随。（恒也）。"有无"故"字，不影响语义。"盈"和"倾"，用"盈"更好，盈通迎，能形象的表现高下的状态。恒也，在第二章就表明，这是常态，客观存在。

第一章，是总纲。第二章，是八十一章全部篇章的结论。

为什么如此说，因为在目前研究《道德经》的书籍文章中，比较主流的一个观点，认为《道德经》需要分为《道经》和《德经》，有的研究人员认为，应该对八十一章重新排序、梳理，而且并有过这样的书籍出版，前文提到的吴根友版就是如此。

前文提到，老子认为，道和德是一物两面、紧紧相随的，德是对道的定性描述。第二章所讲的美善恶等，不就是最明确的属性定义吗？

所以，第一章讲道，第二章讲德。第一章讲怎么看待事物的产生、发展，怎么追根溯源去研究、去参悟；第二章讲成道之后怎么看、怎么办，并提出了圣人的概念。

我们不妨加一个场景，换一种更加通俗的说法，看看老子在第二章是如何描述得道成功之后、成为圣人之后的潇洒身姿。楼观台的道观中，老子盘膝给你讲完了天下所有的道，看着你或者迷惑或者喜悦的神态，老人家喜乎乎地告诉你：娃呀，得道之后，天下都知道这样做很美，都去刻意为美，这就不好了。都知道这样做很好，都去刻意为善，也就不好了。怎么办呢，你要记住，有和无是相伴相生的，难和易是相互成就的，长和短是相互对比的，高和下是相互面对的，音和声是相互附和的，前和后是相互跟随的。这是永远不变的。所以呀，不要怕不成功，比上不足，比下还有余呢；不要被成功迷了眼睛，有人比你还成功。

所以呀，得道的人，水平最高的人，是什么人？是自己没啥要做的，我将无我，都是成就别人的；不是自己像唐僧一样絮絮叨叨地说教的，而是啥都不说满世界都跟着做的；干啥事你都不知道他啥时开始的，干成了又不拿在自己手里，也不拿着干成的事絮絮叨叨地满世界显摆，只是潇洒地一个转身，功成拂衣去，片叶不沾身，停都不带停。他已离开了江湖，江湖上还满是他的传说。夫唯弗居，是以不去，你说，他有没有离开过。

我本无我。伟人就是这样的，华西的吴仁宝也是这样的。

所以，第二章是不是完全可以放在最后一段去说。

所以说，把《道德经》硬生生地要划分为《道经》和《德经》是不是不合适的。

所以说，老子已经参透了世界，给你讲讲课，哪里还有什么前言不搭后语、东一榔头西一棒槌的乱作，严丝合缝，只是你觉不着而已。

# 第三章　不尚贤，使民不争

不尚贤，使民不争①；不贵难得之货，使民不为盗②；不见可欲，使民心不乱③。

是以圣人之治，虚其心，实其腹；弱其志，强其骨④。常使民无知无欲⑤，使夫智者不敢为也⑥。为无为，则无不治⑦。

**注释：**

①不尚贤，使民不争：尚，崇尚。贤，贤能。使，使得。民，民众。争，争当，争先。

②不贵难得之货，使民不为盗：贵，高贵、昂贵。货，物品。盗，盗窃。

③不见可欲，使民心不乱：见，两种读音，见（jiàn），使动用法，使……可见。见（xiàn），通假字，通"现（xiàn）"，显露。

④是以圣人之治，虚其心，实其腹，弱其志，强其骨：是以，所以。治，治理。虚，弱化。其，人称代词，他。心，心态、心理。实，充实。腹，肚子。弱，削弱。志，志向。强，强健。骨，身体。

⑤常使民无知无欲：常，常常、经常。使，让。知，知道。欲，欲望。

⑥使夫智者不敢为：夫，那些。智者，有智慧的人。

⑦为无为，则无不治：为（wéi），做，作为。无，没有。为（wèi），做，表目的。治，治理。

**语义直译：** 不崇尚贤能，使得民众不争当贤能。不追求昂贵难得的物品，使民众不去盗窃（为盗）。不使自己可盼的欲望可见（不显露自己的欲望），使民心不乱。所以圣人的治理方法是弱化他的心态，充实他的肚子；削弱他的志向，强健他的身体。常常让民众保持无知无欲（既不知又无欲望）的状态，让那些有智慧的人不敢有所作为。（"为无为，则无不治"有两种解读，一是原文，做但不刻意抱着特定目的地做，则没有什么不可治理的。一是结合上下文，将"使夫智者不敢为也"后面的句号改为逗号，文义为，使那些智者不敢作为，做也不能刻意抱着特定目的去做，则没有什么不可治理的。）

**悟道万象**

第一章讲道，讲总纲，第二章讲德，讲结论，第三章，再看老子出手不凡，讲心。

世事无外乎人心，治世即是治心，心管到位了，所有的事情就都管到位了。用理论的话来说，意识形态决定了行为形态，意识形态工作做到位了，所有的管理和治理中的问题就都好解决了。更见骨的说法就是，民心就是江山，江山就是民心。争江山，争的就是民心；守江山，守的就是民心。

在具体措施上，凡是有可能让人们产生"争心"的，都是老子所不提倡的。这一点上，似乎和现实世界不符。辩证地看，也正因为和现实不符，才使治理手段有了用武之地，尽管这种手段颇显诡异。但我们也不得不承认，这手段确实能从根本上解决问题。

不崇尚贤能，不彰显奢侈豪华的物质和生活，这样就可以使人们不产生盗心。这里的盗，既可以是盗物，也可以是盗名、盗利。最绝的是，老子深通人心，提出不见可欲，使民心不乱。治理者的欲望想法，不要显露出来，不要让人们看得到，这样，人心就不会乱了。所谓的乱，就是某部分或某个人通过博得管理者的芳心，获取了利益，搅乱了整个秩序。

回顾几千年林林总总的各类历史，环顾你所了解认识的各类生存生活工作环境，你是不是有一种细思极恐的感觉，在几千年前，骑牛的老子就已经洞穿了"人"这个物种的心理活动和行动。

针对这样客观存在的人类行为，所以老子才给出了根本性的解决问题方法。而这样的方法，老子采取的是分而治之的手段。这一点，在本人目之所及的资料中，从未有人分析到。那就是，对一般人的方法，对智者（有想法的人）的方法。对一般人，老子说，高水平（圣人）的管理者，对一般人，就是让他吃饱，不要让他产生过多想法；让他健健康康地生活，不要整天胸怀大志。对很多的事情，既不让他知道太多，也不让他产生过多的欲望。"老王啊，想那么多干嘛，健健康康的，吃饱喝好，想那么多干嘛"，多么熟悉的配方，多么熟悉的味道。吃了这味药的，有不和谐的吗。小团队吃了小团队和谐，小单位吃了小单位和谐，大社会吃了大社会和谐。

这味药，在西方经过异化后，被更加狠戾地在用，就是某国著名的"奶头"战略，让对方国的人民整天含着奶头，听着动心的歌，八卦着各种奇闻和丑闻，在简单的快乐中生活，滋滋有味地生活。破这样的迷局，聚这样的人心，只能说呵呵。

对于那些智者，老子给出的策略是"使夫智者不敢为也"。老子也客观地看到，群体里总有聪明人，总有存在智慧甚至大智慧的人，对圣人（高水平）的管理者而言，最不稳定的因素可能就在于这些智者，想法多、办法多，但不管你多不多，只要不敢就不多！这也是诛心之策。

所以说，道德经是大智慧，是说透了的大智慧，这个透，就看你能不能看透悟透。

普通人没有了"争的心"，智者没有了"勇敢的心"，管理者本身也没有刻意的特定的心，世界不想太平，都难。

治理难吧，哪能不难。

治理难吧，按老子的办法，不难啊。

# 第四章　道，冲而用之或不盈

　　道，冲而用之或不盈①。渊兮，似万物之宗②。锉其锐，解其纷，和其光，同其尘③。湛兮！似或存④。吾不知其谁之子，象帝之先⑤。

**注释：**
①冲而用之或不盈：冲，充、充（气）。用，使用、运用。

《古汉语常用字字典》中，或：有的，有的人，"或重于泰山，或轻于鸿毛。"也许、或许，"云霞明灭或可睹。"引表示选择，或者，"吾势已定，或营其左，或营其右，或当其前，或绝其后，单于可禽。"又，"既立之监，或佐之史。"语气词，常用在否定句中加强否定语气，"虽使五尺之童适市，莫之或欺。"通"惑"，迷惑，"别从东道，或失道。"（别：另外。）

在《现代汉语词典》中，或，会意。从戈（以戈守之）。表示以戈卫国。本义：国家。用本义时，读yù。有人、有的，泛指人或事物。表示选择关系，或是。表示假设、假使，或若（假使，倘或）。或许，也许，表不肯定，或是（或许；也许是）。间或，有时。

②渊兮，似万物之宗：渊，深渊。似，好像。宗，根源。
③锉其锐，解其纷，和其光，同其尘：锉，消磨。锐，尖锐、锐气。解，解开、纾解。纷，纷乱。和，迎合，附和。光，光芒，光线。

同，相同，同化。《古汉语常用字字典》中，同。相同，一样。与"异"相对。"道不同，不相为谋。"整齐。《诗经·小雅·车攻》："我马既同。"随和，附和。《论语·子路》："君子和而不同。"安定。"盗窃乱贼而不作，故外户而不闭，是谓大同。"统一。"但悲不见九州同。"古代诸侯共同朝见天子。"四夷来同。"共同，一起。"同事之人，不可不审察也。"偕同，与。"同我妇子，馌彼南亩。"同舟共济。聚集。《诗经·豳风·七月》："我稼既同，上入执宫功。"同一个。《三国志·吴书·吴主传》："同船济水。"

《现代汉语词典》同本义，聚集。同天（共存于人世间）；同合（使相一致；融会）；同流（诸水合流）参与，一起干某事。相同，一样。共同，共一个。一起。同行十二年，不知木兰是女郎。同参（共同参与）；同载（共同乘坐车或船）。连词，和，表示联合关系。同谁一起。尘，尘埃，尘土。

④湛兮！似或存：湛，《古汉语常用字字典》中，澄清；浓重；深；浸渍；读dān时，通"耽"，沉溺。《现代汉语词典》中，湛，本义清澈透明；露厚重；水深，深沉；深厚；类似晴空的颜色，如湛蓝、清冷、湛凉（清凉）。存，存在。

⑤吾不知其谁之子，象帝之先：吾，我。知，知道。子，孩子；引申意，结果。象帝，两种解释。第一，按照单字理解，毕竟古汉语中更多的用单个字表达意义。《古汉语常用字字典》中，象，一种哺乳动物，大象。景象。"朝晖夕阴，气象万千"，万象更新。形象，"在天成象，在地成形"。肖像，相貌。"尝图裴楷象"，这个意义又写作"像"。效法、模仿，"作事可，德行可象"；相似、好像。"额鼻象五岳，扬波喷云雷"。《现代汉语词典》中，象，甲骨文字形，突出其长鼻。本义大象。象科，特别是象属。引申义，像象（大象的），象口（象状香炉口），象王（象中最大者，佛家喻佛）。象牙的省称，如：象床（象牙装饰床）、象环（象牙环）。现象，病象、旱象、天象、万象、怪象。人的外貌，丑象、肖像，象征，"白者西方之色，刑戮之象也"。法，法令。"设象以为民纪，式权以相应"。道理，"执大象，天下往"。中医脉象、病象，健康与否显现于人颜面上的气色。想像，"故诸人之所以意想者，皆谓之象也"。类似、好像，活象、极象、象恭（貌似恭敬）。帝，皇帝、最高位置的人。第二，整体理解，象帝，神话传说中的第一个天帝。先，早先。

**语义直译**：道，充气一样使用它，似乎总也充不满。高深啊，好像是万物的根源（祖宗）。磨掉它的锐气，解开它的纷乱，迎合它的光芒，聚集它的尘埃。清澈啊，好像有时都能感受到它的存在。我不知它是的孩子（谁带来的这个结果），像天帝之前就存在。

**悟道万象**

本章节也有不同。"道，冲而用之或不盈。锉其锐，解其纷，和其光，同其尘。（渊兮，似万物之宗）。湛兮！似或存。吾不知其谁之子，象帝之先。"个人认为放在后面更合适，前面立论，后面感叹。悟道万象中按照合适的进行解读。关于本章节的句读，个人也认为原文不是很很妥帖。按合适的重点句读解读。

说了总纲，说了结论，说了人心，老子也在追根溯源，这个"道"到底是什么，问什么，从哪里来，到哪里去。

在这一章的，有好几个版本，一个是"锉其锐，解其纷，和其光，同其尘"的位置。一个是"道冲而用之或不盈"的句读。

关于"锉其锐，解其纷，和其光，同其尘"的位置，主流的是在这一章，但个人认为，在其他部分可能更好，具体在哪部分，不好说。但这不影响我们理解。

关于"道冲而用之或不盈"的句读，有"道冲，而用之或不盈""道，冲而用之或不盈""道冲而用之，或不盈""道，冲而用之，或不盈"。我们采信"道，冲而用之，或不盈"。不管是老子讲课，还是谁讲课，强调概念肯定是第一位的，名词单列是最习惯的。比如我们讲课，我们会说，"勾股定理，用起来有这么几种情况"，而一般不会这样说"勾股定理用起来，有这么几种情况"。

从本章开始，比较难理解的字词句开始频繁出现，各种解读也开始花样百出。但也是从本章开始，我们参悟世间万物大道，老子分门别类给出了一个又一个的案例。

首当其冲难理解的就是"冲"这个字。

在冲的含义中，有要冲、关隘的意思，在这里，我们既可以理解为"充"的通假字，也可以理解为"要冲、关隘"。写作"冲"，融合理解可能更好。

关于这个字的理解，本人参悟了很长时间，也请教了一些道门中人，很失望，他们的理解我认为并不贴切。突然在某一个瞬间，我理解了这个字的含义——就是"充"的含义，是在不断"充气"至"盈"的情况下，冲破"关隘"，获得提升，上台阶。在获得提升，上台阶后，突然发现能力还需要继续提升，水平还需要继续提高，学习还需要更加加强，原来觉得自信满满的状态突然显露出了本领恐慌的迹象，原来自觉满满的一瓶水突然发现只是在杯底。

这难道不就是"道"的提升之路吗？这难道不就是事物发展或者螺旋式发展、跃迁式发展的具体形态吗？

所以，我们的世界有一个奇妙的现象，好的越来越好，不好的一直原地踏步甚至倒退。爱学习、求进取的越来越爱学习、越来越进取，不爱学习、不求进取的越来越不爱学习、不思进取，在各自发展的很长一个时段后，进取的"道行"越来越深，"道果"越来越大；不进取的，心态平和尚可说得过去，不平和的开始自怨自艾、怨天尤人，把问题归咎于其他客观因素。内因是主要的，内生动力从来都是主要的，客观从来只是条件，外在动力从来只是条件，石头孵不出鸡蛋，牛不喝水强按犄角不起作用，小鸡仔不愿意啄开蛋壳谁也没有办法。

所以，"道，冲而用之或不盈"，悟道者才会有深切体会。

我们不管"锉其锐，解其纷，和其光，同其尘"位置应该放在哪里，但需要非常深刻地理解一下这句话的意思。可以说，这12个字，是老子赠送给我们处理关系、解决问题，特别是对立关系、尖锐矛盾的法宝。

我们以对立关系、尖锐矛盾为例，探讨一下这12字法宝。

在圣人的治理下，是不可能也不允许出现对立关系和尖锐矛盾的。所以，从目的、手段和结果上，和谐、大同是必须也必然要实现的目标。

所以，老子告诉我们，在实现这一目标的过程中，要分四步走。

第一步，"锉其锐"，打掉他的锐气。不打掉他的锐气，他就会气焰嚣张，更有针对性地对付你。一把锥子，你也无法放心地把他揣到兜里。没了锐气，至少可以对等地谈问题、看问题。所以，正视问题、敢于面对问题、敢于强硬对待对手，是战胜者实现目标的第一步。回观几千年历史，凡是敢于抗争强敌的、敢于斗争的，哪个不是取得了战绩，即便外部环境危如累卵，也有人名流千古。

第二步，"解其纷"。为什么要纾解他的纷乱之事？依照我们常人的想法，你的烦恼关我什么事，凭什么要我解你的纷乱。老子的高明之处就在于，告诉对手，我是在主动帮你解决问题。我们可以分析分析，对手之所以将你作为对手，除了想统治你外，无非是发展之争、利益之争、生存之争，实力如果极其悬殊，对手怎么可能和你成为对立关系，一棒子下来已然成为主次关系，几乎不会给你"锉其锐"的开始。

既然已经实现了"锉其锐"，那么对手必然依然陷入了麻烦之中，统治理想一时无法实现，内外环境必然一时进入焦虑被动，内忧外患存在多少"纷扰"。是坐山观虎，还是坐失良机，高人和凡人自有差别。

老子选择了"解其纷"——我来帮你纾解困难。对手愿意帮助自己纾解困难，你认为会是什么结果？即便不是朋友，以后还会打得起来吗？和平甚至成为兄弟的希望就此已经种下。

完成了第二步，老子要告诉你的，是需要进一步提升关系。怎么提升关系，"和其光"。怎么"和其光"？那就要研究研究对方身上的光芒，是红光还是白光，是蓝光还是紫光。你有什么光，我就有什么光。你说，走，我们喝酒去，我说，好嘞，哥们一起去喝酒；你说，我们一起去撒个尿，我说，好嘞，我正想尿尿呢。你说，我们一起论个坛，交流交流思想，我说，好嘞，我正想在坛子上给你带个帽子。你说，这样的情景，曾经是对手的对手，现在该作何想？

开放永远是主流，合作才能共赢，对手化为携手，你说，世界有什么不大同。

实现了第三步，就该水到渠成地实现大同。"同其尘"，不要把老子这么高明的办法，错误理解到了我要和他的尘相同了，沆瀣一气的尘，不是老子的境界。尘，是和光对应的。光，是你好的一面，宏大的一面；尘，是你提不上串的一面，微末的一面。同，是同化、聚集。你的光，我和；你的尘，比如尘民，我来同化、来聚集。

你说，圣人之治，到底是什么治。你说，用了这12字法宝的治，会是多大的治？

这12字法宝，大可治国，小可聚朋，关键之关键，你要先存圣人之思，要有高人一筹的远虑。否则，就不是你解其纷，而是身边人不答应你自己先麻烦缠身。其次，要坚持自己的定力，别没"和"了别人的光，自己先被扒光。

细思极恐，老子自己都说了。"渊兮，似万物之宗。"高深啊，道行这东西，太高深了，道这东西，才是万物的根本、本源啊；"湛兮！似或存。"清楚不，很清楚啊，好像还真的很清楚。"吾不知其谁之子，象帝之先。"你问我，这思想哪里来的？我也不知道，道这东西，谁知道这是谁的，可能神神乎乎的象帝之前就有了吧。

# 第五章　天地不仁，以万物为刍狗

天地不仁，以万物为刍狗①；圣人不仁，以百姓为刍狗。

天地之间，其犹橐籥乎②？虚而不屈，动而愈出③。

多言数穷，不如守中④。

**注释：**

①天地不仁，以万物为刍狗：仁，仁慈。以，把。为，当做。刍狗，古时祭祀用的用草扎成的狗，用过就扔掉，比喻轻贱无用的东西。《古汉语常用字字典》中，刍，割草。割草的人。卑微鄙陋的人。牲口吃的草。用作动词，用草料喂牲口。在《新现代汉语词典》中，刍的含义反倒多了起来。刍，本义割草。用草喂牲口。吃草的牲口，刍豢（指牛羊猪狗，泛指祭祀用的牺牲）。浅陋，鄙俗，用以比喻浅陋的言论。今常用以谦称自己的言论，刍议，刍论。

②天地之间，其犹橐籥乎：犹，像、犹如。在《古汉语常用字字典》和《新现代汉语词典》中，橐的含义基本没有变化，一种口袋。用口袋装，收藏。（冶铁的）风箱。橐橐，象声词。《古汉语常用字字典》中，籥，管乐器名，又写作"籥"；通"钥"。《新现代汉语词典》中，籥的含义为乐器，籥的本义为管子；钥匙。在管子的例释中，用的就是这句"天地之间，其犹橐籥乎"。

③虚而不屈，动而愈出：虚，虚空、非实体。动，使动用法，使之动。愈，更加。出，出现。屈，《古汉语常用字字典》中，弯曲。屈服。"威武不能屈"；引申为理亏，"夫其守者，其辞屈"；委屈，"此人可就见，不可屈致也。"竭，尽。"生之有时，而用之亡度，则物力必屈。"《新现代汉语词典》中，屈，本义弯曲；委屈；冤屈，含冤受屈；屈服；压抑；缠绕；古邑名，春秋晋地，在今山西省吉县北，盛产良马。

④多言数穷，不如守中：多，数量词，多。言，说。数，列举。穷，穷尽。不如，不如。守，固守，坚守。中，正中，中央。

**语义直译：** 天地不仁慈，把万物当做祭祀用的草扎的狗；圣人不仁慈，把百姓当做草扎的狗。天地之间，不就像一个风箱吗？虚幻不像实体，却总用之不尽。越让他动，就越明显。说得再多，一个个列举数说到穷尽，固守正中中央。

### 悟道万象

这一章，讲看待事物的态度。

老子在开篇就说了，"故常无欲，与观其妙；常有欲，以观其徼"。就是在讲看待观察事物的态度。既要不加自己主观色彩的去看待，又要带着主观的态度去看事物的发展，已达到自己的想要管理的目的。

所以，很多人最难理解的这句话，就是老子要告诉你需要采取的态度："天地不仁，以万物为刍狗；圣人不仁，以百姓为刍狗。"在看待事物的时候，是不需要感情色彩的，不需要用仁或者不仁来看待观察，要客观。在你观察的过程中，万物都只是客观的存在，和草扎的、泥糊的狗啊牛啊没有区别。天地在运行的时候，万物都和草狗是一样的；最高水平的圣人在看待事物的时候，也是在把百姓当草狗一样。这确实很残酷，但在抓住事物核心本质的时候，百姓难道不就只是围绕核心的因素吗，况且也只能说是因素之一。

所以，不是君王情寡意薄，也不是高人情寡意薄，是不带感情，可能才能更好地处理问题，得到让所有人都能在感情上过得去的结果。毕竟，圣人讲无为，不为自己，不为特定目的。所以，他对所有人的无情，就是为了结果的所有有情。

所以，圣人一般居于深山之中，不居于深山也是深居简出，既因为没有特定目的，也因为不需要牵扯太多俗事。

用道门中人的说法，盛世上山修行，乱世下山救人，济世救人，足也。

在讲完客观的处世态度后，老子指出了天地之间的一个规律，这个规律，并不是我们常讲的螺旋式上升的发展规律，而是不确定测不准常为新的规律。

我们看看老子怎么说，"天地之间，其犹橐籥乎？"天地之间，就像一个大风箱，"虚而不屈，动而愈出"，拉风箱的时候，你没有感觉到你拉住了什么东西，但就是怎么拉都拉不完，你用劲儿越大，它表现得就越明显，大力拉，出大风，小力拉，出微风。

在参悟的过程中，个人觉得，因为时代的变迁，风箱的使用已经快被人们遗忘了，所以对风箱式事物发展的理解就存在了不理解。在参悟这句话的含义时，我们不妨参悟参悟大号的"吹灰尘"的那种"皮老虎"，双手执把，用力压放。人和万物就是那皮老虎下的尘埃。你想怎么吹，就怎么吹，但站在被吹的、如尘埃般的万物的角度，它怎么知道风从哪里来，来的什么风？

这样的现象，在生活中广泛存在：不知道什么时候，突然流行起了一股风，比如红衬衫；不知道什时候，突然火了一句话，"神马都是浮云"；不知道什么时候，突然流行了一首歌，《老鼠爱大米》。突然之间，这些突然又突然过去了，甚至消失了。

风从哪里来？谁知道风从哪里来？

什么风从哪里来？下一个风什么时候从哪里来？

鬼知道风从哪里来。

不确定，测不准，但肯定是常为新的，肯定是和上一次不一样的。

这么一个不可预测的世界，对于"道"的把握和运用，对于高水平的圣人来说，对于还想解决问题的圣人来说，怎么破？

所以老子说，多言数穷，不如守中。说的再多，你就是运用穷举法，把实际案例扳指头数到无穷尽，你也解决不了问题，不如守中。中是什么？中就是风箱的那个拉杆啊，你不知道拉杆的人在哪，谁在拉杆，但你可以通过拉杆，知道风从哪里来，什么时候来，管他什么风，它就从那里来，而且是比风更能抓得住的、实实在在的东西啊，守住它！

道啊！

管他什么东西南北风，守中啊，守住自己的本心啊！

# 第六章 谷神不死，是谓玄牝

谷神不死，是谓玄牝①。玄牝之门，是谓天地根②。绵绵若存，用之不勤③。

**注释：**

①谷神不死，是谓玄牝：谷，山谷、稻谷作物的总称。玄，深奥、玄妙。牝，母性、雌，引申为女性生殖器。

②玄牝之门，是谓天地根：根，事物的本源、根源。

③绵绵若存，用之不勤：绵绵，连续不断的样子。存，存在。用，使用。勤，在《古汉语常用字字典》表辛苦、辛劳，与"逸"相对。努力，尽力。为……尽力，帮助。穷尽，枯竭。急切，殷切。多次，经常。《现代汉语词典》中尽力多做或不断地做，和"懒、惰"相对。次数多，经常。勤务。在规定时间内准时到班的工作或劳动。姓。殷勤。

**语义直译：** 掌管谷物的神不死，这是最玄妙的母性。最玄妙的母性的大门，是天地的根源。连续不断的一直存在，（怎么）用都不会枯竭。

## 悟道万象

这一章，老子带我们探索事物本源的奇特现象。

不管是上一章的"多言数穷，不如守中"，还是本章的"绵绵若存，用之不勤"，从看待事物、探索本源、解决问题的角度来看，特别是解决问题方面，中国传统文化都有着奇特的方法：你是由什么元素组成的，我不知道；你的分子结构是什么样的，我不知道；你的反应是物理的还是化学的，我不知道；但怎么解决出现的问题，我知道。这一点，在中医和易学的实践中冲突最为激烈。不认可中医的人大有人在，不认可易学的人大有人在。这也充分体现了中西方文化中思维逻辑的截然不同，一个从系统大局出发，延伸至局部，解决局部问题，甚至用看似不合理的"头痛医脚"方式处理，因为病症在A处，病灶却在B处；一个从点最多到面出发，再拓展主体，努力解决整体的问题。一个讲究"不谋全局者不足以谋一域"，一个讲究"搞不清最基础的怎么能搞清全局"，一个研究越来越偏向宏大、宏观，一个研究越来越偏向微小、微观。所以，在浩瀚的书籍中，中国研究人文社会科学的蔚然成风、持续不止、多如牛毛，研究理化自然科学的黯然无色、似非正途、相形见绌，四书五经理学心学卷帙浩繁，《九章》《齐民要术》等著作少之又少；相反，西方的各类科学在微观层面的研究却浩如烟海，不管是数学、物理、化学、生物、医学、心理学等，一片蓬勃。尽管中国传统文化一直在强调格物致知，但"学而优则仕平天下"的观念，决定了社科研究终将是大道，理工农医并非大道，导致了长久以来优秀的群体都集中在了经史子集之类的研究之中。

道不同，道果自然不同。

个人如此，国家民族也是如此。

其实，我们也需要客观地看待这一现象。近现代以来，经过西方文化另一种思维的洗礼后，尽管"离中国经叛华夏千年道"大思潮不断反复，但在甄别选择评判后，我们的道路自信、制度自信、理论自信、文化自信也越来越坚定。

我们也需要客观看待"离中国经叛华夏千年道"这类群体，这些群体中，全盘西化的人毕竟极少，全盘西化式的生活也不现实，他们中更多是在文化上遵循传统文化，在局部领域首选西学。这类群体本来也不大，毕竟，我们老百姓只管吃喝拉撒自己安安心心生活，没事谁管那些个理论文化，头疼脑热先看西医，解决不了再寻思中医。怎么怪得了中医。

在这一章中，老子为我们引入了两个新的概念，一个是谷神，一个是玄牝。在理解这两个概念时，建议一定要杜绝庸俗化的理解雌雄，以及生殖。毕竟，老子"以万物为刍狗"的观察态度，怎么允许带着色彩观察看待事物。

在《道德经》中，谷的出现共有三个形式，一是谷物的谷，就指谷物庄稼，以及其生、长、收获；二是山谷，山谷的两岸、山谷中的小道大道，山谷的谷口；三是掌管谷物和谷口的人，即谷神。

老子在后文才会提到"道法自然"，我们也可以看到，老子在论述问题的时候，不管是天地、谷、水、阴阳等，都是用我们身边最常见的、最可以意会的事物来参天悟地参理悟道。

本章的"谷"和"牝"就是如此。

因为在老子看来，谷物是一种神奇的存在，生生死死、生而不息、绵绵不绝。谁在掌管这样一件神奇的事情，老子搞不清楚，也无需搞清楚具体是谁在管，只需要知道，是谷神在管即可。

牝也是。在老子看来，雌性和母性也是一件很神奇的存在，世界的生存发展，生生不息的完全靠雌性、母性。

这可能就是生存大道里最大的道了，生生不息。

所以老子说，"谷神不死，是谓玄牝"。掌管生产生育的"神"从来没有死过，这才是最玄妙最奥妙的事情，这事情的来源，就在于雌性母性。

老子也不清楚这些雌性母性具体的生产过程，但他具象化地告诉我们，门很重要，雌性母性的生产之门很重要，它，就是天地的根源。

这天地根源，连续不断，一直存在，越干越多，无穷无尽，永不枯竭。

所以，老子在研究问题时，非常重视"牝"和"门"的关系。而回到现实中，我们是不是也可以看到，不仅仅是谷物和生命，有生命的和无生命的事物，神神奇奇的一个接一个地产生，一个接一个地出现，似乎真有那么一个"神"，掌管着"下蛋一样下事"的神奇大门，给你"下"出一个又一个大大小小的事，越干越多。

所以，老子可能是想告诉你，你的出现本身，就是"谷神"的神奇事之一。所以，你本身就是事，别嫌事多。

事实上，嫌事多的人，谁又本身不是事呢？

大千世界，漫漫人生，谁又不是事呢？谁又不生事呢？谁能不生事呢？！

主客观之间，存在，都有着必然，不只是或然。

# 第七章　天长地久

天长地久。天地所以能长且久者，以其不自生，故能长生①。

是以圣人后其身而身先②；外其身而身存③。非以其无私邪④？故能成其私⑤。

**注释：**

①故能长生：生，生存。

②是以圣人后其身而身先：后，意动用法，以……为后……

③外其身而身存：外，意动用法，以……为外……

④非以其无私邪：非，难道。

⑤故能成其私：私：私人的，自己的，自私。

**语义直译：** 天长地久，天地之所以能够长而且久者，因为它不是只顾自己生存，所以才能够长时间的生存。

所以圣人、高水平的人，把自己的生存放在身后，却实现了身在其他人的身前；置自己生命或事情于事外，却反而长久地保持了存在。难道不是他没有私心吗？所以反而成就了他的私心。

**悟道万象**

上一章，老子通过"谷"、通过"牝"，给我们讲述了世界万物的神奇来源。这样的命题其实一直存在，几千年过去了，我们的研究手段越来越强大，我们依旧在不断地探索世界的起源、本源及人类的起源。

如果说，受限于当时的科技手段和认知，老子只能从宏观的规律认识事物、把握事物。那么，历史地看待，老子紧抓"橐龠"的龠（拉杆），做到了"守中"，这个中是什么？就是人。我们认识世界，是人在认识世界，不是猫狗等其他动物在认识世界，是通过人的视角去认识世界。既然是人在认识世界，那么最具主观能动性的就是人这个因素。

人能观察的世界，无非身内身外，自身的世界、身外的世界，所谓观己、观他、观自在。

客观地观察，辩证地看待，在探讨了摸不清的世界起源后，老子抓住了"身存"的核心因素。心动还是幡动，没有身，什么都不动。

所以，相较于唯心，老子的论述坚如磐石，其他理论无法撼动。

所以，和西方的唯物唯心论战的火星撞地球不同，中国传统文化在唯物和唯心的争论上一直不温不火。在《道德经》的镇山宝典下，诸子百家百花齐放中唯心的理论并没有能够搅起多大浪花。和道家《道德经》一起奠定中国优秀传统文化唯物基石的，还有兵家、墨家等理论。毕竟，在那个纷争之世，玩虚的只会死路一条，理论如此，实践结果更是如此。

可惜的是，好好的康庄大道道家子弟并没有坚守好，没有能够固守理论根基，也没有能够发扬光大、扩大信众人群。在以唯心为主要表现形式的佛教进入中国后，连吃败仗，最后不但没有丰富自己的理论阵地，反而被迫引入了很多佛教的唯心形式，让道教在看似弘扬的背后，却陷入了被诟病的怪圈。毕竟，以《道德经》为基石的道教，唯物是最核心的；以《心经》为基石的佛教，唯心是最核心的。这里我们不能否认，佛教中也有相当大的唯物部分，但道教引入的唯心部分，却因为并非源于自身产出，不得不在各类传说典籍中共用了佛教的神仙鬼怪，也因此，在佛道的两次大辩论中，道教都落于下风。这也是中国传统文化中罕见的唯物唯心大辩论。从此至以后，中国传统文化已经基本没有了单纯的唯物和唯心理论，兼收并蓄，最多只是某一唯心论派的唯心观点稍微多了那么一点点。

回到本章，老子观察了天，观察了地，在天长地久中得出了自己的结论，天地之所以能长且久者，因为天地不是只顾自己生存，上有太阳、月亮，下有土地、河流，中有风雨、气蕴，所有的这些，都不是只为自己生存，世间万物都可以以此为资源，想飞的飞，想游的游，想跑的跑，想长的长。以其不自生，故能长生，大家好，才是真的好。

所以，老子提出圣人就是要向天学习、向地学习，把他人放在前面，把自己放在后面，把困难放在自己这边，把方便留在他人那边，这样的结果就是，事事他干在最前，最后他就站在所有人之前；为他人，他不顾自身，事成后，他名流千古。

而现实也不正是用一个个鲜活的案例在印证着老子的说法，以"政道"为例，冲在前面的人，最终都会站在前面，站在前面的人，叫什么？叫带头人，带头人没法缩在后面，缩在后面也没法做个好带头人；总是为了他人冲在所有人的前面的人，活着的时候，人们尊敬他；死了以后，人们缅怀他。

"有的人活着，他已经死了；有的人死了，他还活着。有的人骑在人民头上：'呵，我多伟大！'有的人俯下身子给人民当牛马。有的人把名字刻入石头，想'不朽'；有的人情愿作野草，等着地下的火烧。有的人，他活着别人就不能活；有的人，他活着为了多数人更好地活。骑在人民头上的，人民把他摔垮；给人民作牛马的，人民永远记住他！把名字刻入石头的，名字比尸首烂得更早；只要春风吹到的地方，到处是青青的野草。他活着别人就不能活的人，他的下场可以看到；他活着为了多数人更好地活着的人，群众把他抬举得很高，很高。"

"后其身而身先；外其身而身存。"身不存，人依然存。

对于这样的现象，老子慨然总结，"非以其无私邪？故能成其私。"难道他没有私心吗？是啊，天下承平算不算私心啊。

有斯人作为，有斯人志向，我等凡人，不香吗？

# 第八章　上善若水

上善若水①。水善利万物而不争，处众人之所恶，故几于道②。

居善地，心善渊③，与善仁，言善信④，正善治，事善能，动善时⑤。夫唯不争，故无尤⑥。

**注释：**

①上善若水：上，上等的。善，好，好的。若，像。

②处众人之所恶，故几于道：处，处于，停留，居住。恶，wù，不硬读为è，厌恶、喜欢的地方。故，所以。几，几乎。于，是。

③居善地，心善渊：居，居住，处在某种位置或地方。渊，深水，深潭。

④与善仁，言善信：与，给予。仁，仁爱。信，言语真实，相信，讲信用。

⑤正善治，事善能，动善时：正，通"政"，政务，政事。治，治理。事，事情。能，能力。动，行动。时，时机。

⑥夫唯不争，故无尤：唯，只有，只要。争，争夺。尤，通"忧"。

**语义直译：** 最上等的好，就像水一样。水的好处，利于万物生长，却不和万物争夺，处于大家都厌恶不喜欢的地方，所以几乎就等同于道。

居住在好的地方，心要好得像深潭，好好地给予仁爱，说好话让人相信，政务、政事好好治理，凡事用好能力，行动把握好的时机。只有不争，只要不争，所以也就没什么忧患。

**悟道万象**

前文说过，老子非常善于运用我们身边最常见的事物讲道理，讲"道"的理。

本章中，老子就通过水这个我们最常见的东西，给我们阐述道的本质，而且很明确地告诉大家，水的存在和表现，几乎就能全部地体现出道的本质。"几于道。"

道是什么，道是规律，规律能干什么？规律本身什么都不能干，规律是帮助人们干的，干出成绩，得到想要的结果。

所以，作为工具人的"道"——规律，它的存在，只有一个最大的作用：对万物好，竭尽所能的好，能有多好就多好。

在老子看来，水就具有这样的完美特性。

水本身能干什么？水什么都干不了，但万物可以用水实现自己的目标，水也从来不和万物有任何的争夺。

生存需要水，大大小小的动植物都需要依靠水来生存，水从来没有和大大小小的动植物争夺什么。

地有高低、有好坏、有大小，万物都会选择对自己最好的地方去生存，树要选择阳光好的，羊要选择草好的，燕雀要选择树高的，因为要选择好的地方，难免会有争夺，有争夺还怎么保持"善"。

水则不然，善利万物而不争，低洼处，水去；恶臭处，水去；险峻处，水去；处众人之所恶，万物难以到达、难以生存的地方，水也去；你要我是圆的，我就是圆的；你要我是方的，我就是方的；你把我晾一边了，我就晾一边去；你把我热咕噜了，我就热咕噜；你挡着我了，我就囤起来，或者我绕过去，不和你硬抗；你给我个缝隙，我就咻溜过去，头也不带回。

所以啊，眼里的水啊，能流进嘴，大海啊，全是水。

所以啊，老子说，上善若水，故几于道。

既然"水几于道"，人们如何把握这个"道"，像水一样的悟道得道？

老子告诉大家，"居善地"，住，你要选一个好地方，安居才能乐业。"心善渊"，心要好，要怎么好？要好得像深潭一样，看不见底。"与善仁"，对人要好，要怎么好？要把最好的仁爱给予人。"言善信"，要好好说话，怎么就是好好说话？要说好话，讲信用，让人相信。"正善治"，政务政事要好好处理，怎么算是好好处理？想尽办法把它管好、治理好，就是善治。"事善能"，事情要好好办，怎么是好好办？把你最好的能力使出来，有多大能力就使多大能力，就是善能。"动善时"，行动的时候，要把握时机，什么是最好的时机？就是你最有把握的时候，行动前先问问自己，天气是啥？环境是啥？事情什么状态？适合不适合行动？

"居善地，心善渊，与善仁，言善信，政善治，事善能，动善时。"大家不妨想想，能做到这七样好的人，能不好吗？

而这七样，我们不妨细说一下。

"居善地"，安居是硬件，有硬通货你可能就可以做到。

"心善渊"，有多少人能做到心好的没底？对父母子女都不一定。好上一段时间，我对你好，你又不对我好，我还凭啥对你好。没得到正反馈，或者还没等到正反馈，就可能已经转变态度了。

"与善仁"，给予最好的仁爱。会吗？大家认可的俗话，"没有无缘无故的爱，只有无缘无故的恨"，这就是现实。有多少人真的能无私地献出爱心？

"言善信"，好好说话，说好话，说话让人信服，有多少人能做到？很多时候，不说话已经很好了。

"正善治"，在工作中，有多少人真正竭尽全力地把自己手头的工作做好、处理到位。更多的是把手头的工作做了，是不是做好了？未必；是不是竭尽全力了？未必；是不是竭尽全力做好了？也未必。

"事善能"，做事有多大劲使多大劲，说起来容易做起来难。摸鱼划水磨洋工，是不是很常见。

"动善时"，行动看时机，也是说起来容易做起来难。

不过我们也不妨对照这七条，环顾一下四周，你可以看一看，凡是尽力在这七个方面做好的，结果哪一个不好？！居了善地，快乐心安。心善如渊，众人喜欢。与人善仁，真的好人。言善有信，财源广进。政善有治，高官致仕。事善多能，备受尊重。动善知时，难有不成。

有了这七条，老子还不忘敲敲黑板，提醒大家，前面七条做好了，你是好人，好好人。不过，还有最后一条，不争，不要争，"夫唯不争，故无尤"，只要不争，你就没啥忧患，没啥危险。

这样的好人，能有忧患吗？

故上善若水，故几于道。

水啊，这几乎就是道，成为圣人的圣人之道。

# 第九章　持而盈之，不如其已

持而盈之，不如其已①；揣而锐之，不可长保②。
金玉满堂，莫之能守③；富贵而骄，自遗其咎④。
功遂身退，天之道⑤。

**注释：**
①持而盈之，不如其已：持，拿着、握着、掌握。盈，充满、富裕、有余、满足、自满、增长。如，会意字，从女从口，本义依照、随顺。已，停止，完毕（"学不可以已"）。
②揣而锐之，不可长保：揣，藏、怀。锐，尖锐、锐利、锐气、锋芒。保，保持。
③金玉满堂，莫之能守：守，保持、保有。
④富贵而骄，自遗其咎：骄，骄傲、骄横。遗，应读wèi，给予、赠送。咎，灾祸、罪过、过失。
⑤功遂身退，天之道：遂，成就，顺利地做到。

**语义直译：** 握着它直到充满多余，不达到随顺他不停；藏起尖锐的锋芒，不可能长期保持。金玉满堂，没办法保有守住；富贵后骄傲骄横，自己给自己赠送灾祸。功成后身退，这是天之道。

**悟道万象**

上一章，老子给我们找到了悟道学道的最好榜样——水，也告诉我们，道的存在就是"我本无我"的无私竭尽全力地帮助他人。

对凡人而言，难度太大了。

最大的难度，就在于我们的思想问题，即便要问道悟道寻求道果，凭什么我们就要付出这么大、这么多？

这确实是个思想疙瘩。

所以，本章中，老子详细地给大家分解了为什么要我们"以无我的态度无私地帮助他人"。

本章"持而盈之""揣而锐之"，从语法上，倒装一下理解才最合乎本义，"盈而持之""锐而揣之"。已经充满了、富裕的多余了，还不满足、不随顺（如）、不停下，这叫贪心不足，无度。尖锐的东西把他藏在怀里，不可能长期保持。这里，尖锐的东西是什么？是锐气、是锋芒，一个人的锐气和锋芒，像锥子一样，藏在怀里是藏不住的，脱颖而出，是随时可能出现的。就像毛遂讲的，"只待处于囊中，便会脱颖而出"。现实中，这样的人有很多，一遇风雨便化龙。不知道这个，叫无明。

这两句为什么这么说呢？因为，"持而盈之"，谁能做到？能"持"是能力的体现，是达到了一定的层次。能"盈"是比"持"更高的一种能力。举例来说，99分和100分的差距是什么，不是差1分，而是99分只能达到99分，而100分，只是因为设置的满分是100分，不代表他拿不到101分。一个人有能力赚1000万元，是一种水平，保持赚1000万元，也是一种水平，但能继续赚到2000万元，那就是另一个层次的水平。

具有这样的水平还不满足、不知止，是不是属于锐气太盛、锋芒太过。

所以老子说，"持而盈之"，持需要锐气，盈更需要一直保持锐气，谁能一直保持锐气和永远满怀奋斗的激情？锐气、锋芒这种东西，既藏不住，也不可能长久地保持住。

这就是这两句的逻辑关系。

再说了，你的能力再强、水平再高，已经金玉满堂，但谁又能一直守住它，守一辈子呢。

有了金玉满堂，还"不如其已"的不满足，难免会富贵而骄，富贵的人也确实更容易骄傲、骄横，而这样的骄傲、骄横，就属于自己给自己送来灾难和过失，有了这样自遗其祸的举动，你还能守住你的满堂金玉吗？还能持而盈之吗？

一失足成千古恨，不是没有可能。

所以老子说，"功遂身退，天之道也"。功成了，已经证明了你的水平，这叫高人，而不紧握着它不放，及时地知道停止，退下潮头，这才是真正的高人。这也是天之道，为什么说这是天之道呢，因为就像水一样啊，每滴水在流向大海的征途中，都想激起一点浪花，也需要激起一点浪花，你狂浪的浪花，过了潮头，该给后来者激起浪花的空间。

所以啊，你看影视剧里有多少高人功成身退。

所以啊，你看我们的现实中，有多少人及时功成身退，反而留下美名。

所以啊，你看，长期占据高位的多少人，背后都一双双眼睛在暗窥。

天道，不可违。

# 第十章　载营魄抱一，能无离乎

载营魄抱一，能无离乎①？

专气致柔，能婴儿乎②？

涤除玄鉴，能无疵乎③？

爱国治民，能无知乎④？

天门开阖，能为雌乎⑤？

明白四达，能无为乎⑥？

**注释：**

①载营魄抱一，能无离乎：载，装载，承载。营，在《古汉语常用字字典》中，围绕、军营、营垒、度量、建造、谋求、迷惑；在《现代汉语词典》中，谋求、经营、管理、军队驻扎的地方、部队编制单位。魄，魂魄。抱，抱着、怀抱。一，整个，整体。离，分离，距离。

②专气致柔，能婴儿乎：专，专一。气，生机。致，达到。柔，柔软。

③涤除玄鉴，能无疵乎：涤，洗涤，清除。除，除去。玄，黑点、黑色，最深的颜色。鉴，镜子、仔细地看。疵，小毛病、挑毛病。

④爱国治民，能无知乎：达，通达。知，知晓

⑤天门开阖，能为雌乎：天门，天的大门。雌，雌性，母性。

⑥明白四达，能无为乎：。为（wéi），作为。

**语义直译：**营魄，魂魄。载着魂魄，把他紧紧地抱成一个整体，能没有距离吗？

专一用气，达到最柔软的程度，能像婴儿一样吗？

洗涤清除镜子上的黑点，能达到挑不出毛病吗？

爱国为民，能有不知道的吗？

天门开开阖阖，能像雌性生育一样吗？

明白所有事情，见识通达四方，还能不有所作为吗？

## 悟道万象

本章还有其他版本。"载营魄抱一，能无离乎？专气致柔，能如（无）婴儿乎？涤除玄鉴，能无疵乎？爱国治民，能无为（知）乎？天门开阖，能为雌乎？明白四达，能无知（为）乎？"个人选取和引述版本不同的。如，属于比较，能如婴儿乎？无字不知何解。爱国治民和为对应，明白四达和知对应。

本章是难于理解的一章，主要在于很多字词的意义以及中国传统文化中一些字词的专有含义。

结合上一章看，上一章讲的是怀揣锐气，需要功遂身退。尽管老子说，这是符合天道的。

但作为最具主观能动性的人，任谁在顶峰退下，也难免心有不甘。所以，老子这一章，属于继续做思想工作的一章。

由此我们可以看出，老子的讲述，逻辑层次和推进是很严密的，尽管摘一句、掐一条也很受用，但难免偏离要义。所以，穿凿附会地分什么《道经》和《德经》，真的是见砖瓦而不见大厦，知表里而不知精髓。

先说第一个中国传统文化里的词语——营魄。在《古汉语常用字字典》里和《现代汉语词典》里，关于营，如前所表，没有一个跟精神类有关的。就本句的句式来讲，载是动词，营魄为名词，而古汉语中名词是一般都有自己单个的专有意义，所以，营和魄应该是分别有不同的含义的，而和这一意义最为接近的，就是魂魄。这里涉及字典和词典的不同记载，字词典会分析具体字词的含义，但就一些神话中特别引用、特别含义的，未必记载，准确记载分类和神话应用，还是有所区别的。

具体到营和魄，应该是魂魄更加合适。魂指灵魂，魄指依附灵魂的精神。本人未研究过老子之前有没有关于魂魄的具体分类，但在有了道家以及后来的佛家典籍之后，道和佛基本都持有一个说法，人是有三魂七魄的。有论述如此，所以我们仅摘来用于支撑"营可能是魂"的论点。道家谓人有三魂：一曰爽灵，二曰胎元，三曰幽精。见《云笈七签》卷十三。有七魄：第一魄名尸狗，第二魄名伏矢，第三魄名雀阴，第四魄名吞贼，第五魄名非毒，第六魄名除秽，第七魄名臭肺。见《云笈七签》卷五四。

所以，营魄理解为魂魄是一种合乎逻辑的可能。

还有一种可能，经过很多年的传颂，经典里的读音可能没变，但字形在刊印特别是竹简刻画时出现走样，以后便以错就错，传承出现错误。根据读音，能和魄并列或搭配使用的，较合理的有两个字，一个是阴，一个是英。但在以小篆为起点的对比中，"阴"和"营"的差距过于明显，在意义的搭配上，也和老子希望强调的不属同一个意境。相较而言，"英"的可能性更大一些。

我们可以看到，如果手工刻写这两个字，加上竹简的磨损，"英"误刻为"营"是有着很大的可能。后续的复刻中恰巧选择了这一模板。从意义上判断，"英魂"也符合老子在本章的讲述，英是魄的修饰语，"英杰、杰出"的意思。身体是车，载着杰出的灵魂，身体和灵魂抱得再紧，能没有距离吗？

所以在本章中，老子继续阐述功遂身退的客观因素。第一条，身体和灵魂，身体和灵魂结合的再紧密，能没有距离吗？随着年龄的增长，老旧的身躯如破车，还能载得动杰出的灵魂吗？英雄迟暮，还真能再向苍天借来五百年吗？

第二条，朝气锐气能保持吗？婴儿是成长性最强的时候，在柔弱中快速成长。这里，老子已经引入了柔的概念，为以后阐述柔弱胜刚强作了铺垫。在经过了"持而盈之""揣而锐之"的成功后，再要像婴儿一样具有强大的生命力，即便你专心一志地练气、用气，能像婴儿一样具有强大的生命力吗？

这一点，我们真的可以观察观察所有的初创公司，在经历过短暂的婴儿时的快速发展后，有多少能"持而盈之"，有多少能"揣而锐之"。而"持而盈之""揣而锐之"的少数成功者，还有多少能够继续以柔软的身段，保持婴儿一般的强大生命力？什么本心，什么第五项修炼、第八项修炼都不行，长大有长大的麻烦，成了大公司，就有大公司的病，"来前好好的，回不去了"。

第三条。"涤除玄鉴，能无疵乎？"既然依然存在了问题，那么我们就来解决问题，把该清除的清除、该改正的改正，把镜子上的黑点擦去，让事业像镜子一样重新光可鉴人。可是，即便你再擦，再整改，还能做到没有瑕疵毛病吗？

第四条。"爱国治民，能无为乎？"功成，不管哪条道，成功无非爱国治民，已经功成，你还能再不有所作为吗？以第一条的锐气，必然是要继续有所作为的。

第五条，"天门开阖，能为雌乎？"世间万事万物，生生不息，就像有一个玄妙的大门，一开一关，一开一关，便生出无数事端。想要继续有所作为的成功者，你的想法一个接着一个，目标一个接着一个，你怎么开阖，能像雌性、母性一样，生生不息地生出一代又一代？

第六条，"明白四达，能无知乎？"即便你已经把这些事情想的明明白白，通达四方了，你就什么都知道了吗？历史在发展，事物在发展，你的知道，也就是你所经历的阶段你知道，未来是属于未来人的，这也是道。你的前人把握了规律，探索了属于他的道，有了属于自己的成功；你把握了规律，探索了属于自己的道，有了属于自己的成功；你的后人有自己的使命，他们也要把握规律，探索属于自己的道，去成就自己的成功。

一代人有一代人的使命，一代人有一代的担当，这就是道啊。

所以，功遂身退吧。

向水学习吧，奔腾的河流中，每一滴水都在向前奔涌，每一滴水都需要激荡浪花的空间。

天道也是最公平的，最大的公平就在于哪怕是轮回，每滴水都需要重新起步，重新成长，重新踏上征途。客观的环境和外在的余荫可以帮助一个人，但绝对不会决定一个人，锐气是走向成功的专属属性，不是所有人都有锐气、都会保持锐气、一直保持锐气。

# 第十一章　三十辐，共一毂

三十辐①，共一毂②，当其无，有车之用③。

埏埴以为器④，当其无，有器之用。

凿户牖以为室⑤，当其无，有室之用。

故有之以为利⑥，无之以为用。

**注释：**

①三十辐：辐，条。

②共一毂：毂，车轮中心的圆木，周围与车轴的一端相连，中有圆孔，可供插轴。

③当其无，有车之用：用，使用、用处。

④埏埴以为器：埏（shān），用水和泥土。埴，制作陶器用的黏土。器，器皿。

⑤凿户牖以为室：凿，凿开，挖通。户，家。牖，窗。室，正室、内室，泛指房屋。

⑥故有之以为利：利，利益，好处。

**语义直译：** 三十根辐条，共同插进同一个车轮中，当不再有（称之为）辐条的时候，就有了（称之为）车的用处。用陶土和泥制作器皿，当没有了泥（的称呼），就有了（称之为）器的用处。凿开家里的窗户拓展成内室，没有了窗（的称呼），就有了（称之为）内室的用处。所以，有辐条、埏埴、户牖的名称，就有利用的价值，不存在他们的名称了，他们就具有了新的用处。

**悟道万象**

第九章，老子讲了"持而盈之""揣而锐之"，及至"功遂身退"，讲了你不可能一直保持锐气。为了继续阐述该退则退、该走就走的观点，老子又从有和无、局部和整体、存在和发展，用客观积极的视角，分析了有和无、局部和整体、存在和发展之间的关系。

论述这些观点的时候，老子用到了"名可名，非常名"的核心研究方法。

先说说有和无的关系。当辐条是辐条的时候，它的用处就是辐条。当它的名称消失后，构成了毂的时候，就产生了新的事物——车轮。

和泥埏埴抟土制作器皿，当泥和土的名称消失时，就出现了新事物——器皿。

凿开家里的窗户拓展室内，当窗户的名称消失时，就诞生了新事物——内室。

所以，有和无的关系，是旧事物催生新事物的过程。新事物的诞生，并不代表旧事物的消亡，而是旧事物的延伸。

再说说局部和整体的关系。"三十辐，共一毂"，共的意义非常清晰，所有的辐条要紧紧地围绕在毂的中心，这样轮子才能更好地发生作用。"埏埴以为器"，和出的泥，不分你我，要紧紧地连接在一起，成为一个整体，这样才不会是一个豁口的甚至漏了的器皿。"凿户牖以为室"，室成之时，牖已经不存在，完全成为室的一部分甚至消失，室才可以更好地发挥室的作用。

为什么要这样讲？

每一个具有锐气的人、水平高的人，还没有达到圣人的地步，无疑都是极具能力和个性的人，这样的人，能否很好地融入整体，就是最大的问题。所以，有毂，就要很好地进入毂中，无怨无悔地成为轮子的一部分。不愿意成为轮子一部分的辐条，脱离了轮子的辐条，就会重新回归辐条，不再是轮子的一部分了。比如选择离职的人，他们不愿意再待在这个轮子里面了，他们要么成为新的轮子的一部分，要么就永远是一个单独的辐条。

黏土制作器皿，更是将局部完全升华为整体的一部分，已经不再具有黏土的个性，已经再也无法回到黏土的名称。

户牖更是，凿户牖，实质是拆除了窗户，以及和窗户在一起的那堵墙，窗户已经完全消失。

如果说，辐条不干了，他还有可能继续是辐条；陶土不干了，成了瓦砾，人们依旧知道瓦砾的来源是陶土；户牖呢，完全不存在了，旧人有可能还知道这里曾经有过一个窗户，它曾经存在过，新人可能连它的存在都不知道，也不会提及，永远不会提及。

什么是局部，什么是整体？

积极地融入整体，为整体奉献自己的力量和生命。

这就是圣人、高水平的人对事物的认知。老一辈革命家们，似乎都具有这样的伟大情怀。

最后说说存在和发展的关系。从辐条到车轮，从陶土到器皿，从户牖到内室。是事物存在形态的变化，也是事物发展的变化。

　　老子为什么要这样循循善诱地讲这么多道理，是要打消优秀人士融入整体的顾虑，还要告诉他们，融入整体是一种提升、是一种进步，要大胆地放下顾虑，融入整体，在提升整体价值中提升个体或局部价值。

　　"道可道，非常道。"老了的道，洞察人性，洞悉天下。

# 第十二章　五色令人目盲

五色令人目盲①；五音令人耳聋②；五味令人口爽③；驰骋畋猎④，令人心发狂；难得之货，令人行妨⑤。

是以圣人为腹不为目，故去彼取此⑥。

**注释：**

①五色令人目盲：五色，青黄赤白黑。令，让、使。盲，失明。

②五音令人耳聋：五音，宫商角徵羽。聋，失聪。

③五味令人口爽：五味，酸苦甘辛咸。爽，舒服。

④驰骋畋猎：驰，使劲赶马。骋，纵马奔驰，尽情施展，不受约束。畋，打猎；田在古文中有时也写作畋。猎，打猎。

⑤行妨：行，行为，行动。妨，损害，有害于，阻碍，妨碍。

⑥为腹不为目，故去彼取此：腹，肚子。彼，代词，与此相对，那。

**语义直译：**（沉迷）五色让人让人视线模糊；沉迷五音让人听力模糊；沉迷五味让人味觉舒服；纵马扬鞭尽情围猎，让人心发狂；难得之货，让人行动与本心相互妨碍。

所以圣人为肚子思考劳作，而不为眼睛思考劳作，是去掉那些不需要的，获得这些自己想要的。

**悟道万象**

这一章，是上上一章和上一章的延续，老子还在不厌其烦地给大家在分解。本章主要分解的是外在环境对人的影响。

我们在聆听老子的教诲时，一定要时刻记得，老子讲的对象和目的是"圣人"，是最高水平的人如何思考、如何做，如何成为最高水平的人。

处在缤纷的世界中，每个人都在被客观的外在环境感染着、影响着，也能动地对客观世界进行着反馈和回应。

能够影响我们思想、感情、行动的包括但不限于斑斓多彩的世界、美妙动听的音乐、大快朵颐的美食，以及纵马扬鞭快意驰骋的田猎。老子郑重其事地告诉我们，世界多彩，容易让我们视力变差；五音美妙，容易让我们的听力损伤；大快朵颐也容易消化不良；纵马扬鞭容易心发狂。

不管五色、五音、五味，还是其他有极大爱好的活动，都会对我们的思想感情和行为产生影响。难得之货，令人行妨。不仅仅是难得，凡是能勾起我们兴趣的东西，都会在不知不觉中改变我们的行为，对我们最初的想法和目标产生影响，甚至背离。

所以，圣人和高水平的人，主要关注的是腹中之物，不为外界所动，有取有舍。这里，老子讲的腹中之物，可不仅仅是食物，而是我们自己真正能得到的东西。你的胃口有多大，你的消化能力有多大，你的身体能够承受多大，你的腹中能给自己留下精华供养自己的有多大。有取有舍，才能眼不花、耳不聋、吃得香、活得开心，才能情感健康、身体健康不出毛病。

反观我们周边的生活，小日子过好之后、小有成就之后、提拔进步之后、事业小成之后、所谓的功成名就之后，有多少人还能守住本心，为腹不为目，去彼取此，心不发狂。

我们也能客观深刻地感受到，违反了这样的规律，悖道而行，个人违反伤害个人，组织违反组织涣散，国家违反国运衰减。特别是"难得之货"，客观地说，它的本质是"货"，因为难得，所以它的本质也是"祸"，送难得之货，必然是为极其难为之事，通常极其难为之事，必然是和正常之事相悖，遵章守制即为规律形式，是为守道而行。悖道，逆道，是为其"祸"。

所以，圣人是有高水平的人，为腹不为目，所以一定要去彼取此，为该为之事，得应得之得。避不了祸，何以圣人？

# 第十三章　宠辱若惊，贵大患若身

宠辱若惊，贵大患若身①。

何谓宠辱若惊？宠为下②。得之若惊③，失之若惊，是谓宠辱若惊。

何谓贵大患若身？吾所以有大患者，为吾有身，及吾无身，吾有何患？

故贵以身为天下，若可寄天下④；爱以身为天下⑤，若可托天下。


**注释：**

①宠辱若惊，贵大患若身：宠，宠爱、尊崇、荣耀。辱，耻辱、委屈、侮辱。若，像，就像。惊，本义马受惊，害怕、恐惧、惊异、震动。贵，尊贵、敬重、贵重、重要、受尊敬。患，忧患、忧虑。身，身体。

②宠为下：为（wèi）表目的，为了。下，使动用法，使……为下。

③得之若惊：若，像、好像。

④若可寄天下：寄，寄居、委托、托付、传送。

⑤爱以身为天下：爱，珍爱、珍惜。


**语义直译：** 受宠爱尊崇、受委屈侮辱就像马受惊了一样。尊贵、贵重、受尊敬，是最大的忧患，就像（过分看重）身体一样。

什么叫宠辱若惊？宠爱尊崇是使你为上，耻辱侮辱是使你为下。得到宠爱尊重就像马受惊了（狂躁狂奔），失去后也像马受惊了，这就是宠辱若惊。

什么叫贵大患就像（过分看重）身体一样？我之所以有最大的忧患，就是我有身体。等到我没有身体了，我有什么忧患？

故贵以身为天下，倒装句，故以身为贵为天下。所以，以身体为贵重是为了天下，你可以寄托身体给天下；珍惜身体为天下，你可以把身体托付给天下。


**悟道万象**

本章也有其他版本流传。"何谓宠辱若惊？宠为（上，辱为）下。得之若惊，失之若惊，是谓宠辱若惊。"老子在讲道理，没有了括号里的字，就没有了宠辱的对比说明，不合理。个人按合理的版本进行解读。

接上章，本章中，老子继续循循善诱，在告诉你客观看待有和无、局部与整体、多彩客观世界与历史潮流的关系后，也必须深刻地认清一个现实，荣辱和个人生物身体的关系，你是看重生物基础——身体这个载体，还是看重以身体为载体的荣辱和为天下为苍生的理想。

所以，老子说，圣人最大的忧患是身体，置生死于度外，还怕什么呢？

而对于宠辱，老子看得也是非常透彻。凡是一遇宠幸、被赞扬，就像马儿受惊一样，心狂意狂行狂，一遇责备受辱，也像马儿一样，心丧意丧行丧，都不是有水平的体现，都是把身体和为自己"得"看得太重的结果。

那么什么是宠辱若惊？老子告诉你，宠为上，是别人让你"上"，让你觉得你"在上"，这本身就是一种隐含着"你在下"的微妙；你如果觉得得到了"宠"，那隐含着"你自然在下"的现实。辱为下，是别人本身就"以下"看你，你感受到了辱，也就是隐含着你承认了"下"的现实。

因为古文的用字经常变化，这里的"宠为上，辱为下"也可以当另外一种意动用法的理解。"以宠为上，以辱为下"，以获得尊崇为上，以被别人侮辱为下。这样的句式变化，可能更有助于理解老子宠辱不惊的态度。毕竟，高水平的人，哪怕不是圣人，"持而盈之""揣而锐之"的人，怎么可能接受"宠辱"这种心态和感受呢？他们最多也就高兴一下喝杯酒，生气一下骂个娘，该做啥做啥，才不因为你上或下的尊崇或侮辱影响思维行动。而对于圣人而言，开篇就讲了，"常无欲以观其徼，常有欲以观其妙"，怎么可能会把感情因素放到做事之中。

而宠辱若惊，是因为得失，圣人不为己，所以无所谓得和失。

那么如何看淡宠辱呢？老子告诉你，"别把自己看得太重"。把自己看的太重，就是最大的忧患。把面子看得太重，结果往往没有面子；把身子看得太重，结果什么事都干不成。把自己看轻，把身子看轻，搞学问的不耻下问，想赚钱的不怕脏累，想进步的不怕艰难，不计宠辱，就无所谓宠辱，结果往往反而是荣，不是宠，也没有辱。

愣的怕硬的，硬的怕横的，横的怕不要命的，命都不要了，还有什么害怕的？所谓我来到世上，就没想着活着回去，就是成功的底气。宠辱和功成有关系吗？吾无身，吾有何患？

当然了，老子作《道德经》是成就大我的，不是让你居于小我的，对于身体这个成就事业、为天下苍生、为道而行的人，老子还是肯定的，你要珍惜自己的身体，毕竟，身体是革命的本钱嘛。

所以呢，以身为贵、珍惜身体为天下的人，你就可以全身心把自己交给天下、天下人，我将无我，何处无我。

自此，老子思想工作部分暂告一个段落。

# 第十四章 视之不见，名曰夷

视之不见，名曰夷①；听之不闻，名曰希②；搏之不得，名曰微③。此三者不可致诘，故混而为一④。其上不皦，其下不昧⑤。绳绳兮不可名，复归于无物⑥。是谓无状之状，无物之象，是谓惚恍⑦。迎之不见其首，随之不见其后⑧。

执古之道，以御今之有⑨。能知古始，是谓道纪⑩。

**注释：**

①视之不见，名曰夷：视，看。见，看见。夷，平。

②听之不闻，名曰希：听，听。闻，听见。

③搏之不得，名曰微：搏，抓、扑、拍、打，捕捉。得，得到。微，小。

④此三者不可致诘，故混而为一：致，招来、引来。诘，责问、追问。

⑤其上不皦，其下不昧：上，表思考的方向。皦，明白。下，与上相对。昧，糊涂。

⑥绳绳兮不可名，复归于无物：绳绳（mǐn mǐn），众多的样子，连续不断的样子，谨慎的样子。名，名状。复，又、返回。物，物品。

⑦是谓无状之状，无物之象，是谓惚恍：状，描述。象，样子。恍惚，模糊不清。

⑧迎之不见其首，随之不见其后：迎，迎向前。随，跟随。

⑨执古之道，以御今之有：执，握，持。古，远久的。御，驾驭。今，现在。有，存在的。

⑩能知古始，是谓道纪：知，知道。始，开始，发端。道纪，道，道；纪，丝的头绪、法度、准则、记载、纪年单位。

**语义直译：** 看却看不见，名为夷；听却听不见，名为希；捕捉它却怎么也得不到，名为微。这三样不可以招致责问，所以混为一谈。向上追问，说不明白，向下追问，也说不糊涂。连续不断相互缠绕的不可以具体命名，最后还是回归到具体的物品上。这就是不可描述形状的形状，不可具体给出形象的形象，就是恍惚，模糊不清。迎着它的前方看，看不见脑袋，跟随在后面看，看不见它的后面。

用远古的道、规律，可以驾驭现在出现的事物。能知道远古是怎么的开始，就是道的头绪、道的准则。

## 悟道万象

本章也有不同版本流传。"其上不皎（曒），其下不昧。绳绳兮不可名，复归于（无）物。"皎和曒属于通假字，即便作为两个字，也都有洁白明亮的意思。而这个"无"字，结合全句，是指绳绳之后，最终是要归于物，而不是归于不可琢磨的"无物"，所以选取"复归于物"的解读。

在前几章，老子主要详细分解人的因素，讲人在前进发展的过程中应该怎么做，为什么要这么做，做的结果是什么。

睿智的老子自然知道，世间事，人只是其一，人的因素是主观因素，再能动也需要客观地认识事物。

所以，本章开始，老子教我们如何客观地认识世界、认识事物。而且这种认识，是从最捉摸不清的状态开始，并很明确地说了，执古之道，以御今之有。能知古始，是谓道纪。掌握了远古就存在的道、规律，就可以驾驭现在出现的新事物，从源头把握规律，就是道的起源、道形成的准则。

本章的夷、希、微、昧、绳绳、状、象等"名"，在几千年的《道德经》研读者中，弄糊涂了很多人。道家讲顿悟，对此章的顿悟，就来源于对"希"的顿悟，并以此为楔子，如破竹般，领悟到了其他概念，解开了"名"的惑。读者可以一同感受，其中的概念是有着科学性的。

什么是夷？夷是平的意思，看，却看不见，就叫夷，叫平。那么看不见是一种什么状态？从物理现象来说，视觉是光线的反射，反射到你的眼中，你就看见了；光线反射不到你的眼睛里，你就看不见。一个物体有多平，平到已经没有光线可以反射到你的眼睛。这就是夷的状态，平的最高境界。遥远遥远的海平面的遥远之处，是不是就是夷的境界了。从脑海的意向出发，你的意识伸向远方的远方，慢慢地撒出去，一直延伸，是不是就产生了很平的意境，这意境，你能感受到，却无法描述出来，老子把他称为夷。

什么是希？听却听不到，就是希。这也太难理解了！听都听不到，还能被命名。你没听到，但你却实实在在地听到了！包括后面会提到的"大音希声"，什么是希声？从物理现象来说，听力是空气震动传递到你的耳朵，你就听到了声音，震动越大，声音越大。那么没有空气震动，你就听到了声音，可能吗？会有这样的声音吗？如果有这样的声音，你说它不够大吗？是不是这才是最大的声音。

顿悟就来自于建国70年。庆祝建国70年的时候，那首人人传唱的伟大歌曲《我和我的祖国》。很多时候，你唱了吗，旁边人唱了吗？没有，没人唱，但那首歌就出现在你的脑海中！还记得那个典型的漫画吗？你睡了吗？睡了。"我和我的祖国，一刻也不能分割"。

这声音大吗？不够大吗？这就是"希"，这就是希的境界。

什么是微？捕捉不到就是微，你想尽办法怎么捕捉也捕捉不到的境界，就叫微。如果说老子的时代他们尚无法理解微的境界，那么作为现代的我们，应该对微有着深刻的认识。从意境上来说，怎么捕捉都捕捉不到的境界就叫微。从物理现象上来说，分子原子算不算微，中子质子电子算不算微，夸克以太量子算不算微？他们已经很"微"了，但按照科学理论来说，有可能还能细分，就看能不能再捕捉到。

所以，鉴于当时的科技水准，老子说，这三样你不要一直追问，问就是"说不清"，就车轱辘话混着说。几千年来，盛世难得，"希"的境界估计也是极为难得出现，出现也少有一个顿悟之人。也许，其他典籍中已有前人悟到，我没有看到吧。其上不皎，其下不昧，现代的我们，应该可以"皎"，而不需要昧了。毕竟，中西合璧，让我们有了很多新的研究思路、手段和方法。

多说一句，个人一直以为，中国传统文化一直强调的"格物致知"，不就是现在的"数理化生"和"心理学""社会学"等等的细分研究吗？

关于绳绳，《古汉语常用字字典》和《现代汉语词典》的含义有不同，本人也有不同的理解。两本字词典，都是将"绳绳"作为一个词在解释，但个人认为，单个字的"绳"，可能更适合解释，这也是老子知古始、知道纪，从源头理解的遵循。这里的绳，按"结绳记事"绳的概念理解更合适，绳绳代表很多"结"，在总结夷、希、微概念的时候，老子可能已经思考了很长时间，打了很多很多的"结"，但没有"结"出果来。但这不妨碍打结的客观存在。试想一下，我们在思考的时候，是不是每一个阶段都会下意识地在意识流里给这段思绪打个结，以后思考的时候再打个结。我们记忆的生理过程，不就像结绳记事一样，脑细胞打了一个个的结，并链接了起来。

所以，老子是客观的，是唯物的，是什么就是什么。但随着科技的发展，随着人们探索世界、研究世界方式方法的不断拓展，《道德经》的规律我们要传承，但其中的一些观点，我们也可以再认识、再丰富。

无状之状、无物（象）之象的惚恍世界，既存在，也逐渐地减少了存在。

也许，我们语言的变迁，本身就是几千年来人们研究探索世界不断"名"状事物的成就。

恍惚的世界，可能还会永久存在。现在，那可能是科学家们的事情了，我们凡人在一般的认知范围内，足够你不恍惚。唯学是矣。

迎之不见其首，随之不见其后。这样的状态也将永久的存在，毕竟探索世界的本源是人类一直以来的梦想。世界那么大，人类只是万千生灵中的一个，也许在浩瀚的宇宙中，还是最渺小的那一个，他迎面而来，我们不认识，我们跟随在后，也不认识。

不过，执古之道，以御今之有。知古始，知道纪，从源头认识事物，客观把握事物发展的规律，从而驾驭当前的历史车轮，是老子给予我们的大智慧。

不过，在探索世界的发展中，就像我们曾经玩过的经典游戏《帝国时代》一样，如果你探索完了所有的未知，那么你的结局就是"Game Over"。

# 第十五章　古之善为道者

古之善为士者，微妙玄通，深不可识①。夫唯不可识，故强为之容②：

豫兮，若冬涉川③；犹兮，若畏四邻④；俨兮，其若容⑤；涣兮，其若冰之将释⑥；敦兮，其若朴⑦；旷兮，其若谷⑧；混兮，其若浊⑨。

孰能浊以静之徐清⑩？孰能安以动之徐生⑪？

保此道者，不欲盈⑫。夫唯不盈，故能蔽而新成⑬。

**注释：**

①古之善为士者，微妙玄通，深不可识：善，善于。为，利用，运用。道，道、规律。微，微小、隐蔽。妙，奇妙、奥妙，通假字，通"渺"，深远。玄通。玄，深、厚、远、深奥。通，精晓、通达。深，高深。识，辨别、看出。

②夫唯不可识，故强为之容：夫，发语词。唯，只有。强，勉强。容，描述。

③豫兮，若冬涉川：豫，事先、事前。若，像。冬，冬天。涉，蹚水过河。川，河。

④犹兮，若畏四邻：犹，计谋、谋划、迟疑不决的样子。畏，害怕。四邻，四周邻居。

⑤俨兮，其若容：俨，庄重的样子。其，他。客。客人。

⑥涣兮，其若冰之将释：涣，离散、散开、涣散。凌，冰。释，消融、融化。

⑦敦兮，其若朴：敦，厚、厚道、敦厚。朴，质朴、淳朴、未加工的木材。

⑧旷兮，其若谷：旷，广大、空阔。谷，峡谷。

⑨混兮，其若浊：混，混同、混合、搅乱、糊涂、胡乱。浊，浑浊、脏、不干净。

⑩孰能浊以静之徐清：孰，谁。静，静止。徐，慢慢地，徐徐。清，清澈。

⑪孰能安以动之徐生：安，安全、安逸、安宁。动，行动。生，生存、生机。

⑫保此道者，不欲盈：保，占有、拥有、保持。欲，想。盈，满。

⑬夫唯不盈，故能蔽而新成：蔽，隐蔽、隐藏。新，新的，不断出新的。成，成功，成就。

**语义直译：** 远古时候，善于驾驭道、把握规律的人，小处着手，玄妙深远，高深到无法辨识。因为这种玄妙不可以辨识，所以只能勉强描述。

45

事前谋划的时候，就像冬天要趟过大河；迟疑不决的时候，就像害怕四周任何相邻的事物；庄重起来，就像客人一样；散去时，就像冰突然消失；敦厚起来，就像原生态的木头；旷达起来，就像峡谷一样空旷；搅乱（胡乱）起来，就像浑浊的水。

谁能把浑浊的东西用静的方法慢慢变清？谁能安全地采取行动慢慢保持生机生存？

拥有这样道行（规律）的人，不想着达到圆满。只有不达到圆满，才能隐蔽地不断获得新成就。

## 悟道万象

本章也有不同版本。"古之善为道（士）者，微妙玄通，深不可识。夫唯不可识，故强为之容：豫兮（，）若冬涉川；犹兮（，）若畏四邻；俨兮（，）其若客（容）；涣兮（，）其若凌释（冰之将释）；敦兮（，）其若朴；旷兮（，）其若谷；混兮（，）其若浊；澹兮（，）其若海；□（踔）兮（，）若无止。孰能浊以静之徐清？孰能安以动之徐生？保此道者，不欲盈。夫唯不盈，故能蔽而新成。"个人选取要解读的这个版本。原因如下：为道和为士，微妙玄通，为道比为士更有说服力；至于逗号，有无均可；凌释就是冰之将释；澹兮其若海，□（踔）兮若无止，这两句，有比无更妥帖一些，以排比的方式讲道理更丰富更通透。澹，荡、波动。海，大海。止，停止。

上一章中，老子讲到世事是很难琢磨的，如果单纯讲感官的本能，可能还容易理解、容易认知、容易把握一些；如果讲事物的萌芽、发展、即时状态等等，可就不那么容易好理解、认知和把握了。

所以，老子也不由得感慨，远古那些善于把握"道"的人，微妙玄通，深不可识。岂止是远古之人，后世也是。

老子为什么说远古之人呢？我们要客观地看到，老子是先秦人氏，先秦之前，还有姜子牙、周公等。作为史官的老子，也是在研究、总结前人的"道"、规律。对于前人，老子也感喟，不可识，看不透。因为看不透，所以老子只能说"强为之容"，勉强描述一下，大家意会。

这类人做事微妙玄通，会从最微小的事情先着手，在你不知不觉的情况下，已经开始着手采取行动，其手法之玄妙，对事物认识的精到通达，玄之又玄。

他们开始的时候，就像大冬天要过大河，提前就做好了准备，该看天气看天气，该准备衣服准备衣服，该准备防冻液就早早准备防冻液。

　　如果没想好，迟疑不定的时候，就好像啥都怕，前怕狼后怕虎，身边还害怕孩子他娘，好像苍蝇都能叮他二两血。为什么怕？为什么迟疑？怕提前泄露天机，怕被人窥到心机。

　　庄重起来，就像来的客人，客客气气，规规矩矩。为什么？就是掩饰他的想法。就像周瑜对蒋干，一会儿都督的威严，一会儿同窗的笑脸。一惊一乍的，一般人猜不透他的思想。

　　涣散起来，就像冰块消融一样，一会儿消失的无影无踪。这里，大家完全可以参考周瑜对蒋干的那一张脸，一会阴，一会晴，一会瞪眼，一会笑容。

　　敦厚起来，朴实的像原生态的木头人，一张嘴，就瞎说什么大实话，一干活，没心机的，啥篓子都能捅捅出来。

　　旷达起来，虚怀若谷，谁说啥都听，谁干啥都能包容。活脱脱一个好好先生好老头。

　　混兮其若浊。这里的混，可不仅仅是糊涂，他应该表达的是三个意思：一个是他装起糊涂来，一问三不知，就像混浊的水，陕西话说的，这人"然滴很"。或者就像沈腾的那个电影中的看门老头，"马什么梅？""冬什么梅？"第二个意思是，搅起混来，会把事物搅得谁也无法看清。这非常符合高水平人满含心机做事的风格。第三个意思，他耍起混来，和坏人一样，浊气滔天。掩饰，无非坏人学好人，好人学坏人，坏人学好人要学像，好人学坏人也要学得像，否则你玩的什么无间道。

　　前面这几个方面的描述，基本上只是他准备期的工作，真要动起来，会是什么效果？澹兮其若海；事情一旦进入动起来的状态，那么就像大海一样，波涛汹涌，一浪接着一浪，不达目的，绝不会风平浪静，罢手停下。

　　这里需要说一句。在本章中，有各种版本的句读点法，有的是一整句，有的是在"兮"后加"，"。有的版本里有下面这一句，"□（踔）兮若无止"，有的干脆没有。个人认为，一整句更合乎文法，"兮"后加点，更多可能适合老夫子的读法，但毕竟，这是文章，得尊文法。后面那一句，有的也只是"□"，就像鲁迅先生的"古□亭口"，"踔"是本人自己加的。因为根据前后文意思，"澹兮其若海"，只表示了动的状态，而没有"止"不达目的不罢休的状态。没有这个状态的表述，文章整体意境不完整，实践中也不符合得道高人做事的规律，有始无终。

　　（踔）兮若无止。为什么加"踔"这个字？根据本章中的用字规律，第一个字应该在含以上和最后一个字或后两个字是相近或相反的字——单个字。"无止"对应的汉字，经筛选趱和踔都具有这个含义，甚至个人以为，"趱"可能更符合用字要"古"的浅表原因。但"趮"的含义较"踔"要多，而且这几年，"踔"更为大家熟悉，既不知古，妄自"弥古"，还是用大家熟悉的更好一些，给哪位大神徒增一下笑料。

有了（踔）兮若无止，就符合了得道高人做事的规律。他动起来了，除非达到目的，想让它停下来，抱歉，停不下来的，除非达到目的。

而对于"止"，让这件事情停下来，老子用后两句描述了状态，孰能浊以静之徐清？孰能安以动之徐生？谁能在混乱的局面下，保持清醒，在冷静中慢慢看清事态？孰能在波涛汹涌的事态中，让事情慢慢安全的停下，获得生机生存？

抱歉，做不到！老子这里用的是反问句"孰能"。

《孙子兵法》讲的，善守者藏于九地之下，善攻者动于九天之上，藏的时候，你就摸不着头脑，攻的时候，九天之上，天雷滚滚。高人的行动，你想止就能止？

这样的高人，是不是很恐怖，也很崇拜？

强为之容，老子勉强给大家描述的高人，是不是很符合"微妙玄通""深不可识"这样的我们对高人的认知。

所以，老子也很感喟，"保此道者，不欲盈。夫唯不盈，故能蔽而新成。"有这样本领的人，不想着把啥事都做圆满超出预期，因为他没想着把事做的非常圆满，所以才能起到隐蔽的效果，也才能不断的有新的动作，实现新的成就。

这怕也是老子安慰我们，给我们吃的定心丸吧！高人没想着把事做绝，没这想法，就是你唯一的活路。

高人，其他话你可以不按老人家说的办，这一点，你一定要按老人家的意见办，哈哈。

# 第十六章　致虚极，守静笃

致虚极，守静笃①。万物并作，吾以观复②。

夫物芸芸，各复归其根③。归根曰静，静曰复命④。复命曰常，知常曰明⑤。不知常，妄作凶⑥。

知常容，容乃公⑦，公乃王，王乃天⑧，天乃道，道乃久，没身不殆⑨。


**注释：**

①致虚极，守静笃：致，到达。极，尽。虚，空，与实相对。极，尽头。守，守住。静，停止、静止的状态、安静。笃，坚定、专一。

②万物并作，吾以观复：万物，很多事物事情。并，共同、一起。作，发作。以，来。观，看。复，回顾、多次。

③夫物芸芸，各复归其根：夫，发语词。芸芸，众多的样子。各，各自。复，重新。归，回到。根，根源，原来的样子。

④归根曰静，静曰复命：命，命运，生存、生活。

⑤复命曰常，知常曰明：常，平常，常态。知，知道。明，明白、明了。

⑥不知常，妄作凶：妄，乱、胡乱。作，作为，行动。凶，凶险，不吉祥。

⑦知常容，容乃公：容，容纳。公，公平、公正、无私。

⑧公乃王，王乃天：王，为天下王。

⑨天乃道，道乃久，没身不殆：天，自然。道，规律。久，长久。没，消失、死。身，身体。殆，危险、疑惑。


**语义直译：** 到达虚空的尽头，守住静态（这个状态）要坚定专一。所有的事情一起发作，我（们）回顾来看。

那些事情看起来众多的样子，（让他们）各自回到其本源的状态。回到他们本源的样子，就是前面所说的静态，这个静态就是回顾他们本来的生存命运。这样的生存命运就是平常的样子。知道他们平常的样子就是明白明了。不知道他们常态的样子，乱作就会有凶险。知道他们常态都容纳包含哪些，就会公平公正看待，公平公正就会观察的完整，完整就是自然态，自然态就是道，就是规律。规律是长久存在的，事情实体（哪怕）死了也不会疑惑。

## 悟道万象

本章也有不同版本。主要在"知常容，容乃全（王），全（王）乃天，天乃道，道乃久，没身不殆。"个人选"全"字，不选"王"字。全，完整。全和王，缺少人字头，很可能是刻本识别带来的。本章作为《道德经》中极重要的讲述方法论的章节，全面客观认识事物、看待事物，才符合老子的思想，而不是王的成王，求道不求王，这是老子思想的核心点之一。

上一章中，老子讲述了圣人高水平的人行事的微妙玄通，神龙见首不见尾。这样的行事，哪有不成？可是同样带来一个问题，此题有解乎？

所谓正反相随，我们做，让别人防不胜防，防无可防。其他高人这样做，我们怎么办？妥妥地等死吗！

有问有答，针对这样的问题，老子告诉了我们破解难题的方法。

第一步，致虚极，守静笃。满载一船星辉，向深草更深处漫溯。向事情的最深远的尽头去探究，然后坚定专一地守住这个静态。什么样的静态，老子随后会分解。

第二步，万物并作，吾以观复。让所有爆发出来的事情在这个静态基础上一起发作，然后我们来观察回顾，复盘还原事情的本来面目。

为什么这样做？

老子说，夫物芸芸，你不要看爆发出来的那些事情貌似很多很多，但各复归其根，让所有的事情各回到各自的根源上去，回到他们自己的根源上就看清楚了。这就是归根。归根到一点的时候，就是我们要找的静、静态，所有的事情都是在这个状态上爆发的。从这个静态来回顾事情各自的产生、发展、存在，就是所谓的复命。回顾了事物事情各自的生存发展状态，我们就把握了他的常态、平常的样子。知道它平常的样子、常态化的样子，就明白了所有事情。

第三步，采取措施。从繁杂的表象中找到最根本的源头，就可以针对性地采取措施了。老子特别提醒，不知这些事物事情平常是什么样子，胡乱作为，是很凶险的。

这就破解了圣人高水平人微妙玄通的鬼神之作了吗？

这是个问题，好问题。这样就能找到问题的根源了吗？

老子告诉我们为什么。知常容，因为知道了这些事物事情平常都包含了哪些、怎么运转。所以，凡是运转异常的，就是问题。容乃公，知道了这些事物事情平常包含的内容和运转规律，你就会客观公平公正地观察、分析、看待事物事情。公乃全，公平公正不带个人主观色彩地看待分析问题，就能看到事物事情的全部面貌、整体状态。全乃天，全面的整体的状态，就是原生态的天然面貌。天乃道，原生态天然的状态，就是道，就是他最根本的运行规律。

道乃久，没身不殆。规律是长久的，是不依赖于具体某一事物而存在的，你死了，他都还在。但没身不殆可不是你死了他还在的意思，而是这件事物事情，即便它不存在了，即便神龙见首不见尾的圣人高人把事情处理的天衣无缝，你也不会再被疑惑迷惑了。因为，找到了事物事情的原生态根源后，事物事情是在根据事物本身自己发展的"道"的规律在走、在运转，而不是人。这样，即便你找不到背后的高人，你也找到了事物事情的根源，有根源，就有办法。

孔子见到老子后，感喟道，"其犹龙乎"，连孔夫子圣人都说，老子就像龙一样，自己不算啥。看了前面老子的讲述，"其不龙乎？！"

细细咂摸本章，老子在三言两语为我们分解肯綮时，最核心的是，教给了我们破解纷扰迷潭的大法——"致虚极，守静笃"。这六字箴言，几乎为我们破解所有难题提供了方法论。

致虚极，这里的"虚"，在处理具体事务中，可以理解为事物本身的意义、目的。对方对你采取了措施，他的目的是什么，有什么意义。越是想得透彻，越是能明了事情的根源，所以要一直往上思考。其实思考的结果，一般也无非那几样：名，污名；利，失利；权，失权；位，失位；成，不成。我们常人的世界，哪有那么多的波谲云诡。但对于组织、对于团队、对于企业、对于国家，"道"同，事却截然不同。

在理论方面，不管是自然科学还是社会科学，"致虚极"的规律，同样有用。在这里，"虚"就是理论，是从"具象"向"抽象"的进一步延伸，"致虚极"就是在理论上向更高、更深、更宏观、更微观、更基础的研究理论探索，越是探索的透彻，越是对现实的影响巨大。

比如数学，1、2、3、4这些数字，本身已经是对具体事务的抽象，而加减乘除，更是对事物的运转规律进行了归纳总结。在此基础上，立体几何、高等代数等等，都是在越来越深入地研究事物的本源，这个世界的本源、运转规律，"致虚极"。在世界范围内，极限地研究为什么是"0"，"1+1"为什么"=2"，在中国，还有一种研究，八卦、河图洛书。

比如化学，元素的确定，是不是对世界本源的探究。无机和有机化学的方程式，是不是对世界本源的"致虚极"探究。分子、原子、电子、中子、质子、分子结构，是不是"致虚极"对世界本源的探究。这种"致虚极"我们常人已经无能为力，那是科学家们的事，我们需要对他们致以崇高的敬意。

比如芯片，从128纳米到60纳米到28纳米到7纳米到5，到2，甚至到更小，纳米本身是不是就是我们探索世界"致虚极"的具体体现。

向更本源的方向无限探索，这就是"致虚极"给予我们的"道"。

在社会科学方面，同样如此。

比如我们研究人。一个人为什么会有某种行为，比如打架。我们会问他为什么打架？这是"致虚极"的开始，已经脱离了具体的事物"具象"。我们在全面了解了打架的全过程后，得出这是一个什么样的人。那么，他为什么会是这样的人？这是"致虚极"的进一步延伸。在继续全面了解他的家庭、环境、成长经历等等后，我们会得出，在种种因素的综合作用下，他的思想出了问题。为什么他的思想出了问题？进一步的"致虚极"可能会分析到他接受的教育、是否有其他教义影响等等，甚至会分析到他的神经分类类型、脑结构……中国传统文化中还经常会分析到"八字用神""流年"等方面。

比如组织的研究。我们对一个组织进行研究，首先会确定他是一个什么样的组织，这个组织的核心人物有哪些，核心竞争力有哪些，核心文化有哪些，核心的核心是什么。每一个问题，都是一个"致虚极"的开始，每一个"致虚极"的结果，都有助于我们深刻认识这个组织的各种规律。掌握它的规律，你说你想发展一些什么。

所以，老子教给我们的破解大法"致虚极"，不仅仅是针对什么圣人高人的，也是给予我们普通人的，生活中任何一点疑问，你都可以安静地坐下来，认认真真地"致一下虚极"，用老人家交给你的方法，"守静笃"，客观、冷静、不带任何个人色彩地全面复盘事情的全部前因后果，寻找中间存在的问题，寻找问题中是否有违反"道"——"规律"的问题，找到问题，自然地对应之法就会出现，该用力的用力，该纠偏的纠偏，该找帮助的找帮助。

可以肯定地说，"致虚极"的水平越高，得到"道果"的概率就越大，"道果"也越大。我们不妨观察观察，同一件事，不同层级的人认识是不同的，一般人看表象，高水平人看本质。当你在抖音快乐的时候，有些人看到的是"精神奶嘴"，有的人看到的是"金钱密码"，致"虚"的方向不同，结果也迥然不同。

# 第十七章 太上，不知有之

太上，不知有之①；其次，亲而誉之②；其次，畏之③；其次，侮之④。信不足焉，有不信焉⑤。

悠兮其贵言⑥。功成事遂，百姓皆谓："我自然。"

**注释：**

①太上，不知有之：太，极、最，表程度极高。上，位置在高处，等级或品质高的，向上面。知，知道。之，代词。

②亲而誉之：亲，亲近。誉，赞美、赞誉。

③畏之：畏，害怕、敬服。

④侮之：侮，轻慢、怠慢、侮辱。

⑤信不足焉，有不信焉：信，相信。足，完全，足够。

⑥悠兮其贵言：悠，长、远、闲适的样子。贵，意动用法，以……为贵，宝贵。言，话语。

**语义直译：** 高高地处于上层，人们不知道有他；其次，人们会亲近他赞誉他；再其次，人们会害怕他；再其次，人们会轻慢侮辱他。这是因为获得的信任不足，有的人不相信。

他很闲适的样子，言语少惜言如金。事业成功了，百姓都说："他成功很自然。"

**悟道万象**

前两章老子所描述的神龙见首不见尾的圣人高人，对我们常人来说，谁见过？有吗？

对此，老子很耐心地给大家分解，这样的人，有四个层次，层次不同，人们的认知和态度也不同。

第一个层次，太上层次。这个层次的高人，是真的神龙见首不见尾，我们普通人就不知道还有这样的高人存在。他的所作所为也是真的神龙见首不见尾，出招了，你压根就感觉不到。

第二个层次，比第一个略逊。对于这样的高人，大家喜欢亲近他赞美他。这就是我们常见到的高人，水平高、本事大，能很好地解决问题。

第三个层次，比第二个又略逊。人们害怕他。为什么害怕？不是他不强，大家都知道很强，阴招多，对谁都动心思耍心眼，所以大家害怕他。

第四个层次，最末的层次。人们会轻慢他，侮辱他。为什么，说你没心眼吧，心眼多得很，说你有心眼吧，心眼明晃晃地摆在台面，谁都看得到。这样的人，能不被轻慢吗？还少吗？

为什么会出现这样的情况？老子说，这是信任不足的原因，有人不信。对"信不足焉"的理解有两个层面：第一个层面是大家对相应的高人的信任程度，信任他，他的有些计谋机谋就可以实现，半信半疑呈现出的结果就不同。第二个层面就是公信度的问题，这个"信"，就涉及《道德经》中另一个很重要的概念，"德"，所施展的机谋和施展人的"德"行问题，同样的方式方法，德行好，人们赞誉他；德不足，人们害怕他、轻慢他、甚至侮辱他。

怎样避免出现人们不信任的现象，老子告诉我们，贵人语迟，从来一副悠闲闲适的形象，泰山崩于前而色不变。等到功成事成，人们就会说：人家成功是自然而然的，水到渠成。

大家看看后续历史出现的典型人物诸葛亮，就是典型代表。

这里需要讲清一个概念：自然。

什么是自然？自，本身；然，状态。

所以，自然就是本身存在的状态。树的自然，就是树本身的存在的状态；水的自然，就是水本身的存在的状态；不同的人，他本身的存在的状态不同。

所以，讲自然，就是所讲对象自己本身存在的状态，吴用不用计就不是吴用，李逵不要二就不是李逵。

所以，分析具体的对象，就是要分析对象的"自然"存在状态，以及不同阶段的"自然状态"，当马仔的时候，鞍前马后；居高位的时候，颐指气使。时位之易人也。

百姓皆谓："我自然。"百姓们都说，人家就是那个样子。不成，才不是我的样子。

形，要悠然，恬淡闲适，别人看着就崇拜，打扮得像乞丐，就说你是高人，鬼信，又不是武侠小说；言，要少，一针见血，别人一听就佩服，一天天和唐僧一样唠叨的，你说你是高人，孙悟空都烦你，你让谁信你。

信，就是要让他人信，培养他人信。

钢铁是怎么炼成的？不知道，但高人就是这么练成的。

# 第十八章　大道废，有仁义

大道废①，有仁义；智慧出，有大伪②；六亲不和，有孝慈③；国家昏乱④，有忠臣。

**注释：**

①大道废：大，表程度。废，崩坏、倒塌、衰败。

②智慧出，有大伪：智，聪明，有才能。慧，才智。出，出现。伪，人为的、诡诈、不诚实、非法的。

③六亲不和，有孝慈：六亲，说法不一，基本为父、母、兄、弟、妻、子，其他在此基础上增加舅姑姨表等。和，和睦。孝，尽心奉养和服从父母。慈，慈爱、慈祥、慈善、仁爱。

④昏乱：混乱。

**语义直译：**大道崩坏了，就会显露出仁义。智慧出现，就会有大的诡诈出现。六亲不和睦，就会有孝顺和慈爱显现出来。国家混乱，就会有忠臣显现出来。

**悟道万象**

上一章，老子讲了圣人和高水平的人的层次，以及如何做一个高水平的人。本章，老子辩证地告诉你，圣人和高水平的人会在什么时候出现。

客观地讲，世界最公平的方面，就是善恶、好坏、阴阳、黑白总是同时出现，有恶霸，就会有同恶霸能力相匹配的人同时出现，有天下至圣，就会有和天下至圣能力相匹配的坏人也同时出现，这一波黑白正反（无立场的看，那有什么黑白反正，仅说能力）都是天下之巅的高手，高手死绝了，都是二流高手，沉寂很多年后，再来一波至巅高手于世间搏杀。

我等凡人，似乎就是赶场来跑好龙套的一代又一代。

老子在这一章中，就这样辩证地告诉我们，"你娃儿莫急，好滴里会有坏滴，坏滴里也会有好滴。"

大道废，有仁义；大道崩坏，就会展现出仁义的一面。什么是大道？我们前面说过，世间大道三千，但最终的大道只有两条，一条政道，一条商道。这两条大道，不管哪一条，如果崩坏，都会有仁义和仁义之士出现，力挽狂澜。

比如说政道，礼崩乐坏，高岸为谷，深谷为陵，朝代更替，哪一个不是仁义者振臂而呼。赵氏孤儿、刘秀南阳、忠臣托孤，这样的历史很多很多。比如说商道，古往今来，大商巨贾，哪一个不是仁义立于大世，救国救民、解民倒悬、商道济之于政道，古有弦高献牛，今有南洋华侨为国支援。

所以客观地说，仁义这种根植于中华传统文化乃至人类善的灵魂中的硬核基因，就像阴阳媾和孕育成人的那一刻的第一次心跳，这一跳，你再也找它不到，但险恶之时，你可能就会感受到它"扑通扑通"的劲跳。

智慧出，有大伪。人们都乐于看到智慧之人，做显露智慧之事。但老子告诉你，一旦智慧出现，大伪必相随而现。

为什么？智慧和大伪，就像一个硬币的两个面，是同一种东西，德善者为之，是为智慧；德不善者为之，是为狡猾。狡猾是不是智慧，是不是大伪？智慧之事，要解人忧，大伪之事，不也是要解人忧，群体和立场不同而已。所以，总有一些人，想为历史定论的坏人"妙笔生花"施展翻天妙手；也总有敌对国"有心"之人"智慧"地勾陈往事妙解时事，企图让你否认自己的历史，错误地评价当前政治。就因为，智慧和大伪，同出一源，同为大用。

这里需要再阐述一点不同文化中的"智慧"的含义。在佛教中，智慧具有不同的含义，是为"般若"。而且，"智"和"慧"也是两个不同的概念，"智"代表你天生的才智，类似于天生的智商；"慧"代表感悟、理解，由此达彼、举一反三的能力，比如慧根。智商高不一定情商高，该理解不到、悟不到的照样解不到、悟不到，智商低不一定情商低，做高数不如你，让大家高高兴兴合力奔向同一个目标的能力甩你八条街。所以，这也就是现实世界中，各类人百花齐放能人辈出让世界精彩纷呈的原因。

六亲不和，有孝慈。国家昏乱，有忠臣。和前面两句排比出现，也是在告诉我们，要客观地看待所有不好的现象中蕴含的好的因素，要让我们客观地看到，好的因素其实一直是深藏于事物的本质之中，只是并未显露而已。

那么，老子为什么在看似和上一章不搭嘎地提出了这么几条？

因为老子是在用实实在在的案例告诉我们，圣人和高水平的人能够从任何坏事中找到积极的因素，能够从任何好事中发现坏的因素，以及与好的因素、坏的因素相对应的人和事，然后再"致虚极，守静笃"，找到事物发生发展的根源并解决它。

语断意连，掉阖怡然，这就是老子写文章的绝妙。

什么老子今天扔一段，明天扔一段，还分《道经》和《德经》，只属于读懂了字，而没悟到髓。

# 第十九章　绝圣弃智，民利百倍

　　绝圣弃智，民利百倍①；绝仁弃义，民复孝慈②；绝巧弃利，盗贼无有③。此三者以为文，不足④。故令有所属⑤，见素抱朴⑥，少思寡欲⑦。

**注释：**

①绝圣弃智，民利百倍：绝，断绝、极、非常、超越、超过、横渡、横穿。弃，放弃、抛弃。智，智慧。民，人民。利，利益、好处。

②绝仁弃义，民复孝慈：仁，仁爱、仁慈。义，公正合宜的道德、行为或道理。复，重复，回归。孝，孝顺。慈，仁慈、慈善、慈爱。

③绝巧弃利，盗贼无有：巧，技巧、技艺、灵敏、灵巧、美好、虚浮不实、伪诈。

④此三者以为文，不足：文，花纹、有文采、文字、文章、文献、法令条文、文化。足，脚、足够、够得上、值得（不足为外人道也）。

⑤故令有所属：故，所以。令，让。属，种类、隶属、属于。

⑥见素抱朴：见，同现，显露。素，朴素、质朴、平素、本来的、原来的。抱，抱着、怀抱、怀有、胸怀。朴，质朴、淳朴、未加工的木材、本性。

⑦少思寡欲：思，思虑。寡，同"少"。欲，欲望。学，学识。

　　**语义直译：** 断绝圣人，抛弃智慧，人民会获利百倍；断绝仁义，人民重新回归孝慈。断绝浮华放弃（不当）之利，就没有盗贼。这三样列为条令，不值得。所以让他们各有归属，显露最本质的样子和本性，少思虑或少有欲望，断绝学问就没有忧患了。

　　**悟道万象**

　　本章也有不同版本。主要在"故令有所属,见素抱朴，少思寡欲，（绝学无忧）。"增加了绝学无忧。个人选取有包含"绝学无忧"。这四字，一是"见素抱朴，少思寡欲"的落脚点，而是这句被放到了下一章，在下一章的开头，不伦不类，实在晦涩。

　　首先要说的是上面的语义，这里的语义词义，是我们大家现在最常理解的字面意思，很多的书籍和解读也都按照这样的理解去阐述。讲的很是决绝。

　　但这样的理解对吗？

　　上面说了，圣人和高水平的人行事诡谲，如果他们的德性好，是好事，如果德性不好，那就是天大的祸害。

　　那么怎么办呢？

　　解决问题的办法很多，有一种办法就是把提问题的人解决了。解决不了圣人和高水平人出的难题，就把制造这些难题的人解决了。似乎也有道理。

　　所以，上面的语义就出了问题，绝圣弃智，把圣人和高水平的人解决掉，抛弃智慧，大家都傻乎乎地存在着，问题就解决了，而且人民还能获利，还是百倍的获利，不是一点点的获利。

　　这样的事情，是老子这样"犹如龙乎"一样的人的方法吗？老子这样教大家，合乎老子的"道"吗？特别后文会提到的"道法自然"。消灭人和智慧，是"道法自然"吗？

　　所以，将"绝"理解为"断绝"，显然似乎不妥。

　　那么怎样的理解才是合理的，那就是"极、非常"，可以理解的用词是"绝佳"。

　　这样，我们重新翻译理解一下这句话：非常高水平的圣人不用智慧，人民就能获利百倍；非常仁慈的人不用义，人民就能更加孝慈；极高的技巧不去用之获利，就没有了盗贼。

　　这样的解读，是不是才符合老子对圣人的描述，才合乎老子"道"的运用。

　　所以，老子说，在"智""义""利"这三个方面如果要列法令条例，不值得。因为这三样都是很虚的，无法以一个相对合适的标准去评判它，没有标准的评判，基本就是瞎评判。

　　但怎么解决这个问题呢？总得有办法。

　　老子有的是办法。他告诉我们，令有所属，见素抱朴，少思寡欲，绝学无忧。

　　什么意思？智、利、义这三样，都应该有他自己的归属归类，暴露出它们的本质本性。这样，人们就会在这三个方面想得少、欲望小，都会走上非常好的学习方向，这样就没有忧患了。

　　那么问题来了，有所归属，归哪里？这就是《道德经》中很重要的第二个字——"德"。把这三个方面，都归入德的范畴，用德性来评判它、约束它。智有德性分善恶，义有德性分正邪，利有德性分好坏，而且要把这样的本质性的问题明明白白的告诉大家，阳光之下哪里容得下污垢。

所属之后、见素抱朴，结果会怎样，少思寡欲，不是让大家不想，思想这种东西，怎么可能能约束得住。是告诉大家，有德性评判，少在不该动的方面动那些歪心思，少有那些不该你有的歪欲望，莫伸手，伸手必被捉。这样呢，大家就都会非常努力地去学习，向正道学习，向正派的人学习，向正义学习，学得越好就越没有忧患，绝学无忧。

所以你说，煌煌几千年的《道德经》，不"致虚极，守静笃"，追本溯源地学习，会产生多么大的歪解胡解，把好生生一本光明正大的真经生生地念成歪经，还满世界传播。老子他老人家估计早都蹦得不要不要的了。

# 第二十章 唯之与阿，相去几何

绝学无忧虑①，唯之与阿，相去几何②？美之与恶，相去若何？人之所畏，不可不畏③。荒兮，其未央哉④！

众人熙熙，如享太牢，如春登台⑤。

我独泊兮，其未兆⑥；如婴儿之未孩；累累兮，若无所归⑦。

众人皆有余，而我独若遗⑧。我愚人之心也哉，沌沌兮⑨！

俗人昭昭，我独昏昏⑩。俗人察察，我独闷闷⑪。

澹兮其若海，飘兮其若无所止。

众人皆有以，而我独顽且鄙⑫。我独异于人，而贵食母⑬。

**注释：**

①绝学无忧虑：忧，忧虑、忧患。

②唯之与阿，相去几何：唯，应答声、只、只有、由于、虽然、句首语气词。之，助词。与，和。阿（ē），大山、屋檐、偏袒、迎合、名词词头、同"呵"。相，相互。去，距离。几何，多少？

③人之所畏，不可不畏：畏，害怕。

④荒兮，其未央哉：荒，荒芜、荒地、荒年、远方、逸乐过度、放纵、掩盖、覆盖、荒凉、偏僻、荒废。未央，未半、不久、不远、未尽。

⑤众人熙熙，如享太牢，如春登台：熙熙，快乐、幸福、安乐的样子。享，献祭、上供、享受、用食物供奉祖先鬼神或天子，鬼神享用祭品。太牢，古祭祀牛羊豕（猪）各一，最高级别的祭祀。登，登上。台，高台。

⑥我独泊兮，其未兆：独，独自。泊，停船、停留、淡泊、恬静。兆，预兆、征兆、开始、祭坛或墓地界域、数词。

⑦累累兮，若无所归：累，堆叠、积累。累累，疲惫的样子、狼狈不堪的样子。

⑧众人皆有余，而我独若遗：余，通"馀"，饱足、多余、剩下、多出。若，好像。遗，遗失、遗漏、忽略、抛弃、遗留。

⑨沌沌兮：沌沌，蒙昧无知的样子。

⑩俗人昭昭，我独昏昏：昭昭，明亮、明显。昏昏，惑乱、糊涂、神志不清、昏暗、阴暗。

⑪俗人察察，我独闷闷：察察，洁白清洁的样子。闷闷，沉默、昏昧的样子。

⑫众人皆有以，而我独顽且鄙：以，用、依、按、凭借。顽，迟钝、愚蠢。鄙，卑陋、浅薄、愚贱。

⑬我独异于人，而贵食母：异，不同。食，供养。母，根源。


**语义直译：** 应答与迎合，相差多少？美与恶，相差多少？人们所害怕的，不可不怕。

荒凉啊，它不也看不到尽头！众人快乐幸福，就像享受最高的级别的祭祀，就像春天登上高台一样快乐。

我独自停留淡泊啊，他没有预兆征兆。像婴儿还没长成孩子。狼狈不堪的样子，好像无家可归。

众人都有饱足还富余，而我独自像遗留的那个。我是那种笨人的心吧。

俗人都看起来光明鲜亮的样子，而就我好像糊里糊涂，蒙昧无知的样子。

俗人都是清洁清白的样子，而就我好像昏昧的样子。

众人好像都有凭借，就我愚蠢且浅薄。

我独自和别人不同，我很珍惜地供养我的根源。


## 悟道万象

本章也有不同版本。"（绝学无忧虑），唯之与阿，相去几何？……我独泊兮，其未兆；沌沌兮，如婴儿之未孩……。众人皆有余……澹兮其若海，飘兮（其）若无所止……"个人不选择引用的原文。原因在于，一是"绝学无忧"这句，应该归属上一章节。而是"沌沌兮"的位置，放在"如婴儿之未孩"之前，更能描摹事物的状态。三是"馀"和"余"，通假字。四是"其"，有无均不影响语义，有"其"字更能在句子结构上前后相承。

本章又是一个比较难理解的章节，也是产生很多歧义解读的章节。一般本人所说的歧义，不同于一般的不同见解，不同的见解属于解释不同，但都在意义范围之内，而歧义则指的是理解错误。这个错误，是根据上下文以及《道德经》宗旨要义是否符合做出的判断。

在上一章，老子讲了"绝"圣弃"智、义、利"的原因，本章继续通过不同的对比，阐述圣人高水平的人和众人的行为、思想的不同，直观地说，面对同一事物，圣人异于常人。

先看看老子怎么引入话题，分析辨别。

唯之与阿，相去几何？"翠花，上酸菜"和"嗻，奴才告退"，应答对方和唯唯诺诺差什么，都是对对方的回应。美之与恶，相去若何？英雄一战斩首数万，在对方看来是不是恶魔。美与恶差多少，都是主观的一种评价。但老子讲了，人之所畏，不可不畏。人们都害怕的，也要害怕。

为什么？因为这是从众。作为圣人高水平的人，从众是必要的作为。因为开篇就讲了故"常无欲，以观其徼，常有欲，易观其妙。"

脱离群体心的圣人，是无根之木。因此，老子在这里讲了"唯"与"阿""美"与"恶"，在圣人看来都只是客观的存在。既不要因为一个态度谦和一个态度卑微，就带着有色眼镜看待，也不要因为美恶的现象就主观地认为。但有一点，众人所认可的，也需要报以认可，从众。荒兮，其未央哉！你看到的荒凉，是不是从另一个角度看起来就是"未央"不尽的样子，沙漠啊，是不是也很浩瀚。

那么，圣人和别人不一样的地方在哪里？在这里。

众人熙熙，如享太牢，如登春台。大家都高高兴兴、快乐幸福的时候，我独泊兮。孤独的世界孤独的我，孤独也没有先兆；傻乎乎的我，像婴儿没长成孩子，毫无感知。别人快乐，而我独自漂泊，好像狼狈的无家可归的人一样。

众人都很满足，而只有我一个人感觉好像遗失了什么，还要去追求，去寻找。我愚人之心也哉！我是傻吗？

不是我傻，而是我和他人不同。

一般人看起来光明鲜亮的样子，而我独自糊里糊涂。我糊涂的是追求，到底在追求什么，"道"在哪里？

一般人都很明白明了的事，而我却在纳闷，为什么是这个样子，"道"在哪里？

大家都好像有所依靠，按照自己的三观在生活，而只有我一个人，好像又愚蠢又浅薄。

不是我和大家不一样，而是我最珍惜的是，供养好我的本源。

本源是什么，是一颗既沉耽于世又与世隔离的心，是一颗既要为众生而求道又要为求道保持自我的心。

所以，圣人不易，高人不易，高处，是寂寞，是孤独，是不知道什么时候的担责。

快乐是他们的，是我的又不是我的。

寂寞孤独是我的，绝对不会是他们的。

这就是道，这就是求道之旅。

人生，谁又不是在求道，在寻求道果的路上，有那么一刻，你寂寞孤独过吗？

澹兮其若海，飘兮其若无所止。

# 第二十一章　孔德之容，惟道是从

孔德之容，惟道是从①。

道之为物，惟恍惟惚②。惚兮恍兮，其中有象；恍兮惚兮，其中有物。窈兮冥兮，其中有精③；其精甚真，其中有信④。

自古及今，其名不去，以阅众甫⑤。吾何以知众甫之状哉？以此。

**注释：**

①孔德之容，惟道是从：孔，很、甚、小洞、窟窿、通，这里理解为透视更合适。德，德性、德行、品德。容，容貌、仪容、面貌、样子、事物呈现的景象状态。惟，只是。是，代词，放在前置宾语和动词之间，复指前置宾语（唯命是从）。

②道之为物，惟恍惟惚：物，事物、物体。恍惚，模糊的样子。

③窈兮冥兮，其中有精：窈，幽深、深远。冥，昏暗、高远、深远。精，精华、精粹、精气、精神。

④其精甚真，其中有信：真，本性、本质。信，言语真实、相信、信物、音讯、消息、通"伸"，伸展。

⑤其名不去，以阅众甫：名，名字、命名。去，离开、离去。阅，计数、检阅、经历、总聚、汇集。众，众人、众多。甫，开始、刚刚、大，王弼，注："众甫，万物之始也，以无名阅万物始也。"

**语义直译：**透视"德"的样貌，紧紧随道而行。

道作为一个事物物体，恍恍惚惚，似有似无。似有似无中，有大致的形象；似有似无中，又有实在的东西。

遥远幽深，其中有精华存在，这样的精华很真实，值得相信，也包含信物。

从古至今，"道"从没有离开过，并以"道"来检阅汇集众人的初始之心。

我怎么知道众人最初的状态？凭借这个。

**悟道万象**

真善美、假丑恶、好坏高下，这些都属于德的范畴。前文所述，圣人高水平的人在智、利、义等方面，有自己的判断和作为。那么，这样判断圣人和高水平的人有依据吗？对吗？

在这里，我们必须客观地认识到，老子创作《道德经》的时候，是在春秋之时，老子彼时的官职和社会地位，尚不是我们后世所尊崇的道教之祖。

所以，老子在论述很多观点的时候，也是在总结前人的经历和经验。毕竟，作为类似于图书馆馆长之类的官职，博闻强识遍览群书是有着极大便利的。根据记载，老子周守藏史，后来迁为柱下史。周朝衰落之际，老子辞官离去。

作为一本著作，其观点和论证是需要有严密的逻辑和论据的。

所以，这一章中老子告诉大家他为什么会这样评判圣人、高水平的人寂寞孤独的"昏昏""闷闷"，"异于人，贵食母。"

老人家论证道，孔德之容，惟道是从。我们可以"管中窥豹"，看看"德"大概长什么样子。这里的"孔"，个人以为用"管中窥豹"描摹最合适。我们一探"德"的样貌。老子说，"德"的样貌，是仅仅随"道"，"道"什么样，"德"就什么样，圣人高人"道"的高深，决定了他的"德"也是向上向善的完美。

这又有什么依据呢？"道"本身就说不清，谁能把"道"拿出来让大家瞧一瞧。

所以，老子解释道，"道之为物，惟恍惟惚"。如果把"道"看做一个具体的实在的事物，恍恍惚惚，模糊不清的。但你稍稍体会一下就可以看到，"惚兮恍兮，其中有象"，在一篇模模糊糊中，它是有一个大致的模样的，有一个大致的轮廓。在模模糊糊的轮廓中，它还真的有具体的东西在，你可以感受到，并按此操作。这就特别像我们的日常做事，你想办成一件事，知道怎么办吗？不知道，但也不是完全不知道，是心里有那么一个大致的轮廓。所以，"恍兮惚兮，其中有物"，你需要找懂这事熟悉这事的人打听，给你导航，告诉你办这事具体要做啥、怎么做。"窈兮冥兮"，在幽幽暗暗反反复复的追问中，在一大堆言来言往的信息消息里，"其中有精"，有真正能够帮助你成功的信息，这都是信息的精华啊。"其精甚真"，这些精华是极其真实的，"其中有信"，这些精华中有珍贵的信息，值得相信的信息。

是不是很真实很实用，就像谍战大片搞最真的情报一样。唯独不同的是，接受信息的人，他的道行深浅，像《风筝》中的"鬼子六"、《潜伏》中的余则成，一眼可能就得到了想要的信息，而道行浅薄的人，可能给他讲半天，他都未必能听得懂。

这样的"道"，是"自今及古"的规律。所以，"其名不去"，"道"的名字一直存在，而且"以阅众甫"，"道"还用它的规律，一直在检阅众人是怎么开始的。你就说，这个"道"它皮不皮，它要看你的初心，要看你一开始就做的对不对，没做对，一步错，步步错，然后它颔首捋须笑眯眯地摇头说，"开头就错了啊，孩子，快找找我吧，我在树后面藏着呢。"

所以，老子说，"吾何以知众甫之状哉？"我咋知道众人刚开始的样子啊，这就是根据。所有的事情，都是有根源的，万事从源头起，从终点落，源起终落，就会有一条路，凡有路，就为道，就有"道"，道可道，非常道啊。

所以啊，我们的生活我们的工作我们想要做的事，从源头就要考虑，是不是对的，是不是遵循了"道"这个规律，从一大堆了解到的信息中，判断最真最精华的信息，用好这个信息。

导航啊，你导的不是航啊，是人生啊。

# 第二十二章　曲则全，枉则直

曲则全①，枉则直②，洼则盈③，敝则新④，少则得，多则惑⑤。

是以圣人抱一为天下式⑥。不自见⑦，故明⑧；不自是⑨，故彰⑩；不自伐⑪，故有功⑫；不自矜⑬，故长⑭。

夫唯不争，故天下莫能与之争。古之所谓曲则全者⑮，岂虚言哉！诚全而归之⑯。

**注释：**

①曲则全：曲、弯曲与直相对，偏针、不正直、局部、不全，尽、遍、歌曲乐曲。则，准则、法则，副词，表肯定，就、就是，连词，就在并列句中。全，齐全、完整、成全、完全。

②枉则直：枉，弯曲（与直相对）、歪曲、屈尊、屈就，副词，徒然白白地。

③洼则盈：洼，低洼、低洼的地方。盈，充满、富裕、满足、自满。

④敝则新：敝，破、破旧、疲惫、衰败、对自己的谦称、通蔽（遮蔽）。

⑤多则惑：惑，疑惑、迷惑。

⑥是以圣人抱一为天下式：式，模式、范式。

⑦不自见：见，通现，显露。

⑧故明：明，明白、明了。

⑨不自是：是，以为是。

⑩故彰：彰，彰显、显扬。

⑪不自伐：伐，砍伐、讨伐、进攻、功劳、夸耀。

⑫故有功：功，成功。

⑬不自矜：矜，怜悯、同情、持重、慎重、骄傲、注重、崇尚。

⑭故长：长，长久。

⑮古之所谓曲则全者：曲，弯曲。全，完整、完全、全部。

⑯诚全而归之：诚，确实、的确。归，归附、归属、归宿、归到一处。

**语义直译：**弯曲以成全为准则，歪曲(弯曲)以正直为准则，低洼以充满为准则，破旧以新的为准则，少以得到为准则，多了就会迷惑。所以圣人怀抱天下为天下做出了范式。不自我显露，所以明了所有；比自以为是，所以彰显成绩；不自我夸耀，所以能成功；不自我骄傲，所以长久。

因为不争，所以天下没有什么能够和他争。远古所说的"弯曲才能完整"，其实是虚话！确实是完整完全的，而且归属到了一处。

### 悟道万象

上一章中，老子给大家讲了自己为什么知道圣人的行事作为，讲了圣人和高水平人做事是从源头就把握规律依道行事的。

在向圣人学习之前，老子通过几个自然界客观存在的现象，提出了学习准则，即谁向谁学习的问题。曲则全。这里一般有两种理解，主要在"则"字的理解，一是理解为副词，就，弯曲就是成全；二是"则"为意动用法，以……为准则，弯曲以成全为准则，能达到成全的结果，就弯曲。个人以为，以第二种理解更为妥帖。后面的"则"，均有两种可以说得过去的理解，除了多则惑，其他均按以……为准则理解较好。枉则直，一种理解是弯曲就能直，矫枉过正；一种是歪曲以正直为准则，能够达到正直的结果就弯曲；洼则盈，一种是有了低洼就能充满；一种是低洼以充满为准则，没有充满就是低洼。敝则新，一种是旧的不去，新的不来，一种是破旧以新的为准则，对比新的，不新的就可按破旧至少是旧看待；少则得，一种是少了就会去取得，鼓励争取，一种是少以得到为准则，按得到的结果，没达到目的就是少；多则惑，这一句的"则"不是意动用法，而是副词就，多了就会迷惑。想想看，是不是这个理，不管是钱多了，还是其他东西多了，就开始迷惑，一个问题就会始终萦绕在脑海，"这么多东西，咋整啊。"

所以，在这一章中，老子告诉大家见贤思齐，要向圣人学习。圣人"抱一为天下式"，已经胸怀天下，为大家做出了榜样，大家只要向他学习就行。

学什么呢？学圣人的几个做法。一是在行事中，不自见、不自我表现，有了自我表现的心思，必然会带入了个人主观色彩，没有了自我表现的心思，所以能明晰地看到事物的全貌，不会因抢功心切而失败，不会为了面子而丢了里子，不会为了献礼而留下隐患。不为面子，最后才会有面子。二是不自是，不自以为是，"是"是什么，是规律，你自以为的规律，会是规律吗？你以为你以为的就是你以为的？没有这个毛病，才能彰显显扬；三是不自伐，不自己夸耀，才能成功，沾沾自喜容易迷失心智；四是不自矜，不骄傲，才能长久，骄兵必败，骄人自辱。

看看老人家说的这"四不"，不自我表现，不自以为是，不自我夸耀，不自我骄傲，经典吧。几千年过去了，人的这四个毛病依旧存在，这算不算"道"——规律呢？几千年里，这"四不"之下，有多少英雄饮恨悲号，有多少能人志士折戟沉沙，空余绵绵长恨。

所以，欲成事，欲想达成目标，寻道而行，听老人家的话，竭力克服"四不"。

对于做到"四不"的人，老子怎么说，夫唯不争，故天下莫能与之争。因为和谁都不争，所以天下没有谁能和他争。对圣人而言，他借道行事，无为而无不为，是没有自己私欲的，他是助大家成就事业的、实现目标的。对我们常人来说，不也一样，生活中和谁都不争的人，尽心竭力帮助大家的人，是好人，最终会赢得大家的尊重；工作中，无怨无悔为大家，不争名不争利，尽心竭力做好工作的，会受到大家尊重，当劳模，做模范。在仕途上、在商道中，争名逐利你抢我夺，结果争得了什么、抢到了什么，一地鸡毛。

老人家说，"抱一为天下式"，抱一，为天下。不为整体，不为大家，不胸怀天，初心起始就错了，背道而驰，怎么会成功呢。

所以，老人家说，古之所谓"曲则全"者，岂虚言哉！委屈了自己，成就了大家，弯曲了自己，保存了全部，这哪里是虚言，这是实实在在的规律啊！

诚全而归之。确实是"道"的全部精髓并归纳的非常到位了。

还需要说什么？

听老人家话，依道而行吧。

# 第二十三章 希言自然

希言自然①。

故飘风不终朝②，骤雨不终日。孰为此者③？天地。天地尚不能久，而况于人乎？故从事于道者，道者，同于道④；德者，同于德；失者，同于失。同于道者，道亦乐得之⑤；同于德者，德亦乐得之；同于失者，失亦乐得之。

信不足焉，有不信焉⑥。

**注释：**

①希言自然：希，大。言，说。自然：自我存在的状态。

②故飘风不终朝：终，自始至终、尽、全。朝，早晨。

③孰为此者：孰，谁。

④同于道：同，相同、聚集、一同、共同。

⑤道亦乐得之：乐，快乐、高兴、乐意、爱好、喜好。得，得到、获得。

⑥信不足焉，有不信焉：信，相信。

**语义直译：**很大范畴地说自然。飘过来的风不会自始至终刮一早晨，骤然而至的雨不会下一整天。谁造成这样的结果？是天地。天地还不能长久地这样做，更何况人呢？所以追求道的人，和道是一同聚集的；追求德的人，和德的一同聚集的；失去的人，一同失去。和道一同聚集的人，道也乐意得到他；和德一同聚集的人，德也乐意得到他；一同失去的，失去也是乐意失去的。

有的不一定信，有的完全就不信。

**悟道万象**

原生态的道、德、人是什么关系？

老子在前面讲了那么多的道、圣人、德、高人等，那么具体到人，怎么办？人要依道而行，道德同出一源，那么人与道、德之间是什么关系？

解开这个关节，才能更好地让人们依道而行。

本章中，老子就是通过自然的现象，告诉我们，人、道、德之间的关系。

希言自然。这里的希，和大音希声是一个意思。把眼光放到大自然我们看看。

飘过来的风，不可能持续一早晨，因为这风本身是飘过来的。骤然而来的雨，不会下一整日，因为他本身是骤雨。

那么是谁造成的这一现象？是天地。

所以老子说，你看看，天地也是一阵风一阵雨，都不会把阵风阵雨持续一天，何况人呢？你怎么可能希望人做一件事就一直持续下去呢？

所以追求道的人，是和道会聚合在一起的，能够感受到道，依道而行。你要努力地追求道，寻找规律，你最终会掌握规律的，并能够运用规律，获得成就道果的。

追求德的人，也和德会聚合在一起，能够感受到德，坚持德性。你坚持某个德性，比如善、比如勤，你最终总会在德善德勤等方面得到认可，获得道果的。

一旦你背离了道，悖道而行，不再运用规律，那么你也就失去了道，不再能够把握规律。股市就是极具"道"性的领域，低买高卖是总的原则，是为大道，最大的规律。但在这个大道下，还有很多的中小道，比如波动理论、周期理论、缠论、黄金分割等理论和方法，这些理论和方法，不就是道、规律吗？不管你用哪种理论方法，只要坚持运用，总会越用越精取得成效的。所以，你追求道，道也向你聚集。一旦你离开道，你不再运用某种理论和方法，这些理论和方法也会随之而去。

股市这样，我们的生活不也这样，你的三观变了，好人变坏了，坏人变好了，是不是你的人生也就变了。三观何尝不是我们行之于世的"大道"。

德也一样，你不再追求某一德性，不再坚持某一德性，这一德性也会随之消失。而且，你所运用的道会和德一并失去。你不坚持善了，不坚持勤了，你所依从的道也就变了，也一并消失了。

道是客观，德是客观，追求是主观，主客观之间能够有很好的能动吗？

能，很能。

老子告诉你，追求道的人，道也是乐意依存他的。道也需要承载它的器皿啊，人就是承载道的器皿。你追求的越迫切、越奋力，你获得的就越多，掌握的规律就越多。所以，聪明人越来越聪明，有钱人越来越有钱，能干的人越来越能干，跨界都能成功。西方理论，叫做"马太效应"。正所谓，成功来自于99%的努力，就是"道"途。机会总是留给有准备的人，那也是追求"道"的道果啊。

这就是能动的结果啊！不成功，你看看你付出了多少，能动性有多大啊，混得不好不能怨社会，你得看看自己对所从事的工作掌握了多少规律啊，道行有多深啊，有多奋力啊，躺平就想赢，那不符合规律啊。牛顿在树下被苹果砸了，不断追求，得到了天大的规律；你躺平，还随意地躺平，还不一定在树下，你说掉下来的除了雨滴、鸟屎，会不会有榴莲。

同样的，孜孜以求某一德性的，德性也是乐意依存他的，德也需要存身之所，彰显之所。和道一样，追求的德性越多，越持久，越奋力，德性所赋予你的道果就越大。一个人，可能刚开始的时候就只追求做个好人，但在不断地坚持中，你可能发现，它不仅仅是一个"好"字能描述的，他坚持，他勤奋，他慈善，他乐观，他付出，他正义，等等等等，美好的品质会不断地在他身上呈现，人们尊他为楷模。当然了，我们说过，德是分好坏的，一个坏人越努力、越坚持、越奋力，他也就会获得越来越多坏的品质，最后头顶长疮脚底流脓——坏透了。

世界总是变化的，能动也是客观的，缺乏了能动，也就不动了。所以，老人家很调皮地告诉你，同于失者，失亦乐得之。你要是不要道和德了，他们也很乐意不要你，过不到一块就离呗，谁怕谁呀？

这些道理，就问你信不信，你信不信？

老人家太通透了，呵呵，信不足焉，有不信焉，有人不全信，有人全不信。

这也是道，非常道。

# 第二十四章　企者不立

企者不立①；跨者不行②；自见者不明③；自是者不彰④；自伐者无功⑤；自矜者不长⑥。

其在道也，曰：余食赘形⑦。物或恶之，故有道者不处⑧。

**注释：**

①企者不立：企，踮起脚后跟、站。立，站立。

②跨者不行：跨，抬起一只脚向前或左右、两腿分开。行，行走。

③自见者不明：见，现、显露。明，明了、明白、明智。

④自是者不彰：是，对、正确。彰，彰显、显扬。

⑤自伐者无功：伐，砍伐、讨伐、进攻、功劳、夸耀。功，成功。

⑥自矜者不长：矜，矛柄、怜悯、同情、持重、慎重、骄傲、注重、崇尚。长，长久。

⑦余食赘形：余，富裕、多余。食，吃。赘，多余的、累赘。形，体型、体形。

⑧物或恶之，故有道者不处：物，事物、物体。或，可能。恶，厌恶、嫌恶。处，地方、位置、处所。

**语义直译：**踮起脚后跟的人没法站立，跨开腿的人没法行走，自我显扬的人不明白明智，自我夸耀的人没有功劳，自我骄傲的人不长久。

这在道的层面说，吃多了是累赘，会让身体走形。事物事情可能会厌恶嫌弃这样，所以有道的人不让自己处在这样的境地。

**悟道万象**

上一章中，老子讲了人、道、德三者之间关系，那么涉及具体事情的时候，人应该如何把握？

本章中，老子就给我们做了更详细地分解，特别是依道而行的人，掌握分寸。

这一章中还有一个很明显的现象，老子是从我们日常的生活现象中，给大家总结做人做事的原则，这也是我们悟道的一个启发，从自身、身边人、身边事、自然中觉悟道，观察觉悟提炼升华"道"——规律。

老子告诉大家，企者不立，我们日常生活中，踮着脚的人，他是没法站稳的，要脚踏实地、稳稳地站好，你才能做下一个动作。

跨者不行，跨开腿是没法行走的，人不是螃蟹，走要有走的姿势，螃蟹步是人家螃蟹的"道"。岂止不能横着走，你还得把握走的节奏。

自现者不明，自我显露这种事，不是明智的做法，显摆属于德性问题，容易招致非议，非议容易带来不必要的麻烦。在前文中，老子也告诉过我们，这样其实给自己带来祸端，圣人高水平的人是不会这样做事的。

自是者不彰，自以为是的人，结果往往也不会彰显出来，现实中也是，自以为是的人往往是被大家反感，成为被孤立、打击的人。即便他有成绩，人们也不会表扬他的成绩。

自伐者无功，自我夸耀的人，更是不可能得到大家的认可，常见的说法会是，"这是大家的功劳，是大家共同努力的结果"，一句话，自夸者便失去了该有的功劳，或者大功劳变小功劳。而对于自夸者，这便成了心里的永远的疙瘩，怨恨不满可能就此种下，堕入恶性循环。相反，我们遍观周边，德性好的、水平高的人通常都会说，"这是大家的功劳，是大家共同努力的结果，感谢领导支持、感谢大家支持"，越谦逊，反而越得到大家赞许。

自矜者不长，自夸自骄傲这种事，客观地说，私下里嘚瑟嘚瑟，没啥，往往会有自我激励自我满足的好处，但非私下的场合，基本没任何好处，哪哪都不待见。把自己放到哪哪都不待见的境地，哪会长远长久。所以，目光长远的人，需要谨记不可自夸自傲。

我们不知道老子到底阅了多少人，但对人性的把握，几千年了，没变。

这种现象，老子总结到，其在道也，就是余食赘形，吃的都走形了，或者更趣味地说，吃饱撑的，物或恶之，讨人嫌，讨人烦。

所以老子说，故有道者不处，依道而行的人，不会把自己走到那种境地，有道之人，道和德，都是有分寸的，是不会"持而盈之"的。

余食赘形，莫做。

# 第二十五章　有物混成，先天地生

有物混成，先天地生①。寂兮寥兮，独立而不改②，周行而不殆③，可以为天下母。吾不知其名，字之曰道④，强为之名曰大。大曰逝，逝曰远，远曰反⑤。

故道大，天大，地大，人亦大。域中有四大，而人居其一焉。

人法地⑥，地法天，天法道，道法自然。

**注释：**

①有物混成，先天地生：混，混沌、混然，掺杂。先，先于，比……先。生，出生，出现。

②寂兮寥兮，独立而不改：寂，没有声音。寥，空廓，没有形体。改，改变。

③周行而不殆：周，循环。行，运行。殆，通怠，懒惰、松懈、懈怠。

④字之曰道：字，名字。

⑤大曰逝，逝曰远，远曰反：逝，离去、过去。远，空间时间的距离描述、疏远、关系不密切。反，反转、翻转、回复。

⑥人法地：法，效法、标准、准则。

**语义直译：** 有一种东西在混沌中形成，先于天地出生。没有声音也没有形体，独自站立一直不改变，循环运行从不懈怠，可以说是天地的母亲。我不知道他的名字，勉强给他起个字叫做道，勉强给他起个名叫做大。大也叫离去过去，离去也叫疏远不密切，疏远不密切也叫反转反复。

所以，道大，天大，人也大。世界有四大，人是其中之一。

人效法地，地效法天，天效法道，道效法自然。

**悟道万象**

本章也有不同版本。"有物混成，先天地生。寂兮寥兮，独立而不改，周行而不殆，可以为天地（下）母。吾不知其名，（强）字之曰道……"个人不选择原文。原因，一是"天地母"比"天下母"更能符合事物的初始状态。二是"强"字需要保留，事物的初始状态是不容易明确命名的，只有稍微长大后，才能够勉强命名，即所谓"字"。

本章是《道德经》中极为重要的一章。

为什么要说极重要，《道德经》中有不重要的篇章吗？

重要是相对而言。

按照文章的著作之"道"，文章有骨架，有血肉，某些部分是骨架，某些部分是血肉。

此章就是《道德经》中的骨架之一。而且我们看到，老子在《道德经》写作中的思维逻辑，高屋建瓴定义，道可道，非常道；形形色色列举，道的各种现象表征；典型人物引领，微妙玄通圣人；正反举例印证，行事道德互济。

到了本章，抽丝剥茧问底。

为什么说是抽丝剥茧问底？

前面二十四章讲了那么多，玄之又玄，那么"道"到底是从哪里来的？"道"到底是什么？人想依道而行，该咋做？

所以老子深知，到了此时，已经到了读者听着"较真"的阶段了，才抽丝剥茧告诉你，"道"到底是什么？从哪里来，到哪里去？你的人生三连击，老子早已告诉你了，就看你怎么"悟"了。

包括后面的，很多人认为的《德经》部分，也是老子告诉大家，该怎么具体做。

就像做报告，前面讲总结、讲形式、讲思路，下面讲具体措施、重点工作。

那么"道"的起源是什么？"道"是什么？

老子告诉大家，有物混成，有一个东西，它是在混沌中诞生的，在模糊糊一团的杂乱中诞生，先天地生，而且他还先于天地而生，先有它，才有的天地。

其实，我们生活中何尝不是如此？

我们不妨仔细体会一下"道"产生的过程。你想做一件事，这个时候，这件事是什么样子，你清楚吗？头脑里一片混沌。但"道"在没在？"道"在，它不因你不了解它、不知道它就不存在了，比如开面馆、卖菜，不因为你不了解它，开面馆、卖菜的道——规律就不存在。但对你而言，此时的"道"是什么样子？模模糊糊的样子，你不是很清楚，你是寻道悟道求道的，对你而言，此时的"道"，就是刚产生的初始状态、源头状态、自然态。

什么是天地？当你的想法明晰之后，这件事就有了天地。干成是什么样子的，干不成是什么样子的，这就是天地。

所以，这个阶段就是"道"的起源阶段。

所以，它的出生先于天地。

寂兮寥兮，这家伙既没有声音也没有形体，既看不清也看不透。

我们说，这个状态的时候，你能想通事情是什么样子的吗？不但自己没有声音，也没有反馈的声音；不但没有具体的形体，也没有反射回来的可呈现的形体。

独立而不改，它就那么傻乎乎地呆着，一直没见过变化。既然你动念想做这件事，它确实就像一个混混沌沌的娃娃一样，老是在你的脑海中晃来晃去，才下眉头，却上心头，死硬的就像你家娃在超市含情脉脉地看着你没钱买的好玩具。

周行而不殆，这件事尽管你还没有开始做，但不影响做成这件事的"道"的规律的存在。这是一种什么样的规律，就像你做甘特流程图：第一步，做还是不做？不做，死循环结束。做，进入下一个流程。第二步，怎么做？这样的流程图，不说几千年，万万年它会变吗？

所以老子说，周行而不殆，它循环往复地运行，从来就没有懈怠松懈过。任何人任何事，只要你动了念头，就得经过这个流程。

这个时候的"道"是什么样子的？进入第二步，只要你确定做，那么做成这件事的规律——"道"就实实在在地在那里等着，等你找它。从事于道者，同于道，同于道者，道亦乐得之。它就傻乎乎地亘古不变站在那里等着你找到它，然后帮助你，成就你。

所以，老子说这个东西啊，可以为天地母，做天地的母亲。你动了念，它就在那里，你不动念，他也在那里。你动了念，动了它的念，划出了这片天地的界限，你可不就是它妈。

所以，老子也很坦率地告诉大家"吾不知其名"，我也不知道它的名字，强字之曰道，勉强就给它起个字，叫做"道"。大家注意了，老子说，强"字"曰"道"，没说名。名字名字，古人起名字是有讲究的，小时候叫"名"，长大了才"冠字"。

所以老子说得清楚，我给的是"它长大了才能叫的"。

什么是"它长大才能叫的"？一件事情，从你产生想法到你明确的确定的要做，就是念头不断长大的过程，它长大了，摆脱混沌状态了才能有"道"。

所以老子说，因为还小，所以我给它小时候也"强为之名"，勉强取个名字，曰大，叫做大。

为啥叫大？

因为，你想做的这件事在模模糊糊混沌状态的时候，大不大？不大你想去做吗？哪怕是一件与后来对比起来极其小的事，当时在你的脑海中也是排在第一位的大事，你想做的事。正在装修房子，你突然想吃煎饼果子，你说装修房子和吃煎饼果子谁大？然后你就去买了煎饼果子，你说煎饼果子房子谁大？正在上课，你突然开小差了，你说这个时候老师的课和你的小差谁大？不大你能开小差？

所以，每一个动念，都是"大"事，不"大"你不动念。

大又是啥呢？

老子说，大曰逝，逝曰远，远曰反。

又是大，又是逝，又是远，又是反的，到底是啥？

老子说，这个大啊，它大的没边没沿的，还好像一会儿要死要消失的样子，反复横跳的，我把叫做"逝"，这个"逝"呢，一会儿跑不见了，远远的，逮不住，就是逮不住。我又把它叫"远"。"远"这家伙，一会儿一个跟头，一会儿一个跟头，反着来，转着圈反着来。

这够形象了吧。

念头出现在你的脑海中的时候，一会儿不见了，一会儿又好像很远，一会儿又折磨你，"我到底做不做呢，我到底做不做呢"。

所以，老子有段落归纳总结说，道大，天大，地大，人亦大。世界有四大，人居其一。人和道、天、地一样大。所以，道、天、地、人，都得遵从各自的规律。

这个规律是什么？人法地，地法天，天法道，道法自然。人效法地，向大地学习，以地的准则为准则；地效法天，向天学习，以天的准则为准则；天效法道，向道学习，以道的准则为准则；道效法自然，向自然学习，以自然的准则为准则。

什么是自然？原生态，人家本来是什么就是什么，本来是什么样子就是什么样子。猪的样子就是猪的样子，就需要按猪的道、猪的规则去干活，母猪是母猪，公猪是公猪，分了公母，该按什么样的规则去干活，就按什么样的规则去干活。草就是草，草的样子就是草的样子，就需要按草的规则去干活。狗尾巴草和兰花草，分了类别，该按什么样的规则去干活，就按什么样的规则去干活。

道法自然，按事物本来的面目、属性、状态和相应规则去做事。

# 第二十六章　重为轻根，静为躁君

重为轻根，静为躁君①。

是以君子终日行不离辎重②。虽有荣观，燕处超然③。奈何万乘之主④，而以身轻天下？

轻则失根，躁则失君。

**注释：**

①重为轻根，静为躁君：重，与轻相对、重量、分量、重、重的、庄重。为，是。轻，轻车、分量轻、微小、轻率、轻佻、轻浮。根，草木之跟、本源、依据、物体的下部基部。静，静止、平静、安静。躁，急躁、狂躁。君，君主，主体。

②是以君子终日行不离辎重：终日，整日。行，行动。离，离开。辎重，行动携带的物资。

③虽有荣观，燕处超然：虽，即使。荣，花、荣誉、光荣、荣耀、富贵。观，看、观察、察看、示范、外观、景象。燕，燕子、安宁、安逸、闲居、对环境事物感到安适满足、轻慢。处，处置。超然，超脱俗世。

④奈何万乘之主：奈何，无奈、如何、怎么办。万乘。

**语义直译：** 重东西是轻东西的根，安静是暴躁的君主。

所以，君子每天行走都不会离开他的辎重物资。即使有荣耀的景象，也只是满足的超然世外。奈何那些万乘的大国君主，却以为身体贵重而轻慢天下？

轻慢就失去了根基，暴躁就失去了君位。

**悟道万象**

上一章，老子给我们分解了什么是道，他从哪里来，能到那里去，以及和人的关系。

人和道一样，也是一大。

所以，接下来的论述中，老子以人为具体的研究对象，重点阐述人道和人们获道的过程。至于地道、天道和道本身，可以参照人道去感悟。

既然讲人道，那么肯定得分析人。

本章老子用习惯的自然现象，告诉人们如何摆正自身的位置，身正才能更好地悟道，认识规律，运用规律。

老子告诉大家，重为轻根，静为躁君。重东西是轻东西的根，有重东西稳固根基，轻东西才能在上面摆动显露。特别对于人来说，庄重是轻慢轻浮的根，一个人行为端庄庄重，才能不轻浮、不飘忽。安静是急躁暴躁的君主，可以管住暴躁急躁。

我们不妨观自己、观身旁、观世界，安静的时候能急躁暴躁吗？面对一个安静冷静的人，能急躁暴躁起来吗？你暴躁的时候，他静静地看着你，就那么静静地看着你，你会是什么反应？是不是没几分钟，你就安静下来了。

安静是君，所以要学会安静地对待事物，善于保持安静的状态。所以，我们有诸葛"静以修身，俭以养德"的训诫，有东坡的"静以养心，宽以养气，安以养福"的教诲。

所以，老子很用心地教诲大家，君子终日行不离辎重，君子在哪里都不离开自己赖以行军的重要物资。这些物资是什么？是道，是德，是自己最核心的、最具价值的那部分思想和灵魂。对喜欢以竞争为乐趣的人来说，就是你最具核心竞争力的那部分思想或技能。

好好培养厚植你最重最具分量的根吧，这才是行走江湖最稳最好的东西，不一定快，但稳。

本章中，在圣人之后，老子又第一次提出了一个新概念，君子。和两次提到的"君"不同，老子提出了"君子"这个概念。名可名，非常名，君子的名称，老子和前面提到的"道"一样，先给大家来一个施施然的潇洒身影。虽有荣观，燕处超然。君子终日不离辎重，保持稳重，即便是遇到了荣耀的景象，也像燕子高飞一样，潇洒泰然地处之。什么是荣耀的景象，既有可观的，看到了别人的"荣观"，心态平和，超然处之；自己被赞誉，获得"荣观"，也超然处之。这是老子一直弘扬的"事了拂衣去，深藏功与名"的圣人行事作风。

这里，老子没有要求那么高，只是说君子"燕处超然"，这就是老子眼中圣人和君子的差别。

所以，作为对比角色的"君"，万乘之主，老子确实很不客气的。

想来春秋之时，各万乘、千乘、百乘的君王们，其各种表演让老子是不那么齿的。论地位，你们已经很高了，但你们凭什么就要因为自己地位高就轻慢天下？

对此，老子很贴心地提醒，轻则失根，躁则失君，同志啊，轻慢会失去根基的，暴躁会失去君位的。凡被你轻慢的人，他们也会轻慢你，只是你在眼前，他在身后，身前身后，哪有永远的身前身后？没有了根基的你，还能多久在身前。

至于"君"位，你在"上"位，你的每一次暴躁，都是自己挖掉君位的一块砖，你有多少块砖？历史上那些谥号"幽、灵、厉、炀"的君王，下场如何？历史上那些性格暴躁如张飞的将军结果如何？现实中的"耳光"事件结果如何？特别是几千年后的现在，你能一直在"上"位？

反观真正的"君子"之风，越是高位，越是谦和待人，和风细雨，稳重持重，不徐不疾，值得学习。

这也许就是老子立于当时，穿透人性，给后世所有"君"位人的提醒吧。

"君"位不等于"君子"。

名可名，非常名。

# 第二十七章　善行无辙迹，善言无瑕谪

　　善行无辙迹，善言无瑕谪①；善数不用筹策②；善闭无关楗而不可开③，善结无绳约而不可解④。

　　是以圣人常善救人，故无弃人⑤；常善救物，故无弃物⑥。是谓袭明⑦。

　　故善人者，不善人之师⑧；不善人者，善人之资⑨。不贵其师，不爱其资，虽智大迷⑩，是谓要妙⑪。

**注释：**

　　①善行无辙迹，善言无瑕谪：善，好、好的、善于。行，行为、作为。无，没有。辙，车型的痕迹、车辙。迹，脚印、痕迹。言，话、言语。瑕，玉上的斑点、缺点。谪，谴责、过错。

　　②善数不用筹策：数，计算。筹，算筹。策，竹简、计策、计谋。

　　③善闭无关楗而不可开：闭，关闭、隐藏。关，门栓。关卡、机械的发动处。楗，门栓、河堤缺口处打下的木桩。

　　④善结无绳约而不可解：结，打结、系、扎缚。绳，绳子。约，捆缚，套、约束。束缚。解，解开。

　　⑤是以圣人常善救人，故无弃人：救，救治、帮助。弃，放弃、抛弃。

　　⑥常善救物，故无弃物：物，物品。

　　⑦是谓袭明：袭，照样做、因袭、沿袭、继承。明，明白、明了、表明、显示。

　　⑧不善人之师：师，老师。

　　⑨善人之资：资，生产生活中必须的东西、材料。

　　⑩虽智大迷：迷，迷惑、糊涂。要，重要、重要的内容。

　　⑪是谓要妙：妙，美妙、神奇、巧妙。

　　**语义直译：**善于行走的人没有车辙和轨迹，善于说话的人没有瑕疵和过错；善于计算的人不用筹码和竹简；善于隐藏的人没有门闩和关节却没法打开，善于打结的没有绳子捆扎却没法解开。

所以圣人通常善于救治人，所以没有放弃的人；通常善意救助（修补）物品，所以没有放弃的物品。这叫做沿袭明了圣人所展现的。

所以善于为人的，是不善于为人的人的师傅；不善于为人的人，是善于为人的人的材料。不珍惜他的师傅，不爱护他的材料，即便有智慧也是大迷糊，这就是最重要神奇的部分。

## 悟道万象

在老子明确提出天大、地大、道达、人亦大之后，老子开始明确地阐述人道，人道中的圣人和低于圣人一筹的君子之道。

在对标的标准上，老子还是以圣人、最高水平的标准来给大家分解，毕竟"法乎其上，取乎其中"。

在得出结论的时候，本章迷糊了很多人，因为其中的逻辑，并不能简单地从列举的现象中得出，而是需要拐个弯深一度的思考，就像他在本章中提出的"善闭无关楗而不可开，善结无绳约而不可解"。他给你用了"关楗"和"绳约"。

老子说，善行无辙迹，善于行走的人，没有车辙和轨迹。是没有吗？可能吗？当然不可能，而是善于行走的人，他善于借助或者隐藏自己的踪迹。以车辙来说，压着前面的车辙行走，会有自己的辙印吗？踩着前面的脚印走，会留下自己的脚印吗？当然，以我们现在看多了枪战剧、悬疑剧、探案剧、谍战剧获得的知识来看，再怎么压和踩，都会留下辙印，无法完全重合，受力也不同。但换一种方式，你能发现吗？从天上飞过、踩着别人的头顶跑过、下跳棋一样跳过、利用别人作为跳板一步步完成，这样的非常规动作，你能发现吗？高手也许都不能发现。所以，老子说，善行无辙迹，不留痕迹。

善言无瑕谪。善于说话的人没有瑕疵和过错，授人以柄被人诟病。能言善辩者多，滴水不漏者少。比如经典的一句话"这儿子，跟他爸一样有眼光，都会挑媳妇"。一句话夸了一家人。再比如那句经典的得罪所有人的话，"该来的不来，不该来的来了。"所以老子说，善于说话的人不给别人留下诟病的机会。这一点，我们的外交人员最有发言权。

善数不用筹策。善于计算或者算计的人，不用算盘和棍棍辅助计算，他们具有强大的心算能力，过目不忘数群羊，走一步算八步，一眼看穿所有。这一点也无需多言，在象棋、围棋比赛中，拼的就是这个实力。实际生活和工作，不像棋盘，或者被比作虚拟的棋盘，很多高手在行事中，就明显看得远、手段活，看到别人看不到的地方。

　　善闭无关楗而不可开。善于隐藏的人，或者用我们现在最能理解的方式说，最善于设立机关的人，不用也不会使用明显的门闩和机关，但你就是打不开，或者不那么容易打开。因为整体的每个组成部分，都是机关的一部分，上一道工序或环节，就是下一道工序的开关。这样的关楗，你说善不善？

　　善结无绳约而不可解。善于打结的人，不用绳捆索绑，你也解不开。在这里，我们需要理解具象和抽象的两个绳约，具象的，是指实实在在肉眼可见的绳索，这当然不容易实现老子所说的善结；另一个是抽象的绳约，各种理念规章制度。比如常说的，制度管人一阵子，文化管人一辈子。所以，善结更多指向的是在文化、意识形态、规章制度、道德、信仰等，一旦认可了这一文化或者观念，他将自觉遵守自觉约束自觉行动，并积极地践行、扩散这一行为。这就是无绳约的善结。

　　在这一方面，最值得我们去研究运用的是家庭教育。最好的教育不是把孩子送去好学校之后便听之任之，而是和学校一起，成功地将"将要持之一生的理念"很好地传递给孩子，让他认可、自觉遵守，任何认为他可以自行成长、自律把握的观点，都是不负责任的行为。毕竟，没有几个人天生都会自律，自由生长是"道"，是规律，要达成你的目标，那就必须按照另一条"道"的规律，叠加应用。这一方面，可以参考的典型案例是军队的特种兵，每一个特种兵其实都像一个好孩子一样，只是好苗子，能否长成大树，是严苛训练培养的结果。在严苛地训练中，他们认可了理念、认可了纪律、学会了本领，最终成功。而我们常见的家庭教育，家长一般关注的是"倒序"的后两步——成功、本领，至于前面两步，极少有家庭关注。我们也可以观察现实中的身边案例，凡是家风好、家教严的家庭，大概率孩子会比较优秀。大家族的孩子，一般并不是他们天资一定好，而是他们规矩多、家教严。现实中，不管是父母，还是老师、师长，你可以回顾一下，凡是给你留下深刻印象的、对你人生有帮助的，一般都是在做人、作风、思想上让你有所感触的，而不仅仅是一些琐事。子女在总结父母对自己的影响时，也是经常性回忆父母的一些话语或者代表父母典型风格的事情，并从中提炼出做人做事理念。

　　所以，老子说，善绳约者不可解，自己认可遵守的理念或价值观，怎么可能会解它。

　　所以，老子总结道，是以圣人常善救人，故无弃人，圣人通常很善于救人，所以没有他放弃的人。怎么善救，如前文所述，"致虚极，守静笃"，寻找病人的自然态、根源，因病施治。只要他想治。当然，也不可偏激地理解这句话"医不治死人"，自然规律已经要行将就木的人，如何可治，违反规律，悖道。

同理，常善救物，故无弃物。通常很善于抢救物品、修缮物品的人，没有可以废弃的物品。就像一个好木匠、好艺术家，眼中无废材，目力所及尽是可用之才。不妨观察一下，周边多少废弃厂房、老破旧物，经艺术家善救之后，绽放出新华。

对"常善救人无弃人，常善救物无弃物"的现象，老子解释道，这叫做袭明，沿袭一种明了的规律。这里，我们理解这个"明"，是一种状态、一种让人明了通透的规律。

所以，老子总结说，善人是不善人之师，善于做事的人，是不善于做事的人的老师，不善人者善人之资，不善于做事的人，是善于做事的人的资源。或者不带感情地换个角度说，不善于做事的人，是善于做事的人的材料。没有不善于做事的人，就没有善于做事的人的用武之地，都是坐轿的，谁给你抬轿；都是将军，谁给你冲锋；都是诸葛亮，谁给你使妙计的机会。

所以，老子劝告一些容易"自伐、自矜"好沾沾自喜还不待见底下人的人，不贵其师，不珍惜自己的老师，不爱其资，不爱惜自己可用武之地的"资源、材料"，虽智大迷，即便能显出智慧，也是大迷糊。现实中，不管是感恩，还是现实需要，不贵其师的不多；但不爱其资的，对下级骄横跋扈、恣意是非的普遍存在，个别过分的甚至已经到了践踏下级尊严的可恶境地。

所以，老子看透人性，告诫这些"善为之人"，贵其师、爱其资"是谓要妙"，这是成就自己的重要妙招。

在本章中，我们可以看到，老子为我们提出了又一个层次的"人"——"善"人。

由此，老子给我们列举了三类人，圣人、君子、善人，或者我们重新"名"之，圣人、君子、善工（做事）之人。

不同层次，不同定位，不同展现，不同毛病，不同寻道之法。

# 第二十八章  知其雄，守其雌，为天下溪

知其雄，守其雌，为天下溪①。为天下溪，常德不离，复归于婴儿②。

知其白，守其黑，为天下式③。为天下式，常德不忒，复归于无极④。

知其荣，守其辱，为天下谷⑤。为天下谷，常德乃足，复归于朴⑥。

朴散则为器⑦，圣人用之，则为官长⑧，故大智不割⑨。

**注释：**

①知其雄，守其雌，为天下溪：知，知道，知晓。雄，公的、雄性的、强有力的。守，守住。雌，母、母性的、柔弱的。为，意动用法，以……为。溪，山间的小河沟，同谿。

②常德不离，复归于婴儿：常，通常。德，德性。离，离开。复，又、重新。归，回归。

③知其白，守其黑，为天下式：式，范式、楷模。

④常德不忒，复归于无极：忒，差错。极，尽头。

⑤知其荣，守其辱，为天下谷：荣，荣耀。辱，羞辱。谷，山谷。

⑥常德乃足，复归于朴：足，足够、充足。朴，纯朴、本质。

⑦朴散则为器：散，散开、离散。器，器皿、容器。

⑧则为官长：官，官府、官员、官长、办公的地方、感官、器官。长，生成、成长、年长、首领。

⑨故大智不割：割，用刀割端、截下、分割、划分、割去。

**语义直译：**知道它雄性的一面，守住它雌性的一面，以天下为溪流河沟。以天下为溪流河沟，通常的德性就不会离开，又回归到婴儿（起始）状态。

知道它白的一面，守住它黑的一面，以天下为范式。以天下为范式，通常的德性就不会差，又回归到没有尽头的状态。

知道它荣耀的一面，守住它羞辱的一面，以天下为山谷。以天下为山谷，通常的德性就足够，又归于本质纯朴。

纯朴的本质如果散去了，就成了容器，圣人用了，也就只是各器官的官职首

领，所以最大的智慧，不割舍东西。

## 悟道万象

本章又是一个很不容易理解且有很多歧义的章节。

造成歧义的关键字是"为"，无论按"是"理解还是按"目的"理解，都会在牵强之后开始意会式的解读。

在反复咀嚼之后，个人认为，按照"意动"用法理解，可能最符合本意。因此，相关句式调整为"以天下为溪""以天下为式""以天下为谷"，其中，"以天下为式"还有稍稍的不同。没办法，博大精深的中国文字在用法和用意上就是如此丰富。

在本章中，是老子又一章极具意向性描述的章节，用现在的修辞说法来说，有着常见的比喻、比拟的手法，还有着强烈的通感手法，通感的典型例句是朱自清《荷塘月色》中"塘中的月色并不均匀，但光与影有着和谐的旋律，如梵婀玲上奏着的名曲"。

如果觉得这样的理解还有点拗口的话，不妨按照电影蒙太奇、意识流的手法进行理解，基本可以感受到老子的本来用意。

知其雄，守其雌，为天下溪。这一句中，重点在雄雌和溪。雄雌的本意是公母，但传统文化对雄雌的解释极其广泛，我们不妨一一解读看看在本章中的含义。一是雄雌代表公母或者说父母。那么"知其雄，守其雌"，就是要知道事物事件的产生根源，是什么样的因素带来了事物。二是雄雌代表强有力的和柔弱的。转化为我们现在常用的思维方式就是，任何事物都有主要矛盾和次要矛盾，矛盾的主要方面和次要方面，我们在把握事物发展矛盾的时候，就是要分清矛盾的主次，这样才能很好地解决问题。

做到对雄雌的"知"，比较好理解，但为什么要"守其雌"。这是比较难理解的方面，也是造成各种解读歧义的一方面。这里的"守"，字面意思是看守、守住，但表达的意思其实是更进一步的——"雄"是主要矛盾，"雌"会引发产生其他矛盾或者次生矛盾。所以，老子让大家紧紧抓住主要矛盾，但不可偏废，只看主要矛盾不顾及次要矛盾，造成老矛盾尚未解决，又引发了新矛盾。所以要"守其雌"。

为天下溪。本句中的为、天下、溪均需要做以阐述。前文说了，为意动用法，以天下为溪。天下，我们前文也讲过，老子所谓的天下，有广义的天下，也有狭义的天下。狭义的天下就是你所接触的范围、矛盾所涵盖的范围。本章中的既可以是狭义的具体到某一事物，也可以广义到意象化的天下，特别是狭义的，更便于理解用于现实。溪在《古汉语常用字字典》中没有，在《现代汉语词典》中有同豀，意义同。这一句的意向化的含义是，以天下为溪。

知其雄，守其雌，为天下溪。事物就好像在天地间流过的溪流，弯弯曲曲向前绵延发展。我们要知道事物产生的源头，知道事物发展的主要矛盾和次要矛盾，守住次要矛盾，不要让再产生次生的矛盾，就像观察那条溪流一样，把握它的发展变化。

为天下溪，常德不离，复归于婴儿。既然以天下为溪，为天下溪，那么事物本身常态化具有的德性就不会脱离事物本身，常德不离，就会仅仅依存在事物本身。既然我们意识到了事物的这个特点，那么就把他回归到事物发展的最初状态，去研究它、分析它、解决它。

这是不是才符合老子所说的《道德经》的"道"。

知其白，守其黑，为天下式。在这一句中，白和黑看起来是相对的概念，但并不是简单地为了和前面的"雄雌"对比排比。

在传统文化中，白和黑也有着丰富的含义。一方面，既是平常我们理解的颜色的白和黑；一方面，还有着明确的力量属性的对比。白代表着正面的、积极的力量，黑代表着反面的、消极的力量，这两种力量共同构成了事物的发展关系。所以，老子强调要知道"白和黑"，而且要"守其黑"，不要让黑发展壮大，产生更多的消极力量。辩证地说，解决事物矛盾，消灭"黑"是一种办法，守住"黑"也是一种办法。老子认为，守住"黑"不使其增大，增大"白"就能使这种发展力量的对比关系发生变化。

在这里，我们可以看到老子在赋予事物"雄雌"的特性后，又赋予它"白黑"的"德性"属性。

为天下式，以天下为范式，用天下可类比的事物做模型，那么这一事物所蕴含的属性就不会有太大的变化，所以常德不忒。如何看待同类事物的属性、德性，那么就要又回归到事物发展的本源状态，所以复归于无极。

我们看到，老子在教导我们的时候，用了"以天下为范式"的方法，当我们遇到问题的时候，参考同样的案例，现实中也确实是个好办法。

知其荣，守其辱，这里的"知"好理解，但"守"就不那么容易理解了，而且要守"辱"。为什么要守辱？这一点，我们不妨整体看看老子在本章中的逻辑层次：雄雌、黑白、荣辱。雄雌是本源，是道，事物如何产生发展；黑白是德，是属性，事物发生发展的善与恶；荣辱，是反馈，事物发生发展在客观世界呈现的好与坏。道、德、果，共同构成了事物发生发展的全貌；换成我们更熟悉的语言逻辑，就是事物是什么、为什么、什么结果。

理解了老子对事物发展的逻辑层次，我们就理解了为什么要"守辱"。守辱，不是要守住耻辱，卧薪尝胆，也不是要守住耻辱，人们更希望的是雪耻、抗辱。这里的"辱"和"荣"相对应，可能带来耻辱羞辱的方面，可以带来荣誉荣耀的方面。知道事物的本源和属性，也要知道事物在客观世界中的评价和反馈，知道评价和反馈的正负两方面，对可能带来负面评价的因素，要看牢、守住，不要让这样的因素扩大、发酵。

所以，老子说的是我们在判断事物的时候，要全过程地判断事物的发生发展和结果。

为什么要有"荣辱"的判断？因为老子的理想作为，是圣人之为、君子之风、善人之举，依道为民。所以，必然要对事物的"荣辱"做出判断，荣"和道"，辱"不和道"。

知道荣辱，为天下谷，以天下为谷。为什么以天下为谷？我们前文阐述过，老子观察的世界，水几于道，还有一个也很符合"道"的悠远意向，那就是"谷"。荣和辱，就像山谷的两岸，对立分明，世间千般事，都是容纳在这一道"谷"中，事物的产生从谷口而来，沿谷中道路或河流向前而行，或清澈见底，或浊浪排天，最后都会刻记在荣辱这两边。

所以老子说，做事情以天下为谷，常德乃足，那么通常的德性就要充足，我们前文已述，德性的不足，是会影响道的发展的，如何做到德性乃足，方法就是复归于朴，要回归到本源状态、自然状态，映照初心，眼望前程。

朴散则为器，也是一句比较难理解的话语，如何散了还能为器？而且还是最本源的初心。

朴散，这里的"散"，指的是散开，传播。一个人有初心是好的，但不表露出初心，旁人如何知晓你的意图想法？不知晓你的意图想法，如何客观评价你的作为？所以，你的初心、你的想法，是需要传播开来，让众人知晓的，众人知晓，才可能会支持你、帮助你，即便会有怀疑，也会在发展的过程中改变态度。佛教教义如是，过好小家的日子也是；构建"大同世界"如是，"统一六国"也是，"实现四个现代化"如是，"实现中华民族伟大复兴"也是。

所以，老子说"朴散则为器"，广为人知你的初心，本身就是器皿，可以装载容纳很多东西，圣人用之，圣人用它，则为官长，就是用它成为引领各感官、各负责成功要素的总首领，初心不引领，使命何以达？所以老子说，故大智不割，所以有大智慧的圣人、君子、善工之人等，都不会割舍初心，也不会割舍让初心传播的行为。

所以，这就很《西游记》了，唐僧就是散朴，向一众妖魔鬼怪和僧众凡人传递着佛法无边。

这一点，在指导我们日常行事的时候也有积极的作用。比如家庭教育，你需要在家里树立一个理念，确定一个目标，然后向目标奋斗。这个目标，有的时候是具体的，比如清华北大，有的时候是做人的，比如耕读传家、莫以善小而不为，大家可以环顾，大家族、有文化的家族，都有着明确的家训，并努力用家法保持家训的实施。《了凡四训》《曾国藩家书》《诫子书》等，就是其中的代表。

干大事，更需要掌握这样的"道"。现实中，我们很多人、很多企业并不善于"散朴"，最崇尚的是做了不说，多做少说，成功之后再说，这一点，小事可行，大事不行，会带来很多问题。"长征是宣传队，长征是播种机"，宣传队和播种机，就是现实中我们最典型的案例。我们建立新中国的过程，就是不断传播信仰力量的过程。需要对比记忆，抗日，就是要边宣传边抗日，而不是抗战胜利再宣传。

知雄、白、荣，守雌、黑、辱，为天下溪、式、谷，复归于婴儿、无极、朴，然后大胆地散朴，用初心引领使命，这就是大智慧。

# 第二十九章　将欲取天下而为之，吾见其不得已

将欲取天下而为之，吾见其不得已①。天下神器，不可为也。为者败之，执者失之②。

故物或行或随③；或歔或吹④；或强或羸⑤；或挫或隳⑥。

是以圣人去甚，去奢，去泰⑦。

**注释：**

①将欲取天下而为之，吾见其不得：为（wèi），表目的。已，通矣。

②为者败之，执者失：败，失败。失，失去。

③故物或行或随：物，事物、物品。或，有的、或者。

④或歔或吹：歔，慢慢地呼气。吹，快速地吹气。

⑤或强或羸：羸，瘦弱。

⑥或挫或隳：挫，折损，挫折，失败，压制，屈辱。隳，毁坏。

⑦是以圣人去甚，去奢，去泰：去，除去、去掉。甚，过份。奢，奢侈、过份、过度。泰，过分、过甚、太、大、骄纵、平安、安宁。

**语义直译：**将以夺取天下为目的，我看他不会得到结果。天下是神器，不可以作为目的。以此为目的的必然失败，拿取的也会失去。

事物事情有的自己运行，有的跟随运行；有的像慢呼气，有的像快呼气；有的强大强健，有的羸弱瘦弱；有的承载，有的毁坏。

所以圣人去除过分的、奢侈的、太大的（骄纵的）。

**悟道万象**

本章还流传有不同的版本。"将欲取天下而为之，吾见其不得已。天下神器，不可为也，（不可执也）。为者败之，执者失之。（是以圣人无为，故无败；无执，故无失）。夫物或行或随；或嘘或吹；或强或羸；或载（挫）或隳。"

版本不同，老子要讲的内容基本不差。个人不选取引用的原文。原因，一是"不可执"需要有，老子是不赞成为取天下而取天下，神器不可取也不可拿。所

以应该加上"不可执"才完整。后文的"执者失之"也印证有此句才完整。二是对于"或挫或隳"和"或载或隳"，个人选择用载，因为挫和隳呈现的状态相近，而载和隳呈现的状态相反，不同的状态更能呈现一个完整的事物状态。至于其他繁体简体，"夫"和"故"的发语词，无伤大意。

本章老子给大家讲解了圣人的为与不为。

因为是着眼于圣人的作为，不是君子和善工之人的作为。所以，本章中的天下属于广义的天下，争天下。

对于要不要争天下，老子是持反对态度的。因为在老子看来，天下和为民是两件事，可以是为民，但不可以是为天下，天下不能成为夺取的目的。

所以在这里，老子的思想和兵家、阴阳家、纵横家、墨家等等诸子百家的思想是不同的。他治世的思路是不同的。这样的思路也给后来汉朝的黄老之学治国提供了理论指导。

所以老子说，将取得天下为目的，欲取天下而为之，吾见其不得已，我看他是得不到的。天下是神器，是神才可以掌握的，凡人不可为，不可以以此为目的，也不可能拿到。为者败之，以此为目的会失败，拿到的也会失去，执者失之。所以不以此为目的，既无目的，所以无所谓获得和失去。

这里又出现一个难以理解的语句。物或行或随；或歔或吹；或强或羸；或挫或隳。

前面讲的是圣人不以取天下为目的，这一句的几个并列的"或"，和前面的逻辑关系是什么？又和后面的几个"去"是什么逻辑关系？

这里的逻辑关系，就是隐含在"圣人无为"之中。圣人不是强人神人，只是依道而行的人。所以，对于天下，圣人不去天下而顺天下。顺天下依道而行，天下都有哪些状态呢？

老子说，事物的存在有几种形态：行随，歔吹，强羸，挫隳。行随是运动的状态，事物以什么样的方式运行，独立运行还是伴随其他事物而行，是以主要矛盾的方式运行，还是以次要矛盾的方式运行。歔吹是形势的状态，阶段性的形势是紧还是缓，是要赶紧做还是可以稍缓一些做。强羸是机能的状态，是已经具备挑战的能力处于优势，还是力量不足处于劣势，双方力量的对比如何。载隳是结构的状态，你的初心、形势、能力能否承载你的目的，大马拉小车当然可以，但小马拉大车可能就会车毁事毕。

所以，老子在不主张以取天下为目的的同时，也告诉我们，即便你要取天下，也要客观地判断你所想的事情的运作方式、形势、本身状态和能力，只有相关的条件符合了，你成功的几率才能大一些。

所以老子说，是以圣人去甚，去奢，去泰。我们再次需要强调，凡五千言的《道德经》，老子不会只是单纯的用排比、用对仗，而是用不同的字代表了不同的方面或层次。

本句中的甚、奢、泰，均有共同特点，大、多，但奢还存在一个意思，就是奢华的表面，而泰更是具有骄纵和平安的截然不同的含义，但都可以讲得通。

结合上下文，上面讲分类判断，再结合老子"常无欲以观其徼，常有欲以观其妙"的既不带个人色彩又要带个人色彩的根本性思维，我们就可以更好地理解"去甚""去奢""去泰"了。

去甚，去除过份的，主观上讲，不产生过份的想法，脱离实际的想法；客观上，也不能把对方或要达成的目标过份评价。去奢，去除奢靡的，主观上讲，不产生华而不实的想法，不做华而不实的事；客观上，要把对方奢靡的、繁华的表象去除掉。去泰，这里的泰，即可以讲骄纵，也可以讲安宁，主观上不能骄纵，也不能安宁，骄纵是自大的结果，安宁缺少干事的动力；客观上，要去除掉对方骄纵和安宁的表象，观察他真正的状态。

所以，"去甚""去奢""去泰"，和老子一贯的思想是吻合的，就是要把自己和对方的表象性的、表面的东西全部去除掉，客观地、不带任何个人色彩地观察态势、时机等，得到一个最具可行性的结论。

所以，老子说不争天下、不取天下，但并没有反对在客观理性地判断后，顺天道、依天道而行事。

所以，老子思想里所蕴含的认识论和方法论，具有着极其强大的生命力，也具有着极其强大的成功率。

# 第三十章　以道佐人主者，不以兵强天下

以道佐人主者，不以兵强天下①。其事好远②。师之所处，荆棘生焉③。大军之后，必有凶年④。

善有果而已，不敢以取强⑤。果而勿矜，果而勿伐，果而勿骄⑥。果而不得已，果而勿强。

物壮则老，是谓不道，不道早已⑦。

**注释：**

①以道佐人主者，不以兵强天下：佐，辅助、帮助、辅佐。主，国君、君主。兵，兵事、战争、军队。强，强大、强盛。

②其事好远：好，四声，喜欢、喜爱、容易发生。远，距离远。

③师之所处，荆棘生焉：处，地方、位置、处所。生，产生、生长。

④大军之后，必有凶年：军，驻扎、包围、军队，指战争。凶，不吉祥、不幸、凶恶、庄稼收成不好。

⑤善有果而已，不敢以取强：善，好的。已，已经、停止、完毕。

⑥果而勿矜，果而勿伐，果而勿骄：矜，骄傲。伐，夸耀。骄，骄傲。

⑦物壮则老，是谓不道，不道早已：壮，壮年、强壮、强盛。老，衰老、衰竭。

**语义直译：**以道辅佐国君的人，不以兵力强迫天下。兵事容易在远距离的地方发生。军队所处的地方，荆棘就会产生。大的战争之后，必定会有非常不好的年份。

好的军事行动有了结果就停止，不寻求更强的结果。有了战果不要骄傲，不要夸耀，不要自夸。战果没有也要停，战果不要勉强争取。

事物到了壮年就该老了，这就是不符合道的规律，不符合道的事情早早停下。

**悟道万象**

本章也有不同的版本流传。主要在"善有果而已，不（敢）以取强"。增加了"敢"字。个人认为，无"敢"更合适，符合老子顺其自然求结果的思想。

上一章中，老子讲圣人不以取天下为目的，但对圣人、君子、善工之人如何行事还是给出了方法。

面对现实老子很清楚，很多人是以辅佐君王立世的，这些人也是寻道用道的重要群体，那么这些人该怎么做呢？毕竟君王要你夺天下你也不能不夺天下，王命不可违。

老子首先指出，以道佐人主者，以道辅佐君王的人，首先要给君王树立的思想，就是不以兵强天下，不要用军事力量强迫天下。这符合老子一贯的主张。原因有三个方面：一是兵事喜好在远的地方发生；二是大军所到之处，荆棘丛生。三是战争结束后，还必定有非常不好的年份。

关于第一点，其事好远。凡军事基本都是对外的攻城略地，对外必然是远离政治经济中心，距离遥远必然会带来极大地不可控，不可控即是风险。

关于第二点，师之所处，荆棘生焉。军队所到之处，必然人心惶惶，出于自保，民众必然远离故土，必然民生凋敝，乡野无人耕作，荆棘杂草必然丛生。

关于第三点，大军之后，必有凶年。大的战争之后，一是如第二条，战火所到之处民生凋敝；二是荒田的大量出现，必然导致粮食的欠缺，缺粮的年份怎么会好？特别是农耕社会，千里饿殍；三是凡战火之后，瘟疫必然流行。瘟疫的主要来源在于对尸体的处置。哪支部队能做到对尸体的极好消杀？所以，粮食问题和瘟疫问题叠加产生的综合作用，必然会有凶年。

因此，对于以平和为主要思想的老子而言，能不打就不打，非打不可的，也要把握度。什么是度？

两个结果，一个是有了战果，一个是没有战果。

对于有战果的情况，老子说"善有果而已"，好的军事行动有了结果，就要停战，不以取强，强是对取的修饰和延伸，不追求过分的战果。而且，即便取得了战果，也要保持足够的冷静，果而勿矜，果而勿伐，果而勿骄，不要骄傲、不要自夸、不要自傲，这三条都会对战局的判断产生影响，继而产生不必要的麻烦。

如果没有取得战果"果而不得已"，赶紧停下。这里，如果"，"的位置换成"果而不得，已"可能更合适。都没有战果产生，必然是某些方面存在不足或问题，有问题还不赶紧停下先解决内部问题。所以"果而勿强"，这个强是勉强，不要勉勉强强地争取战果。

为什么老子特别强调尽快停战？一方面，老子认为掌握了道之后，不用打仗就可以得到想要的结果，后文老子会再论述；另一方面，就是这句和"上善若水"比肩而立的经典思维"物壮则老"。

事物发展到一定阶段成熟之后、高峰之后，就开始进入转化阶段，开始消弱，走下坡路。

所以老子强调，要人为地保持度，不过分，要合适地把控"壮"的程度。

物壮则老，是谓不道，就是不符合道的规律，不道早已，不符合规律还不早早"已"，早早停下。

所以"物壮则老"，对我们的现实意义，就是你要客观地评价"壮"，把握"度"。那么什么是"度"，"壮"的这个"度"，就是你用可以一直保持蓬勃向上的力度，不太松，又不太累，这样的状态，你必然会长期地、积极地去投身想做的事。

# 第三十一章　夫兵者，不祥之器

夫兵者，不祥之器①，物或恶之，故有道者不处②。

君子居则贵左，用兵则贵右③。兵者，不祥之器，非君子之器，不得已而用之，恬淡为上。胜而不美，而美之者，是乐杀人④。夫乐杀人者，则不可得志于天下矣⑤。

吉事尚左，凶事尚右⑥。偏将军居左，上将军居右，言以丧礼处之⑦。杀人之众，以悲哀泣之⑧，战胜以丧礼处之。

**注释：**

①不祥之器：祥，吉祥，吉利。器，器物。

②物或恶之，故有道者不处：恶（wù）讨厌、憎恨、不喜欢。

③君子居则贵左，用兵则贵右：居，停留、占据、位置。贵，意动用法，以……为贵、重视、崇尚。左，左侧。右，右侧。

④胜而不美，而美之者，是乐杀人：胜，胜利。美，意动用法，以……为美、善、好、赞美。乐，高兴、爱好、喜爱。

⑤则不可得志于天下矣：志，心意、志向。

⑥吉事尚左，凶事尚右：吉，吉利、吉祥。尚，崇尚、尊重。

⑦言以丧礼处之：言，说、表达、陈述、言论。丧，丧事、丧葬。礼，礼节。

⑧以悲哀泣之：泣，无声地哭、哭泣。

**语义直译：**兵事，是不吉利的器物，是事物憎恨不喜欢的，所以掌握了道的规律的人不处于该位置。

君子的位置以左侧为尊贵，用兵则以右侧为尊贵。兵事，是不祥的器物，不是君子的器物，不得已才使用，恬淡闲适是最好地解决问题方法。胜利了也不以此为美，以战胜为美的，是乐于喜欢杀人。乐于喜欢杀人的，就不可能在天下达到自己的志向。

吉利的事情崇尚左侧，凶恶不吉利的事情崇尚右侧。偏将军在左侧位置，上将军在右侧位置，说的是要以丧事的礼节安排位置处理。杀人的众人，以悲哀姿态哭泣，战胜了要以丧事的礼节处置。

### 悟道万象

本章也有不同的版本流传。主要在"夫（佳）兵者，不祥之器，物或恶之，故有道者不处。君子居则贵左，用兵则贵右。兵者（，）不祥之器……"个人认为，无需"佳"字，一是"兵者，不祥之器"的版本流传更广，而是老子认为，不管是军队的兵还是兵器的兵，无所谓佳不佳好不好，都不是祥瑞之器，都不符合老子自然平和解决问题的思想，所以无需增加这个"佳"字。至于后一句的都好，有无均可。

本章中，老子在上一章中不喜用兵的基础上，做了更细致的论述。

从战争的角度来说，春秋战国时期无疑是兵家兵学最有用武之地的好时期，但出于彼时的大争之世，老子却反其道而行之，极其不喜用兵。这一点，和孔孟之学是一致的。

所以，老子对战争用兵的谨慎和对用兵的不赞许，通过礼节明确表达了自己的观点。

这里需要提示的是，周礼之后，当时的整个社会体系已经认同并实施了周礼的规制等级。

这里还需要提示的是，老子不赞许用兵，但并不代表用不了兵。因为老子的言语中对用兵的界定，是要杀人的，不是不战而屈人之兵。不赞许出手，但出手必见血。

所以老子说，从人道和重视生命的角度，出兵不是吉利的事情，而且要以丧礼对待。

所以，如果换个说法可能更容易被理解："我去给你办个丧事。"这是何等的霸气。

把握了老子这样的观点和霸气，你就能理解《道德经》中老子一再对用兵的态度。

夫兵者，不祥之器，物或恶之，故有道者不处。兵器不祥，兵事也不祥，事物都是厌恶用兵的，所以有道的人不把事情做到这样的地步。

这就给用兵奠定了基调。战争的手段是最后的手段，当采取用兵策略的时候，已经表明，要么前期的工作没有很好地解决问题，导致到了用兵的地步；要么非有道之人，没有把握道的规律，乐于杀人。

所以涉及用兵的庙堂布局时，老子说："君子居则贵左，用兵则贵右。"君子的位置以左为贵，用兵要以右为贵，高下立判。因为，兵者，不祥之器，非君子之器，不得已而用之，恬淡为上。兵器兵事这种东西，不是君子的作为，只是不得已的手段而已。

那么君子对兵事怎么看？老子说："胜而不美，而美之者，是乐杀人。"战胜了都不是什么值得赞美的事，而以此为美的人，是喜欢杀人。"夫乐杀人者，则不可得志于天下矣。"喜欢杀人的，不可能达到自己的志向。

这句话，再次告诉了我们老子对兵事的一个基调，以兵"得志于天下"。这样的行为，属于主动用兵，而老子并没有在本章中对被动用兵表明观点。

出兵就是给对方办丧事，这是老子的霸气，这样的霸气，老子在排兵布阵的时候就已经侧露了出来，震慑对方："吉事尚左，凶事尚右。偏将军居左，上将军居右，言以丧礼处之。"一般吉事以左为贵，凶事以右为贵，我在排兵布阵的时候，就以丧礼对待，把偏将军放在左侧，把上将军放在右侧，对你说话也是以给你办丧事的礼节对待。

想想看，这样的霸气在对阵时是怎样的场面。

对战胜了的、自己的军队，老子反而回到了平和的状态，杀人之众，以悲哀泣之，战胜以丧礼处之，有战功的、杀了对方人的人，你要以悲哀的姿态哭泣，以丧礼对待对方。毕竟，生命在老子的心中、在道家的心中是至高无上的。兵，只是一种不祥的极端方式而已。

物壮则老，不矜、不伐、不骄，这是老子的原则，战而胜之可以，但不可过份，过份即违道，违道就走向事物的反方向。

那么这一章的核心思想在生活中如何应用？老子的思想可不仅仅是在如国事这样的大事，生活中的小事也是可以应用的。

如果说，同事之间、邻里之间、相关人之间最大的事是什么？无疑是"兵事"，吵架打架的兵事。这样的时候，不管是言语还是随手的桌腿搬砖，都不是"祥器"，都是"凶器"，伤身和伤心都是相同的。

但凡走到了这一步，是不是代表着前面的很多工作没有做好，很多的问题没有很好地解决，是不是如老子说的，有道者不处，胜而不美，这不是君子的作为，更不是圣人的作为。觉得美的人，绝对属于爱和人斗的人，以此为乐趣的人。圣人无为治国，君子恬淡治国，而需要动拳头解决问题的，水平高吗？

所以，解决生活中的问题，不是你瞪眼解决问题就高，而是你笑眯眯地没什么问题可解决最高，笑眯眯地解决问题次高。

同样是解决问题，老子也提醒，即便你靠着拳头打赢了，也不要得意，先兵后礼，别在对方面前留下嘚瑟的印象，给对方留下足够的尊严，这样才可能真正地把事情揭过去。

嘚瑟、自夸、炫耀，都是"物壮则老"。过分了，也是给对方了卧薪尝胆的动因。

不打，最好；打，就要打赢；赢，要赢得有度。

心服，才是真的服。

这才是真正的"道"，事物发展的"道"、规律。

道可道，非常道。

# 第三十二章　道常无名朴

道常无名朴①。虽小，天下莫能臣②。侯王若能守之，万物将自宾③。

天地相合，以降甘露④，民莫之令而自均⑤。

始制有名，名亦既有⑥，夫亦将知止，知止可以不殆⑦。

譬道之在天下，犹川谷之于江海⑧。

**注释：**

①道常无名朴：常，经常。无名，没有名字，命名。朴，本质。

②虽小，天下莫能臣：虽，虽然。臣，使动用法，使……臣、使臣服。

③侯王若能守之，万物将自宾：侯王，侯爵、王爵。若，如果。守，守住。自，自动。宾，服从、归顺。

④天地相合，以降甘露：相，相互。合，会合、和谐、和睦、匹配、配偶。降，降下、降落。

⑤民莫之令而自均：令，命令。均，平均、均匀、同样的，又同韵，韵律。

⑥始制有名，名亦既有：始，开始。制，规定、制定。名，命名，名字。既，既然。

⑦夫亦将知止，知止可以不殆：将，将来。知，知道。止，停止。殆，危险。

⑧譬道之在天下，犹川谷之于江海：譬，譬如，应同彼。犹，就像。

**语义直译：** 道常常没有名字命名其本质。虽然小，天下没人能使其臣服。侯爵王爵如果能够守住它，万物将主动归顺。

天地和谐，就会降下甘露，人民不用命令也会自觉的平均。

刚开始规定了名字，名字既然有了，也要知道将来会停止，知道停止就可以没有危险。

道在天下的样子，就像山川河谷对于江海。

### 悟道万象

在上两章中，老子主要阐述了道家对"兵""兵事"的观点，老子深谙大道，因此很明确的观点，兵是最后的手段，是没有解决前期矛盾积累后的结果。

那么问题又来了，前面说了那么多的道，道那么好，那什么是道？

所以，本章中老子又通过问题回到道的本源，给我们阐释道的体现。

老子说，道常无名朴。虽小，天下莫能臣。本句的句读，用的是常用的句读，个人以为，重新点出句读会更好。"道常无名朴。虽小，天下莫能臣。"道作为规律，经常没有名字，本质虽然很小，天下没有人能使之臣服。

为什么经常无名，世上规律很多，以我们目前的知识范围，自然科学是规律，社会科学也是规律，自然科学大部分可以用公式、定理、算法来命名，有的规律也不好命名，比如，画一条辅助线是规律吗？肯定是，但怎么命名？无法给出一个具体明确的命名。社会科学更多，拉关系算不算规律，也算，但你命名吗？《关系学》是有，但具体的怎么命名？比如和一个卖油条的、收破烂的，你知道和他们打交道也有规律，但你怎么命名它。

所以，个人认为，句读"道，常无名，朴虽小，天下莫能臣"这样的点法更合理一些。

老子说，即便再小的"道"、本质再小，侯王若能守之，万物将自宾，侯爵王爵的人能守住，事物也会自觉地进入到归顺的状态。比如鸡鸣狗盗的典故，学鸡叫学狗叫算大道吗？自然不算，但孟尝君守住了他"延揽人才不拘大小"的道，最终成功地解决了问题。

这里我们需要加深理解的是，老子用的是"自宾"，但在前文中已经做过阐述，合乎道的事，有什么归不归，顺道自然成事。

依道而行，天地自然相合，这里的天地，既有广义的天地，也有狭义的天地，广义的天地好理解，狭义的天地，就是你对事情所能推进的基本条件和更高条件。当各种条件都符合的时候，自然就像降下甘露一样，喜滋滋地收获成果，而且这样的成果如果延伸到了其他都有需求的人时，自然大家都会快乐的接受，民莫之令而自均，你不用下令，大家就会自觉的平均。

这里，个人认为以下"均"读yùn，按照"韵"的通假字理解，更合乎老子的意境。当大家都感受到了天降甘露，民莫之令而自均，人们不用下令就自然会同一韵律的快乐行动。

比如冬季供暖，一个小区没有接入公共热力公司，对单个的家庭来说，这就是大事，居民能成功的基本条件就是自家的暖气设施、小区的供暖设施、接入公共的热力公司、相关的人员管理、财务等等环节，串联起所有的条件，就是成功供暖的"道"，任何一个条件不成熟，都无法实现供暖。在推进的过程中，市政有了明确的指示要解决这个片区的供暖、小区某几个家庭的问题反映得到了媒体及各界的重视、集中供暖在小区达成了共识，天地相合，所需条件全部满足，是不是很快就会实现目标。民莫之令而自均，这个时候，还需要下令居民们配合吗？基本不用，居民们会自觉地统一行动，该交钱交钱，该留人留人，快乐地一起实现过冬不冷的目标。

所以个人以为，"均"同"韵"更合适一些。

这就是道。大道很大，小道也不小。

在加强对道的认识的同时，老子就本章内容也敲了黑板，大道小道，都要发展地看道，不可以死性地看道。特别是命了名的道，随着条件的变化，也需要随时间和条件的变化而变化。"三十辐共一毂，当其无，有车之用。"参见十一章。

所以老子说，一个有了名字的"道"，是会变化的。始制有名，名亦既有，夫亦将知止，知止可以不殆。刚开始给他命了名字，既然有了名字，你就要知道，名字是根据当时的情况命的名，也要知道适时地停止，知道适时地停止，就不会有危险。

以上文集中供暖为例，刚开始你可以"以解决某几个家庭供暖"的"项目名称"讨论此事，但当涉及更多家庭的时候，就必须适时地停止为"某几户供暖的"命名，而应该及时地调整为"为某个小区多少户几千几万人"的"项目名称"去推进，这样才不会被人诟病存私，才不会有危险。特别是刚提到的无法命名的小道，更需要及时地调整"为个人"还是"为集体"的"命名"名称。

关于对道命名需要随着条件变化而停止、调整的理解，我们不妨通过一个更有趣的案例理解。

寒门人家诞生一小孩，家里人图个好养的乡俗，给孩子起名叫"狗蛋"，随着时间地推移，小孩非常出息，连中三元，高居知府。此时，你要叫他知府大人，还是叫他狗蛋。夫亦将知止，知止可以不殆。要知道命名的名字该变的就得变，你叫声知府大人"狗蛋"试试。

对于"道"的发展变化和命名，老子说，譬道之在天下，犹川谷之于江海。这里，不妨再个人地认为一下，"譬"应该是通假字，同"彼"，那个。老子说，那个道啊，它在天下的名字形态，就像山川河谷和江海。昆仑啊，你咋叫秦岭，秦岭啊，你咋叫终南山，终南山啊，你咋就叫个小岔沟。渭河啊，你啥时叫的黄河，嘉陵江啊，你啥时叫的长江？

　　道还是那个道，天地在变，时空在变，条件在变，命名也需要根据不同的情况，合适地变。

# 第三十三章　知人者智，自知者明

知人者智，自知者明①。

胜人者有力，自胜者强②。

知足者富③。强行者有志④。不失其所者久⑤。死而不亡者寿⑥。

**注释：**

①知人者智，自知者明：知，知道，了解。智，聪明、智慧。明，明白、明了。

②胜人者有力，自胜者强：胜，战胜，胜过。

③知足者富：足，满足。富，富裕；通假字，通"福"。

④强行者有志：强，强大、竭力、尽力、倔强。志，志向。

⑤不失其所者久：失，失去、遗失。所，处所、位置。久，长久。

⑥死而不亡者寿：亡，消亡。寿，长寿。

**语义直译：**了解别人的人智慧，了解自己的人明了。胜过别人的人有力，胜过自己的人强大。知道满足的人富有。竭力前行的人有志向。不失去他位置的人长久。死了却不消亡的人长寿。

**悟道万象**

上几章中，老子着重阐述了他对兵的看法以及方法，兵和道的关系。道和名的发展阶段。

那么这里依旧有一个问题需要解答，你怎么判定他是在哪个阶段？你怎么判定对方是一个什么样子的人？

所以，本章老子通过知、胜、足、志、所五个方面提出了观察对手的思路。

这五个方面，用我们现在的语言系统，分别代表自我认知、进取态度、状态感知、内生动力、自我控制五个维度。我们不难得出结论，这五个维度的观察，确实很容易把握判断一个人，某一事物的发展状态和趋势。

第一个，知。知人者智，自知者明。了解别人的人富有智慧，了解自己的人明了明白。知人知己，看似简单，但实际很不容易，特别是深刻了解自己。对于别人的外在表现，不管他是有意识地隐藏，还是无意识地表现，只要有信息呈现，就可以根据老子在前文中提到的"致虚极，守静笃"去追本溯源。但对于自己，忘了初心、迷失最初目标的人大有人在。来前好好的，回不去了，邯郸学步了。

所以，评价你的对手，既可以问自己了解对方多少，又了解自己多少；也可以问对方了解自己多少，又了解他自己多少。这里面有两个典型案例，一个是官渡之战，当曹操和袁绍相持不下的时候，本想退兵的曹操听到了荀彧的分析，敌我兵力相差悬殊，却相持了这么久，说明我方的强大，对方的虚弱。同样的现象，结论不同。这就是知己和知人。另外一个典型案例，就是解放战争时期，敌我力量悬殊，毛主席分析的"大有大的难处，我们遇到的困难，他们也在遇到，他们的困难还要大于我们。"

第二个，胜。战胜谁？战胜别人的人，富有力量，但勇于战胜自我的人，才是强者。战胜别人，是聚一时之力，是歼灭战；战胜自己，需不断自我革命，是持久战。毕竟，人的惰性是人性的一部分，持久是和人性在做斗争。

所以，评价你的对手，你有必要知道他的经历，他是战胜了别人，还是战胜了自己。第一名不可怕，可怕的是第一名还在不断地超越自我。

第三个，足。知足，首要的是判断，是否达到了自己的预期，是否对现状满意。所以，知足容易，但知道自己的目的并满意，不容易，这需要回顾既往，总结当下。富，在这里两个意思均可以说得过去。一个是富裕，既然满足，那说明和预期有富裕，没有富裕，必然是不满足。一个是通假字，通"福"。知足者有福。知足，便不争，不争，便无过分欲望，无过分欲望，便无忧。符合老子在前文中对"道"的阐释。

所以，评价你的对手，你需要知道他的心气高不高，他的精神状态如何，进取还是满足，不管对手实力如何，处于满足状态，必然竭尽全力的心气不足，这就是机会。

第四个，志。不可否认，志向是一个成功者必备的核心素质之一，有志者事竟成，有志不在年高。所以，老子在《道德经》中不止一次地提到志，我们对一个人保持的敬仰之中，"志"也是极其突出的一个品质。志向高远，比如"为天地立心，为生民立命，为往圣继绝学，为万世开太平""为中华之崛起而读书"，就是天下人的楷模。

老子在这里说了，不光有志，还需要强行，倔强地前行，勇毅前行。

所以，在评价你的对手的时候看他的志向，你就明白他的最终价值追求，是该去"共一毂"共同奋斗，还是继续作为对手。

第五个，所。不失其所，不管是在什么阶段，什么状态，始终清楚自己所处的位置，不失去位置。客观地说，不管是人，还是事物，都有产生、发展、壮大、衰亡的过程。在每一个过程，都能清楚地知道自己的位置，富贵不能淫，贫贱不能移，威武不能屈，不忘初心，坚持立场，才能达成目标，才能走得更久。

所以，我们在评价对手的时候，可以通过他的言行举止、所作所为，对照他的初心，知晓他对所处位置的评价，可以知道他的作为是否持久长久。

五个维度的评价，基本可以让我们清楚地知道自己处于什么样的阶段状态，也知道对手处于什么样的状态。

这样的评价体系，是不是太有针对性了？这就是真实的《道德经》给予我们的智慧和方法。

当然，不管是评价对手，还是评价自己，老子都极其客观地、残忍地、自然地告诉我们一个现实——死亡是不可避免的，这也是道的一部分。

但"死"和"亡"是不同的。有的人死了，人民永远怀念他，他的生命结束了，但他的精神并未消亡，他的名字所蕴含的"道"也没有消亡。死而不亡者寿，有形的生命结束了，无形的生命千古流芳。

常无欲以观其妙，常有欲以观其徼，有和无，亡和寿，这又何尝不是道。

道可道，非常道。

# 第三十四章　大道泛兮，其可左右

大道泛兮，其可左右①。万物恃之以生而不辞②，功成而不名有③。衣养万物而不为主④，常无欲，可名于小；万物归焉而不为主⑤，可名为大。以其终不自为大，故能成其大。

**注释：**

①大道泛兮，其可左右：泛，泛滥、大水漫流、广泛、普遍。左右，掌握。

②万物恃之以生而不辞：恃，依靠。生，生存。辞，言辞、讲话、告诉。

③功成而不名有：有，占有。

④衣养万物而不为主：衣，穿（衣服）、引申为覆盖。养，养活、饲养、供养、给养。

⑤万物归焉而不为主：主，君、主人。归，归附、依附。

**语义直译：** 大的道向河水漫流，可以掌握。万物依靠它生存但不说，功成后也不占有。覆盖给养万物而不做主人，可以命名它是小；万物归附而不做主人，可以命名它是大。因为它最终不自以为大，所以能够成就它的大。

**悟道万象**

本章也有不同版本流传。主要在"万物恃之以生而不辞，功成而不（名）有。衣养万物而不为主，（常无欲）可名于小；万物归焉而不为主，可名为大。以其终不自为大，故能成其大"。个人认为，这个"名"字略显多余，功成不占有，不贪功不贪名，事了拂衣去，加"名"属于多余且缩小了内涵。"常无欲"亦属多余，衣养万物而不为主，属于大格局，老子认为这样的大格局都可以按小来命名，加了"常无欲"再可名于小，显然降低了格局。

上一章中，老子从五个维度讲了如何评价对手，那么就引申出了一个新问题，道能左右吗？如果能左右，为什么没有人说他左右道，最多说悟道，而且悟道也没人说他悟了很高深的道。

本章中，老子就着重讲解为什么我们平常感受不到"道"的存在，但却要说"道"很大。

大道泛兮，其可左右。大道，就像河流一样，漫过千山万水。这一点，我们在前文做过描述。尽管是大河漫流，但老子强调，道是可以左右的。我们继续沿用"左右"的说法，而不用它"掌握"的含义，因为我们现在的语言体系中，左右和掌握的含义差别更有韵味。

在这里，老子再一次地、跳跃性地给了论证。因为，"大道泛兮，其可左右"，讲左右，而后面的章句讲道为什么大，中间少了"左右"和"大"的逻辑关系。

每当这里有一个"扣"的时候，都是引起后人误解误读的时候。

我们先看看后面的章句，再解开前后之间的逻辑"扣"。

老子说，道，万物恃之以生而不辞，万物依靠它生存，但道自己不说不表达，万物也不说不表达，功成而不名有，成功了，道也不占有，万物也不占有。前文也说过，道就像一个小孩，一直就站在前方，或行或随。

人们对道取得功绩的评价也存在不同，而评价最直观的表现就是命名。

道，就像衣物一样覆盖着万物，滋养着万物，但却不做万物的主人，万物是自己的主人，你说道小不小，从这个角度说，道就很微小，很渺小；万物归附，道不是做万物的主人，你说道大不大，从这个角度来说，道就很大，很伟大。

仔细品味"道可左右"的论点，和"道大道小"的论证，后者能支撑观点吗？

逻辑的"扣"在主观和客观的能动，客观的道，存在于事务之中，"寓于事物之中"，主观的道，在认识客观的道的存在，并通过结果予以评价，所以会"恃以生，不辞，成不有"，所以会通过命名的方式予以评价，"衣养，不为主，小；归而不为主，大。"主观认为道在事物的存在中"小就小，大就大"。

解开了扣，我们就理顺了本章的准确含义。

有观点，有论据论证，当然还有要结论，支撑《道德经》全篇观点的结论：以其终不自为大，故能成其大，因为道最终不自以为大，所以反而成就了它的大。

这一点的现实反映，更多像一些谋士、国师、高参，处理事情的时候，他提供思路和方法，具体地操作则让富有执行力的人来做，成功之后再悄然隐退，不居功，不留痕。比如陶朱公范蠡，你说他小，他确实小，只是个谋士；你说他大，他真的很大，谋国。

# 第三十五章　执大象，天下往

执大象，天下往①。往而不害，安平泰②。

乐与饵，过客止③。道之出口，淡乎其无味，视之不足见，听之不足闻，用之不足既④。

**注释：**

①执大象，天下往：执，掌握、控制、执行。大象，大的景象、形象、样貌。往，去、到……去、前往。

②往而不害，安平泰：害，损害、伤害。安，安全。平，平稳。泰，安宁、好。

③乐与饵，过客止：乐，快乐、高兴、爱好、喜爱。与，给、给予。饵，饵料。过，经过。止，停下。

④视之不足见，听之不足闻，用之不足既：足，充足、足够。既，完了，尽。

**语义直译：**控制大的景象样貌，天下就会往那个方向去，去而不伤害不损害，就安全平稳安宁好。

喜欢给予饵料，经过的人就停下。道说出口，平淡的没有味道，看又没有足够的显现，听也没有足够的声音，用起来不够完全。

**悟道万象**

在上一章分解了怎么左右道后，本章作为上一章话题的延续，老子给我们继续阐明道的具体运用和特点。

这样的特点，充分地展现在我们活生生的世界之中。

把握道，把握规律，把握的是事物发展的大方向而不是具体细节，具体细节不是道，是事，是按规律应该做的事。

所以老子说"执大象，天下往"。要把握事物发展的大方向，大景象，天下就会前往。这里的天下，是广义的天下，既是事物的全部，也是和事物相关的其他事物。

往而不害，安平泰。事物以及相关的事物向发展的方向前进，而不损害不伤害事物，就安全、平稳、安宁地向好发展。这里，关键的是"害"，不伤害事物本身，不害，就是要求，就是能力，就是原则。安平泰，是结果，是我们任何人做事都想达到的结果。往，你想做；害，有没有伤害；安平泰。

乐与饵，过客止。

这是一句意味深长的话语。仔细看，这句话似乎不和上一句意义相连，但要和下一句相连，我们似乎看到了智慧老人狡黠的一面，说完后还哈哈一笑，"不好意思，不好意思，没啥其他意思，你就把握个意思，意思意思就好。"

那么，"乐与饵，过客止"是什么意思？

任何事物的发展，不单纯是事物独自的发展，特别是涉及到具体人的具体事，都是有同行之人，这些同行人中，有的是同道中人，是同志，有的则不是，是竞争者，或者窥见利益只想从中取利者。

对这样的人怎么办？

有意思了吧，乐与饵，要高兴地、快乐地给予饵料，过客的人，要么本身就没有这个想法，重在参与，见好就收；要么有这个想法，但不坚定，抱着能走到最后当然好，走不到最后利益最大化就行，吃到了"饵"，自然就会停下，他停下了，你就少了对手，可以更好地向前行了。

这里，我们看到，面对竞争对手，老子是不主张"斗"的，而是主张各有所获，各有所得，在共赢中达成目的。

这样的方法是不是最好的，是往而不害、安平泰的最好方法。能用好这一方法的，首先是好人，其次是高人吧。

按此思路，我们不妨观察观察我们的"一带一路"倡议，是不是满含老子的智慧，往而不害，沿途所有相关方都有发展，都有所获，所以"安平泰"。一些国家的"急"，更是表明这一智慧的巨大成果，而且行大道，此题"他无解"，因为他们没有这样的文化基因来滋养，只会使蛮力。

也许老子在讲述到这里的时候自己也笑了："我不鼓励他去，但我鼓励他不去；我不赞成别人趴下，但我不反对别人躺下。"

所以，老子笑着说"道之出口，淡乎其无味，视之不足见，听之不足闻，用之不足既。"这些道道，不能说，说出来就没意思了，寡淡寡淡的没味，看起来也不大好看，听起来也不大好听，用起来，不足以完全的用。

这就是老子的狡黠。

谁说守正就不能出奇，歪点子也是点子，也是道。

用巧，也是道，这样的小巧，下一章，老人家还会给你再过过小妙招。

# 第三十六章 将欲歙之，必故张之

将欲歙之，必固张之①；将欲弱之，必固强之②；将欲废之，必固兴之③；将欲夺之，必固与之④。是谓微明⑤。

柔弱胜刚强⑥。鱼不可脱于渊⑦，国之利器不可以示人⑧。

**注释：**

①将欲歙之，必固张之：歙，吸、收，收敛。故，故意。张，张开、扩张、增强，这里是使动用法，使之张。

②将欲弱之，必固强之：弱，削弱、弱化、丧失，减少。强，强大、有余、超过、胜过，这里使动用法，使之强。

③将欲废之，必固兴之：废，崩坏、倒塌、衰败、废除。兴，兴旺、兴盛，这里是使动用法，使之兴。

④将欲夺之，必固与之：夺，捕获、夺取。与，给，给予。

⑤是谓微明：微，小。明，光明、英明、明智、高明。

⑥柔弱胜刚强：柔，柔和、温柔。弱，弱小。胜，胜过。刚，坚硬。强，坚强、强劲。

⑦鱼不可脱于渊：脱，脱离。渊，深水、深潭。

⑧国之利器不可以示人：国，国家。利，锐利。器，武器。示，给人看，告诉、告知。

**语义直译：** 将要收敛它，必须故意让它张开；将要削弱他，必须故意让他强；将要衰败他，必须故意让他兴旺；将要夺取他，必须故意给予他。这就是小高明小聪明。

柔弱胜过刚强。鱼不可以脱离深渊，国家的锐利武器不可以给别人看。

**悟道万象**

本章也有不同版本流传。"将欲歙之，必故（固）张之；将欲弱之，必故（固）强之；将欲废之，必故（固）兴之；将欲取（夺）之，必故（固）与之。是谓微明。"个人选择"故",一是故的含义里又故意的意思,是有目的的是对方"张""强""兴",属于迂回。如果选"固"字,不管用"固"的哪个含义,都不能表达策略迂回的意思。二是这里可能是通假字。三是可能存在伪改,故意带偏后人。

上一章中,我们说过,老子在大篇幅地讲了道的光明正大施行之后,也给我们了一点点小妙招,动点小心思的小妙招。

应该说,在坚持正大光明走大道的同时,老子很清楚现实的复杂性,不是你光明正大依道而行就可以达成目的,实现"道"的目标的,有时必须采取一些奇妙的"奇"的手段。在老子看来,这些"奇"的小妙招,真的只算小聪明,小手段。

但作为经典的千古传文,这样的小妙招不但不影响《道德经》的权威性、正的形象,反而更衬托出了其实用性、丰富性的一面。知道有很多小聪明,但道家并不稀罕使用这些小聪明,你如果要使用这些小聪明,我是可以一眼看出来的。毕竟,这样的小聪明很容易被"将计就计"。

下面我来看看都是一些怎样的小聪明。

将欲歙之,必固张之。要想收拾他,就让他先猖狂。这和外国的谚语是相同的。但老子讲的,是"故张",而不是被动的"待其张"。原因有两个,第一个原因,老子的很多案例来自于自然界然后再引申隐喻。在自然界中,除非有弹簧、或者熟悉对方喜欢反对的特点,否则此法无效。现实中,越张越大的现象倒是更常见,往回弹的,不多。第二个原因,对物无效,但对人有效。对人必须深谙此人特点,能够将"故张"的手段用得上。能用得上"故张"手段的,一般应该不会缺少刚愎自用、骄横自大、目空一切等特性,而现实中,并不是谁都有这样的特点,也不是谁都有资格具备这样的特点。如果一定要在某个范围内把人划出三六九等的话,那么这类人至少在七八,六以下的人,没几个有这样的"不自知",八和九的人,那都是人精了,有几个会上当。也就曹操遇到诸葛亮、庞统、周瑜这样的人,才会上当,徐庶都看得清清楚楚。所以曹操才会痛哭,如果郭嘉还在,我焉能受此辱?

所以,"故张"的实施并不易。相反,需要像前文所述,要对对方做出相当深入地了解之后,才有可能实行。实施对象不具有这样的特点,像许三多一样,或者死脑筋的话,你别说"故张",他硬生生会把"故张"变成"死张""张死"。

将欲弱之,必故强之;将欲废之,必故兴之;将欲取之,必故与之。同样道理,你要削弱他、废除他,必须故意先让他强大、兴盛、胜过自己,都需要实施对象具备如上的特质,否则只能是玉成其事。韩用郑国修渠弱秦,秦用郑国修渠兴国；周郎妙计安天下，赔了夫人又折兵。这就是典型的案例。

所以，老子说，是谓微明，是小聪明。

那么大聪明是什么？就是老子长篇累牍讲的依道而行，走大道。有大道，悟大道，何须微明；但凡真有滔天本领，何须鸡鸣狗盗留名。

对于以上的道理，老子给出了两点原因：第一个原因是柔弱胜刚强。柔和的态度、软弱的姿态，是胜过坚硬强硬的。这一点，在现实中倒是非常的常见，三句好话当钱使，强硬的态度往往招致拒绝，你低头的时候，大家往往会让你抬头，你头颅高昂的时候，就有人会死死地按下你的头颅。前文所述，老子一直是不赞成硬怼而上的做法的。第二个原因是，鱼不可脱于渊，国之利器不可以示人。为什么把这作为第二个原因，这得归结于我们如是多的书籍中，用句读将两个原因没有用分号或者逗号，而是用了句号，让后一个原因看起来像是最后的结论。

为什么这样说，因为两个原因共同构成了本章实施中的"故"的前提条件：隐藏自己的真实目的。展现柔弱的一面，是为了掩藏自己强大或将要强大取代对方的一面。鱼不可脱于渊，不要离开自己的地盘，不要离开自己施展才能的根基和土壤，离开了，那就是送鱼到嘴，人为刀俎，我为鱼肉；国之利器不可以示人，核心的机密，不可让人看见，让人看见了，那就是送与人，机关算尽反误了卿卿性命。

所以，你说老子该怎样定义如此手段？微明，小聪明，这就是老子对此的定义。而不是我们常常感叹的外国谚语"上帝要让你灭亡，必定要你先疯狂"，他的灭亡你未必看得到，但他的疯狂你看得到，说不定就是先要你灭亡。

道可道，非常道。好好悟吧！

# 第三十七章　道常无为而无不为

道常无为而无不为①。侯王若能守之，万物将自化②。化而欲作，吾将镇之以无名之朴③。无名之朴，夫将不欲④。不欲以静，天下将自正⑤。

**注释：**

①道常无为而无不为：为（wèi），表目的。为（wéi），作为。

②侯王若能守之，万物将自化：守，守住。自，自己、自然。化，变化、改变、教化、转化。

③化而欲作，吾将镇之以无名之朴：作，开始、作为。朴，本质、根源。

④无名之朴，夫将不欲：无名，无法命名。

⑤不欲以静，天下将自正：静，稳定，安静。正，不偏、不斜、公正、正向。

**语义直译：**道常没有明确的目的却无所不为。侯爵王爵如果能守住，万物将自然自觉转化。转化后想发作作为，我就可以用还无法命名的本质使它安定。用还无法命名的本质安定它，它就不会有其他想法，没有想法就稳定安静，天下将自觉不偏不斜正向发展。

**悟道万象**

本章也有不同版本流传，主要在"（镇之以）无名之朴，夫将不欲"，个人选取用"镇之以无名之朴"，镇，压抑、震慑、镇住、安定。因为这一章节的是一顶针的手法写作，如果缺少了"镇之以"三个字，语义理解晦涩且容易产生歧义。

不知何时，在对《道德经》的解读中，有人将之划分为《道经》，这样划分还分为两个版本，一个是前多少章，一个是将涉及"道"的提取出来归为《道经》，将不含"道"的提取出来归为《德经》。本章就是其中划分方法之一的《道经》的最后一篇。

前面的三十六章中，老子从不同的角度、不同的层次、不同的分类，亮观点、摆事实、讲道理、辨真伪、证大道，作为一个段落的小结，老子在本章中再次强调了"道"对推进事物发展的积极作用，而且是不要小聪明的积极作用。

老子说，道常无为而无不为。道常常没有自己明确的目的，但无所不为。你说，作为规律的道它自己能有啥目的呢？它就一个事物发展的规律，静静地站在你的面前或者旁边，等你接近它、认识它，然后帮助你达成目的。世间那么多事，事事都有道，有道啥事做不了？无不为。

所以，老子再次强调，侯王若能守之，万物将自化。这句话老子前面讲过的，所以是在强调。侯爵王爵这些掌握天下大势有世界发展决定权的人，如果能够守住，守住就行，万物将自觉开始转化。

事物的发展出现变化转化的苗头，化而欲作，有新的迹象发生的时候，是我们需要敏锐地察觉并加以培养保护的，这种转化需要时间慢慢成长。吾将镇之以无名之朴，这里的"镇"将字词典的震慑、抑制、镇住是能讲得通，但不贴切。用固化可能更好。因为此时，事物出现的新苗头，我们暂且只能以"新苗头"去命名，这个"新苗头"确切的名字，一时还无法命名，所以是"无名之朴"。固本培元，就是这种情况下的"镇之以无名之朴"，让这样的小苗头不要产生新的其他的新想法，夫将不欲，否则可能会发生其他方向的变化，就更不好把握了。不欲以静，新苗头不要有新变化，让它慢慢长大，你也不要有新想法，先静静地看着它长大，等他长大，天下将自正，事物就会自觉地回到正轨上，回到大道上。

这样的思路和方法，是不是就非常符合事物的发展变化规律。

如果说，一件正常发展的事物，我们只需要按规律持续下去即可，但遇到了其他非正轨的事件，如何按照《道德经》的指导去做？我们不妨略作分解。

第一步，守。守什么？"侯王若能守之"，守初心，守正道。心志要坚，走正道的路不能变。

第二步，等。不要怕，世界是运动的，运动是在不断变化的。万物将自化。要相信，矛盾是对立统一的，世界向好的一面发展的因素永远是存在的。

第三步，察。事物发展的细小变化，要及时察觉。化而欲作，察觉新苗头。

第四步，固。固本培元，把这种向好的新苗头保护好，镇之以无名之朴，夫将不欲，不欲以静，不要有新想法。

第五步，正。天下将自正。

这种等，可能是几个小时、几天、几个月，随着事件的激烈程度而定。

案例：某地突发群体事件的处置及各方因素的分析。

1.既然突发，必然已经偏离了日常的轨道。

2.参与方，正方，意见方。

3.状态，正方被动，意见方激烈。

4.正方的动作。

第一，首先需要确定自己的决策行为是否正确，这是《道德经》一直强调的第一要素，自身不在正道，是悖道，是需要自己改变并被改变的。

第二，如果自己的正确，守住初心，守住方向。

第三，等，等意见方提出所有的要求，不是挤牙膏式的、渐进式的、添油式的提意见，要让所有人都看到这种意见。这样的意义在于，在所有的意见呈现后，不管是正方还是意见方，都能看到这些意见"合理"的部分、"不合理"的部分，面对"不合理"的部分，意见方的群体会分化，激进的还会产生"被利用"的感觉，这是"好苗头"。

第四，察。一是敏锐地察觉这些变化。二是敏锐地察觉意见方的真实目的。三是敏锐地察觉意见方的关键人物、关键因素。

第五，固。一方面固化合理的部分，一方面固化"好苗头"，不采取激进的做法去刺激出现新现象、扰乱"好苗头"。

第六，正。一方面，好苗头在产生"被利用"的感觉后，除了有切身的利益关系、雇佣关系，非坚定人群会自觉收敛，转化行动。内部矛盾，正方可以针对坚定分子展开特定"校正"；外部矛盾，正方可以强力采取措施，将所有冒头的蒿草一并根除。

这套路是不是也很熟悉。而最难熬的阶段，就是"等"的阶段，等"新苗头"出现，等所有蒿草都展现。

最容易乱的阶段，也是"等"的阶段，守不住初心，乱了分寸。

道可道，非常道。这就是几千年的文化基因赋予我们的智慧，给予我们的力量。

# 第三十八章　上德不德，是以有德

上德不德，是以有德①；下德不失德，是以无德②。

上德无为而无以为③；下德为之而有以为。

上仁为之而无以为④；上义为之而有以为⑤。

上礼为之而莫之应，则攘臂而扔之⑥。

故失道而后德，失德而后仁，失仁而后义，失义而后礼。

夫礼者，忠信之薄，而乱之首⑦。

前识者，道之华，而愚之始⑧。是以大丈夫处其厚⑨，不居其薄；处其实⑩，不居其华。故去彼取此。


**注释：**

①上德不德，是以有德：上，上等的，上乘的。德，品德。

②下德不失德，是以无德：下，下等的，低的。失，失去。

③上德无为而无以为：为（wèi），表目的。为（wéi），作为。

④上仁为之而无以为：仁，仁爱。

⑤上义为之而有以为：义，正义、有意义的。

⑥上礼为之而莫之应，则攘臂而扔之：礼，礼节。莫，没有。应，回应、应对。攘，撩起、挽起、捋起。臂，手臂。扔，扔掉。

⑦忠信之薄，而乱之首：忠，尽心竭力、忠诚。信，真实、信用、信任。薄，与厚相对，少，小，稀薄。乱，紊乱、无秩序、混乱。首，头目，首要的。

⑧前识者，道之华，而愚之始：前，与后相对，正面的、前面的、早前的、过去的、较早的。识，知道、认识。华，花、美丽、精华、光彩。愚，愚昧、愚蠢。始，开始。

⑨是以大丈夫处其厚：处，占据、位于，处所。厚，重、深、忠厚、厚道。

⑩处其实：实，实际、事实、诚实、实在。


**语义直译：** 上等的德性品德不表现品德德性，所以有德性有品德；下等的德性品德没有失去德性品德，所以（表现出）没有德性品德。

上等的德性品德没有特定目的所以没有什么可以做；下等的德性品德没有特定的目的所以什么都可以做。

上等的仁爱有目的去做所以没有什么可以做；上等的正义有目的做所以有目标可以做。

上等的礼节有目的地去做却没有得到相应的回应，就会撸起袖子奋臂扔了它。

所以，失去道后德会显现，失去德后仁爱会显现，失去仁爱后正义会显现，失去正义后礼节会显现。

礼，显现出忠诚信任不足，是混乱的头领。

从前面看，是道的精华，（从后面看）是愚蠢的开始。所以大丈夫位于德行深厚的一边，不位于德性浅薄的一边。位于他实际诚实的方面，而不居于他光彩的一边。所以是远离那个而取得这个。

## 悟道万象

本章也有不同版本流传。"上德无为而无以为；下德无为（为之）而有以为。"个人选取无为。因为此句在讲解上德和下德都在"无为"时的不同反馈和状态。

本章又是一个非常难懂的章节，老子像绕口令的一样，一会儿"上"，一会儿"下"，一会儿"无为"，一会儿"无为"，一会儿"有以为"，一会儿"无以为"，给我们讲了很多的关于德的表现。

这些话语，随着读音和字意的衍生变化，极大地混淆了人们的理解。

所以，我们需要按照前文老子教给我们的方法，追本溯源，按照事物发展变化呈现的前因后果的逻辑，参悟本章。

按照对《道德经》研究的划分，本章开始进入《德经》的篇幅，我们不否认他的合理的部分，但从"故失道而后德""道之华"的结论看，德和道能生硬分开吗？

我们暂且不管他分还是不分，作为论述"德"的重要章节，透彻地理解参悟本章，对延续前面道的本意，启迪后面德的宗义，有着重要的作用。

我们不妨看看，老子如何绕口令。

上德不德，是以有德。上等的德性，在品性中你就感受不到德，这是老子一贯的思想，和道一样，在不知不觉中就实现了目的。所以，老子对上德的定义，就像"心善渊"，好的没边，好到你几乎就看不到它，看不到并不代表它不存在，是以有德在。下德不失德，是以无德。下等的德性，他再没有品德，也是有"德"在里面存在，大冬天穿裤衩，你说他没品，他的品就在那儿。所以，他并没有失去德，但是展现了"无德"的品性，是以无德，就是因为这样，你才说他无德、缺德。

上德无为而无以为；下德为之而有以为。上等的德没有特定的目标，所以他没有什么不可做的，对谁都掏心掏肺好得一塌糊涂，你说他对谁不可做啥。下等的德也没有特定的目标，却可以针对谁有动作。一个烂人，他没有特定的目标，对谁都使烂，有以为，逮着谁就给谁使烂。

上仁为之而无以为；上义为之而有以为。上等的仁爱有特定的目标，而没有什么可以做的，老天爷谁都爱，他能给具体的谁做什么？博爱到底是不是爱？普世到底普的什么世？上等的正义有特定的目标，可以为之有所作为，保卫和平就需要有所作为消灭战争狂人，扫黑除恶就需要有所作为打击犯罪分子。

上礼为之而莫之应，则攘臂而扔之。上等的礼节有目标的应用，却没有得到相应的回礼，就会撸起袖子把礼节扔掉。你给别人鞠个躬，他给你个朝天的鼻孔，你下回还会给他鞠躬吗？八成回头就是一声"呸"。

故失道而后德，失德而后仁，失仁而后义，失义而后礼。这一句中，最难理解的是"后"，可以有两种"补字"帮助理解。一种是统一加"失"为"后失德""后失仁""后失义""后失礼"，整体意思，前文讲过，道德相随，所以失去道后，就会失去德性品德；失去德性品德后，就会失去仁爱；失去仁爱后就会失去正义；失去正义后就会失去礼节。

现实中也是，哪一个违反客观规律的事情，不是顶着牛在干，甚至违法在干。既然违反了规律要硬干，还会管他合理不合理，合适不合适？宁可我负天下人，不可天下人负我，我只管现在当下快活，哪管他死后洪水滔天。这不就是失德的最极端体现。既然失去了德性品德，还会在乎仁爱吗？还会对谁使以仁爱吗？没有了仁爱之心，还会有正义之心吗？还会有对不对的心思吗？既然已经没有了正义的心思，他会对谁讲究礼数礼节？失德的掌权人不会对下级讲礼节，失德的下级也不会对同级和上级讲礼节。

第二种，统一加"见"为"后见德""后见仁""后见义""后见礼"，见通现，展现。所以，失道之后会展现德性品德，失德之后会展现仁爱，失去仁爱之后会展现正义，失去正义之后会展现礼节。

现实中也是，当违背规律的时候，总会有人站出来指出问题，展现担当的德性品德；当有人失德的时候，比如虐待老人儿童孤寡残，总有人站出来指出问题，展现仁爱的一面；当失去仁爱的时候，比如残酷对待老人儿童孤寡残，总会有人站出来主持正义，路见不平一声吼，该出手时就出手。当失去正义的时候，总会有人站出来，据理力争，以礼论道。

是不是都有道理。

弯弯绕绕的绕口令，绕进去了几千年多少的有识之士。

不管是哪种理解，道、德、仁、义、礼的逻辑关系都始终存在。所以老子说，礼啊，体现的是忠诚和信任的厚薄，忠信某个信仰，你就会厚待它，天天磕头绕圈也会遵循它；鄙视哪个信仰，你就会菲薄它，见到就恨不得拎出来打两下。忠诚于某个人，你就会厚待他，还会爱屋及乌厚待他的家人亲朋好友；鄙视某个人，你也会菲薄他，还会爱屋及乌鄙视和他在一起的很多人。所以老子说，礼啊，它是混乱的开始，是首领。不讲礼，不尊礼，这就是混乱的发端，是带头制造混乱。

这样的认识，当然极其的深刻。

但老子告诉你的，还不止只是这些，老子告诉你，这样的逻辑层次，前识者，道之华，而愚之始。从前面看，这就是道的精华，看一步知五步，也知道愚蠢的起源在哪里。这里，还有一种可供理解的话语，可能属于不愿尽意而为，"前识者，道之华，后识者，而愚之始。"从前面看，是道的精华的逻辑层次，从后面看，是愚蠢的逻辑层次。

所以老子说，是以大丈夫处其厚，不居其薄；处其实，不居其华。大丈夫要待就要待在深厚的地方，五个逻辑层次的最深厚的地方，不待在它薄弱稀薄的地方，"居善地，心善渊"，选位置就要选在踏踏实实的地方，而不是看起来豪华浮华的光环之地。

这叫做去彼取此，去掉那些该去掉的东西，获得该获得的东西。什么东西？实实在在看得见、摸得着、安平泰的东西。

其他的，神马都是浮云。

这是讲"德"吗？

分明是讲"道"啊。

是的，道德相随，利出一源。

老子前文说过的。

# 第三十九章　昔之得一者

昔之得一者①：天得一以清；地得一以宁②；神得一以灵；谷得一以盈，万物得以生③；侯王得一以为天下正④。

其致之，天无以清，将恐裂⑤；地无以宁，将恐发⑥；神无以灵，将恐歇⑦；谷无以盈，将恐竭⑧；万物无以生，将恐灭⑨；侯王无以贵高将恐蹶⑩。

故贵以贱为本，高以下为基⑪。是以侯王自称孤、寡、不谷。此非以贱为本邪？非乎？故致数誉无誉⑫。不欲琭琭如玉，珞珞如石⑬。

**注释：**

①昔之得一者：昔，从前。得，得到，获得。一，全、满、统一、专一、相同、一样。

②天得一以清；地得一以宁：清，清澈、干净、清明、太平、清爽、清凉。宁，安定、安宁。

③神得一以灵；谷得一以盈，万物得以生：灵，洞晓事理、明达、有效验、神妙不可思议、善、美好。生，生长、生存。

④侯王得一以为天下正：侯，王侯。正，不偏不斜、正义、正确、公正合理。

⑤其致之，天无以清，将恐裂：致，送达、到达、尽、极。之，代词，那里。谓，说。恐，恐怕。裂，裂开。

⑥地无以宁，将恐发：发，发泄、塌泄。

⑦神无以灵，将恐歇：歇，停息、败落、衰败。

⑧谷无以盈，将恐竭：盈，充满、富裕、多余。竭，枯竭。

⑨万物无以生，将恐灭：灭，灭亡。

⑩侯王无以贵高将恐蹶：蹶，跌倒、倒下、受挫折、竭尽、枯竭。

⑪故贵以贱为本，高以下为基：本，根本。基，基础。

⑫故致数誉无誉：誉，荣誉。

⑬不欲琭琭如玉，珞珞如：琭琭，稀少珍贵。珞珞，同硌硌，坚硬。石，石头。

**语义直译：** 从前那些获得完整统一的存在：天获得完整统一可以清澈太平；地

获得完整统一可以安宁；神获得完整统一可以通晓事理神妙不可思议；谷获得完整统一可以生存；侯王获得完整统一可以给天下正义公正。

他们到达以后，天如果没有清澈太平，将来恐怕会裂开；地没有了安宁，将来恐怕要塌泄；神没有了灵性，将来恐怕会败落；谷没有充满，将来恐怕会枯竭；万物没有了生机，将来恐怕会灭亡；侯王没有了正义公正，将来恐怕会倒下。

所以，贵以贱为根本，高以下为基础。所以，侯王自称孤、寡、不谷。这难道是以低贱为根本吗？不是吗？所以，到达了誉的境地就没有荣誉。是故不想稀少珍贵的像宝玉，坚硬的像石头。

## 悟道万象

本章也有不同版本流传。昔之得一者：天得一以清；地得一以宁；神得一以灵；谷得一以生；侯得一以为天下正。其致之也，谓天无以清，将恐裂；地无以宁，将恐废；神无以灵，将恐歇；谷无以盈，将恐竭；万物无以生，将恐灭；侯王无以正，将恐蹶。故贵以贱为本，高以下为基。是以侯王自称孤、寡、不谷。此非以贱为本邪？非乎？故致誉无誉。是故不欲□□禄禄如玉，珞珞如石。

在整体上两者所阐述的道理相近相似，但通过梳理章节和全文的逻辑关系，以及写作语义的表达，个人选取以上的版本。解读也按照两个版本的相应对照相结合进行。

上一章，老子讲了德的几个逻辑层次，很绕口令。本章中，也是老子很难得的大篇幅讲述一个道理。纵观凡五千言，有几章如此大篇幅？

理解本章，需要对老子新提出的一个重要概念进行领会，这个概念就是"一"。在后续的讲解中，老子还会不断地提到"一"。

一在古文的含义较多，分别有数字的含义，一二三等；最小数字的含义，古文中特别是先秦时期，没有负数的概念，零不在数的序列里；统一，六王毕，四海一；专一；相同，一样；整体、完全等含义。

所以，在理解《道德经》的时候，需要根据不同的章节或者上下文，去正确理解老子的思想表达。

本章中的"一"，基本和"六王毕，四海一"属于同一个意思，完整的统一的。毕竟，在老子的理想中，一是万物世界的起源，在纷繁复杂的发展中，生出许多事物事情，但最终也会以各种矛盾被解决、消失，成为大一统、一个整体而终结。

所以，老子和讲道、讲德一样，先明确一下，"一"的好处是什么，得到"一"会呈现出什么样的结果。

老子说，昔之得一者：天得一以清；地得一以宁；神得一以灵；谷得一以盈，万物得以生；王得一以为天下正。从前那些获得完整统一的存在：天获得完整统一可以清澈太平；地获得完整统一可以安宁；神获得完整统一可以通晓事理神妙不可思议；谷获得完整统一可以生存；侯王获得完整统一可以给天下正义公正。

老子为什么经常会用"昔"这个字？

没什么奇怪，你妈妈讲故事的时候也经常用"long long ago"。作为先秦时期的老子，其学说当时仅是诸子百家的一家，而且并非显学，显学是法家、兵家、儒家、墨家、纵横家、阴阳家、名家，汉以后才逐渐成为显学。所以，老子也和我们现在写作文一样，要说"子曰，鲁迅说，古人说，俗话说……"

天地神谷侯，神的引入，也是新的名词。在前面的讲述中，老子说天大、地大、道大、人亦大，人居其一，并未说神居其一。这里引入神，也是为了增加观点的正确性，毕竟在通常的意识中，神是要比人高得多更高阶的存在，而当时人们也是普遍地相信有神灵存在的。神都这样，更不要说人了。侯就是人里面比较高的。因为当时，各诸侯国还并没有称王，只是"侯国"。而谷，我们前文也说了，在老子的观察中，谷和水一样，是"几于道"的存在。

在提出天地神谷侯得到完整统一后达到了"清宁灵盈正"的状态以后，老子以反证的语气告诉我们，那些达到了这样境界的存在，对如果没有了"一"之后的世界是怎么看得：其致之也，那些达到了这一境界的存在都说"天无以清，将恐裂；地无以宁，将恐废；神无以灵，将恐歇；谷无以盈，将恐竭；万物无以生，将恐灭；侯王无以贵高，将恐蹶。"

用我们现在的语言体系翻译一下，天塌地陷神死物灭，人将不人，国将不国，game over，my god！

下来呢，老子又给我们玩了一个和前文中一样的"梗"，省略论证，直接来结果，贵贱、高下、侯王、誉等，前言不搭后语地给出了一些万般正确的话。

你不妨思考一下，前文正在讲"一"的重要性，后文成了贵贱、高下、侯王、誉、玉、石。你要把作文写成这样，或者写成"你家门前有两棵枣树"的样子，看看老师给你几分。

那么，老子这样讲，"此处略去了多少字□□□□□□"。

破解一下，其实这里也没有略去多少字，只是略去了一个"思维"环节。

上文说，这些达到了"一"的境界后的存在大咖都说，"一"如何重要，那么，"如何一"？

六王毕，四海一。秦国用实践告诉了我们如何"一"。

　　一就要贵贱共存，高下同在，不仅仅是形式上的存在，更要在思想观念上认可这样的存在和事实，不管有多少的对立面、矛盾体，都需要最终作为一个统一的完整的存在。

　　所以，贵以贱为本，高以下为基。以侯王为人道基本代表的存在，你就必须客观地看到，你的尊贵，要以低贱为根本，无本就显不出你们；高处以低下为基础，没有他们在底下，也就没有高处的你们。

　　所以，侯王自称孤、寡、不谷，单蹦蹦、少夕夕、不吃米。这里的"谷"，不是山谷的谷，而是谷物的谷，不谷也不是不吃米，而是不和低下的人一样吃米，侯王不只吃有形的米，还得能吃到人间烟火气的"谷"，侯王的不谷，不是不吃米，而是要"得谷中的烟火气"。

　　所以，老子说"此非以贱为本邪？"这那倒是要告诉我，要让我以低贱为根本？太伤自尊了。这让我好不容易才"一"了的高大上、孤寡独，马上成了老破小、矮大紧。

　　老子说，非乎？故致数誉无誉。不是这样的，是你达到了很高的荣耀荣誉后，就没法再荣誉荣耀了。你都王了，还想咋地？王中王，王中王中王，王中王中王中王，干脆齐得隆咚锵。

　　所以，老子说"是故不欲□□如玉，珞珞如石。""□□"此处略去的字，是有的版本有，有的版本没有，字典上用的"禄禄"，但"禄禄"没有任何解释，反而是"琭琭"和后面的"玉"比较合理，意为"稀少珍贵"，后面的"珞珞"也是，没有解释，反而是"硌硌"的解释坚硬和石比较吻合。

　　这句话的意思呢，就是说，让你以低贱为本，是不想让你稀少珍贵的像宝玉，坚硬的像石头，要"和"，和大家在一起，道冲以为和，和其光，同其尘。

　　这话，好听吧。

　　能做不？呵呵，你看老子说了几千年了，哪个孤、寡、不谷做了。

　　东风无力百花残。

# 第四十章　反者道之动

反者道之动①；弱者道之用②。
天下万物生于有，有生于无。


**注释：**
①反者道之动：反，违反、违背、反动、反常。动，运动、动力。
②弱者道之用：弱，弱小的、弱的、弱势的。用，使用、采用、用处、资材。


**语义直译：** 违背道的，是道的动力。弱小的，是道的用处资材。
天下万物生于有，有生于无。


## 悟道万象

我们在前一章中说了，那是极少数的长篇章。本章也是极少数的短篇章。句短，意义却极为深刻。

上一章中，老子让天地神谷侯都要知道贵贱高下的对立统一，特别是提醒人道代表侯王，更要注意。

对天地神谷来说，贵贱高下似乎并不成为问题，但对侯王来说，平等地看待贵贱高下似乎并不容易。所以，本章老子用简单的两句话告诉侯王们，要深刻理解这样的思想，不深刻理解这样的思想，你会得到什么，不理解这样的思想，"一"以及由此的"清宁盈灵正"也可能因此再被打破。

老子说，反者道之动。这里的反，可以有多重含义，既可以是违反道的规律的，也可以是不同意见的、错误的、反方向的。在这里，再次体现了老子对立统一地看待事物发展了。反对的力量，是推动事物发展的力量。不平则鸣，没有反对的声音，就体现不出来正确和正义的声音。有不同的声音，本身就代表了关心关注事物的发展，属于积极的力量，有可能是"新苗头"；有不同的声音，也代表了对事物发展不通过发展方向的判断，这样的方向有助于正确的方向去参考、去矫正。反对力量的存在，正代表发展力量存在的价值。因为你现在的状态，正是在成功地反对了上一个力量之后的结果，你也曾经是反对的力量。你价值的存在，正恰恰反映在你解决反对力量的过程中。石头阻挡了你，你搬走了石头，这是你力量的成功；高山阻挡了你的步伐，你跨越了高山，这是你意志和力量的成功；你身体残缺了，残缺的身体是你的反对的力量，你依然坚强地生活快乐地生活，这是你心灵强大灵魂的成功；智障的家人、常年卧床的父母，是你前行的反对力量，你照顾好他们的生活、无怨地生活，这是你伟大人格魅力的成功。生活所给予你的每一个苦难，都是反对的力量，也是给予你迈向成功的一个个动力。当你回首往事的时候，你往往并不是因为平和的幸福而充满感喟，而是对所经历的一个个困难一个个心酸然后成功跨越充满了激动。躺平的快乐只有一种，但卷起来的生活却让你动力百倍；对你的躺平人们能给予的只是平常地安慰，对你卷之又卷的奋斗人们给予的不仅是感喟，还有更多的敬佩。

我们不希望生活中有那么多的反对，但至少我们可以非常坦然地面对反对，感谢他们给你提供变强和成功的机会。

弱者道之用。客观地看待反、客观地看待弱，这是老子的核心价值观。老子以悲天悯人的姿态，告诉侯王以及侯王代表的贵、高的群体，以及那些自认为自己处于贵高位置的群体，弱者，是道能够运用的资材、力量。出生就在山顶的人有没有爬山的喜悦？没有！他没有经历山水跋涉艰难困苦的努力。天生处于强者地位的人有没有成就感？没有！他没有经历一件件备受挫折然后成功的喜悦。过往二代三代皇帝有没有成就的快乐，很少有。因为他们很少有一代二代皇帝马上征战带领一群弱者艰难奋起扫荡一切强敌终于成功的卓越伟绩。

客观地看待侯王所面对的群体，出类拔萃的肱骨之臣能有几位？千千万万的普通人才是最需要最必须的面对。王对王、将对将的征战能有几回，带好小队不会崩溃，才会一直有人追随。将领纵然浑身是铁，你能碾出几根钉？千万牛毛拧好了也能用出神。关键看你能不能用，弱者道之用。

反者道之动，弱者道之用。不得不说，这也是残忍地告诉反者和弱者，你们就是强者成功的动力和用武之地。所以，客观地评价你要反对的对象，选择你合适的地位和作为，不能成功，也别给他人能力、心理强大提供很好的垫背。

可能老子在讲述的时候，也是非常怀疑侯王们是不是相信这些道理。所以，老子语重心长地说，天下万物生于有，有生于无。有是什么，无是什么？谁有，谁无？无的人想有，想有就要做事，做事就要看做什么事、做谁的事。有，从来都是无的目标，有也不是天生的，也是从无来的，不管金钱、荣誉、尊贵等等，都是。

当项羽看到秦始皇的马车说出"彼可取而代也"的时候，当陈胜吴广喊出"王侯将相，宁有种乎"的时候，如果老子有幸听到，不知该作何感想。

人性，老子所看透的人性。

道可道，非常道，上德不德，致数誉无誉。

# 第四十一章　上士闻道，勤而行之

上士闻道，勤而行之①；中士闻道，若存若亡②；下士闻道，大笑之。不笑不足以为道。故建言有之③：

明道若昧；进道若退；夷道若纇④；

上德若谷；大白若辱⑤；广德若不足⑥；

建德若偷；质真若渝⑦；

大方无隅⑧；大器晚成⑨；大音希声；大象无形；

道隐无名⑩。

夫唯道，善贷且成⑪。

**注释：**

①上士闻道，勤而行之：闻，听闻。勤，尽力地做，不断地做，多做、勤劳、致力于、努力。行，行动。

②中士闻道，若存若亡：若，似乎，好像。存，存在。亡，消亡。

③故建言有之：建言，建议。

④明道若昧；进道若退；夷道若纇：明，懂得、明白。昧，糊涂，不明白。夷，平。纇，丝上的结、毛病、缺点、乖张。

⑤大白若辱：白，白色、纯洁、干净、清楚、明白、空白。辱，耻辱、辱没、屈辱。

⑥上德若谷；广德若不足：广，广大。

⑦建德若偷；质真若渝：建，建立、树立。质，本质。真，真实。渝，改变、违背、泛滥。

⑧大方无隅：方，面积、方向、方位、地方。隅，角落、靠边的地方。

⑨大器晚成：器，器物、器皿。

⑩道隐无名：隐，隐藏、隐蔽、隐秘。

⑪善贷且成：善，善于。贷，施予、借出。成，成功。

**语义直译：**上等士人听见道，努力地行动；中等士人听见道，觉得似乎存在、似乎消亡；下等士人听见道，大笑这些。不被嘲笑，就不能称其为道。所以有建议这样说：明白的道就像愚昧的；向道前进就像后退；平坦的道路也有崎岖；上等的德性品德就像山谷；广大的德性品德就像不足。最洁白的东西反而污垢。树立德性品德就像头；本质真实的就像违背了。地方足够大就像没有角落；大的器皿需很长时间才能制作成功；大的声音听不见声音；大的景象看不到形状。

道隐隐的没有名字。只有道，善于施予借出去而且还能成功。

## 悟道万象

本章也有不同版本流传。主要在"大白若辱"的位置。"建德若偷；质真若渝；大白若辱；大方无隅；大器晚成；大音希声；大象无形"。原因在于，"上德若谷；广德若不足"这一句主要讲德，如果硬生生插入"大白若辱"，极为突兀，且不知所云。放在后文的排比句"大白若辱；大方无隅；大器晚成；大音希声；大象无形"更合理贴切。本书的解读按理顺后的次序进行。

本章又是一个很长而且很绕的章节。

为什么又长又绕？

因为上一章讲的"反者道之动，弱者道之用"，在侯王看起来，就像假话一样真。

老子他老人家估计也是洞悉了这一感觉。所以，本章中用了很大的篇幅来详细地分解阐述不同阶层对"道"的不同态度。

这里，老子又引入了一个新的概念——士，而且分了高低——上中下。

至此，老子在人的分类中共出现了几个层级：圣人、君子、善（工）人、侯、王、士。

我们需要提示的是，在先秦之时，士人已经和庶人不同。所以，老子说的士，已经是具有一定知识水准、社会地位的人。

我们不妨听听老子怎么说的。

"上士闻道，勤而行之。"水平高的士人，听到了规律，欣然接受，努力坚持去做。勤而行之，有的版本是躬而行之。不管哪个版本，意思都是一个，上士是认可接受并按照规律去做的。

"中士闻道，若存若亡。"中间水平的士人听到这个规律后，持两可态度，感觉似乎有道理，又似乎不那么真切。"亡"，不一定是消失，也是模模糊糊抓不住。

"下士闻道，大笑之。"水平不高的士人听到后，哈哈大笑。

老子的大笑之，结合后面的"不笑不足以为道"，可看出这个笑不是认可的笑，而是嘲笑。因为，道很纯朴，本质的东西很简单，简单到一般人都知道，但他从来没有去想。

比如说炒股，炒股的道——规律是什么？低买高卖。就这四个字。这样的话，你说股民笑不笑？一般股民不笑才怪。说了跟没说一样，白说。如果经济学家、炒股高手给他这么说，他八成会直接开骂的。但有了一定水准的股民，你问他这句话怎么样？他不会直接反对，只会说，这个道理，既对也不对。对是因为确实就是这样，不对是因为低和高谁也没法确定，你知道10块钱的股价到底是低价还是高价？买高了还是卖低了？但炒股的高手可不这样认为，低买高卖的原则是必须坚持的，包括减仓、止损的原则是必须坚持的，不打折扣。至于高和低，一方面，高于买价，就是盈利就可以卖出，哪怕频繁操作。另一方面，他们会着力下功夫寻找，什么时间、哪个板块的、什么样的股票属于低位，股价走高后，什么价位会是高位？他会在坚持原则的基础上，去总结、观察、寻找低位和高位的规律，并在践行中不断总结经验。缠中说禅和徐翔就是其中的高手。

在对待道这一规律的态度上，中士和下士的态度是截然不同的。如炒股的案例，中等水平的股民会不断探索，既学习理论，又不完全遵守理论；对高手的经验，既知道三拳两脚，又不太相信高手的三拳两脚。低水平的股民则基本不信低买高卖的理论，他们坚信，一定有内幕，内幕可以赚钱，挖空心思找内幕；一定有消息，小道消息最靠谱，千方百计打听小道消息；撸一把最快，不断进去就是要撸一把，结果经常没撸着，"肉"倒是割了不少。

学习也是这样。我们把学习的范围界定在可进行对比的小学中学阶段，这个阶段学习的内容相同，时长相同。

这个阶段学习道的规律是什么？死记硬背+题海战术。这话一说出来，不光大家会笑，估计都会开骂。低水平的马上会说，这是狗屁规律，这都是教育的渣滓理论，抑制了学生的活跃思维。真是这样吗？一方面，这个阶段的学习内容，是最基础的基础，你觉得是需要你从茹毛饮血钻木取火的状态重新探索，还是你知道有茹毛饮血钻木取火的方式，然后拿出打火机点着火做饭？另一方面，给你茹毛饮血钻木取火的时间空间，你觉得你的孩子、哪些孩子能学会？能自然探索到知识文化奥秘的孩子，那可真是天才了。

对于前人已经总结探索完成的知识，学习的孩子最需要做的是什么？不是再重新探索，而是以最快的速度，尽可能多的将这些知识装进自己的脑子里，学会、用会。然后在此基础上，站在巨人的肩膀上，再出发。小学初高中，就那么多的内容，死记硬背+题海战术来的效果最快。

你也不妨观察一下那些学习好的，是不是记的比其他人多，背的比其他人多，做的题也比其他人多。差别仅仅在于，脑子好的，记得快、记得多；脑子不好的，记得慢，记得少。但脑子不好的通过强化背诵也会在自己基础上发挥最大作用。至于做题快、方法多，那基本是题海的作用。当学习不好的学生在埋怨题多的时候，好学生已经在疯狂地刷题了。

可怕的不是人家比你优秀，而是比你优秀的人比你还勤奋。

所以，当学生不屑于死记硬背+题海战术规律的时候，他们通常会相信一个秘方：找家教，找一对一的家教。寄希望于家教的几堂课孩子成绩就能提高。但脱离了记住和练习的规律，能好吗？中等的学生既相信也不完全相信，所以既逼着自己背诵练习，又担心背多了做多了不灵活变傻了。优秀的学生则不然，他们早已谙熟这套规律，寻找适合自己的记忆方法，不管是古诗词、英语单词、公式定理等，能背的都背完了，至于做题，能做的都做完了，做完了再四处找题做。

做题像打怪，他把能打的怪都打遍了，你说考试题那点怪他还当作一回事吗？

有的人还会说，我看谁谁光玩了，还学得好。你真的了解他吗，他玩完之后的学习方法和时长你知道吗？

所以，老子说，道——规律这东西，在不同的人的眼里，呈现方式可能是这样的。

"明道若昧"。明明看着是道，是摸得着的规律，但怎么就觉得做起来愚昧傻乎乎的，跟傻子一样。

"进道若退"。明明是在沿着道这个规律前进，但怎么就感觉是在后退。退不是道不进，而是你原来的杂七杂八减少之后，让你感觉有所失。比如，工作要干好，就必要多努力。多努力当然会花更多的时间在工作上，时间多花在了工作上，是不是你原来打牌、喝酒、聚会、玩乐的时间就少了，是不是就有了失去了什么的感觉，除了工作，其他没有了，感觉生活在倒退，幸福感降低了。坚持一段时间后呢？

"夷道若纇"。平坦的大道也觉得就像绳子上的小结，一阵一个小疙瘩，坎坎坷坷。再平坦的大道也不是说就像镜子一样平，也会有一些坑坑洼洼、石子水渍，也会硌着脚，只能是总体平稳。工作生活更是如此，即便是拧一辈子螺丝的平坦小大道，也会出现今天是内六角、明天是十字角，让你扳手一时半会不得劲的情况。

"上德若谷"。上等的德性品德，像山谷一样，容得下任何风雨，容得下任何花草。花草之间可能会相生相克，但山谷会容纳所有的花草，让他们都能成长。

"广德若不足"。宏大广博的德性品德，就像总是不够一样，什么都能往进装，和前面的大成若缺一样，你总是笑个没够，看起来好像一无所有。

"建德若偷"。树立一种德性品德，就像偷东西一样艰难。因为树立一种品德，意味着你要抛弃背离或者改变原来的一种品德，哪怕是照顾孤寡老人的好品德，开始阶段你并没有信心大张旗鼓去做，总想悄悄地不被人注意地去做，也担心别人注意到以后有不同的看法。特别是以前和你同行的、并肩的，看到你的改变或背离，肯定会有不同看法，所以，感觉就跟偷东西一样。极端案例，金盆洗手真能光明正大去洗手？随着坚持和时间的推移，习惯和认同会改变这样的感觉。

"质真若渝"。本质纯真的就像变了。因为要建德，所以自己的本质又要回归到最初的纯洁状态，复杂的事情简单化了，复杂的感情也简单化了，只按照自己的本心单纯地思考去做，这当然就是改变了，也是背离了原来的生活。扔掉房间里原来的东西或杂物，干净清爽极简，断舍离，岂不就是质真若渝。

"大白若辱。大白指白的更高层次。"建德、质真，一个干干净净的人，处在一个群体中，在这个形形色色的群体里，白得显眼，白得特别。你说，是白影响了其他色，还是其他色影响了白？从"辱"的角度看，是在乱色中扔了一坨白，还是在一坨白里扔了其他色。

"大方无隅，大器晚成，大音希声，大象无形。"这里的大，和白前面的大一样，是表达后面"方、器、音、象"的更高层次。面积足够大，别人就看不到角落；器皿足够大，铸成就需要时间；最大的声音，就像听不见，只是在脑海；最大的景象模样，就像没有形象。这就是道的上德、广德。

道隐无名，道隐藏在这些现象的背后，不出名，也无法命名。

夫唯道，善贷且成。所以啊，只有道，只有中很大的规律，才能既善于给予施予很多人很多事很多好处，又很善于成功。

所以啊，本章是讲道呢，还是讲德呢？

谁问道，谁闻道？

谁行道，谁笑道？

明、进、夷，昧、退、纇，这是道形成过程中的主观能动和相应感受。

上德、广德，若谷、若不足，这是与道相随的德的属性和最佳，是德的主观能动和外在感受。

建德、质真，若偷、若渝，是树立德性品德初始阶段的个人感受。

大白、大方、大器、大音、大象，若辱、无隅、晚成、希声、无形，是德性养成后，德性和品德在世界中的客观存在反映，既是建立形成的过程，也是客观不断反馈的过程。

道隐无名。世间万物，原子核有多大？谁又看得见、谁又去评判？你快乐，我便快乐，你在，我便在，何必任人评说。

善贷且成。善给予，善付出，善成功，唯道，唯得道之人。

你是谁！

# 第四十二章　道生一，一生二

道生一，一生二，二生三，三生万物。万物负阴而抱阳①，冲气以为和②。

人之所恶③，唯孤、寡、不谷④，而王公以为称⑤。

故物或损之而益，或益之而损⑥。

人之所教⑦，我亦教之。强梁者不得其死⑧，吾将以为教父⑨。

**注释：**

①万物负阴而抱阳：负，承载，承受，背负。阴，和阳相对，阴面的、消极的。抱，怀抱。阳，与阴相对，阳面的、积极的。

②冲气以为和：冲，充。气，气态、气息、风气。和，和睦、和谐。

③人之所恶：恶，讨厌、丑、不好。

④唯孤、寡、不谷：唯，只有。孤，单独。寡，少。不谷，不食谷。

⑤而王公以为称：王公，王爵公爵。称，称呼。

⑥或益之而损：或，有的。益，增加、好处。损，减少、损害。

⑦人之所教：教，教导。

⑧强梁者不得其死：强，倔强、坚硬。梁，桥、房梁。

⑨吾将以为教父：教，教导、教化。父，父亲，父系。

**语义直译：** 道生一，一生二，二生三，三生万物。万物背负阴面，怀抱阳面，在阴阳二气的互相激荡下来达到和谐和睦的状态。

人讨厌的，只有孤、寡、不谷，但王爵公爵用它们来自称。

所以，事物有的看似损害减少了，却受益增加了。有的看似受益增加了，却受损减少了。

别人教导的，我也教导。倔强的桥梁不知道怎么死，我将它作为教导的父系，用它引导教导。

**悟道万象**

在进一步阐述了道和德的关系，以及德的树立构建过程后，老子在本章重点的讲述了道和世界的关系，以及尽管道隐无名，但人们是如何认识道、外界如何感受到道的。

这是相当重要的一章。理解好本章，我们基本可以和第一章一起，参悟透整个世界。

"道生一，一生二，二生三，三生万物。"

如何理解这句话？

这是一个探索世界本源以及还原世界本源的一句话，揭开了我们认识世界、认识事物的"锅盖"。

为什么要用锅盖来形容？

世界是什么？世界像什么？天似穹庐，笼盖四野，天苍苍，野茫茫，风吹草低现牛羊。仰望苍穹，不就像一个锅盖一样笼盖在我们头顶。

那么，道在哪里？锅盖里吗？

是的，道在锅盖和锅里。

我们前文讲过，道像一个小孩一样，安安静静地站在那里，等你认识，等你接近，然后给予你力量。

这样的抽象化描述，如何把它具象化地描述给所有人，供大家了解，供大家参悟，帮助大家解开烦恼，更好地生活？

我们采用老子常用的方法，以案例的方式，描画一个事物的发生过程。以最简单的开一个饭馆为例，描画道的过程。

初始阶段，你没有任何想法，无欲无求。记住，这是"无"的过程，是起点，连"虚"都没有。有，不是起点。

就在某一个时刻，不知什么原因，你突然心动，想要做点事。这个时候，就有了"有"。你的头脑中，此时可以漂浮起一个太极阴阳图，一个核心是无，一个核心是有。但这样的太极图，边缘是虚幻的，不是实线。

有的念头越来越强烈，然后进入下一个太极图。

有什么？不知道，就是一个要做事的"有"的念头。此时，就有了"虚"，也有了"实"。此时的虚，是不确定做什么，但已经实实在在地出现了我要做一个什么的念头。

你的脑海中，大音希声，一个声音一直在告诉你"我要做个啥，我要做个啥"。外界有这个声音给你吗？没有。这个声音大吗？太大了，你可能一时半会儿再也听不进其他声音，只能听见头脑中那个大大的声音，"我要做个啥。"大象无形，你也无法描画出，这到底是个啥。

此时，漂浮在头脑中的太极图，两个核心已经转化，一个是虚，一个是实。其边缘依旧是虚幻的，不是实线。

这个时候，有和无、虚和实，一直在你的脑海中盘旋变幻，混混沌沌，你的脑海在大音希声的影响下，也混混沌沌。

在某一个伟大的时刻，你的头脑突然灵光一闪，混沌的大脑不知如何，突然就暗合了某一条道，乍现出一片光明：我要开饭馆！

这样的念头让你头脑一下清晰，混沌状态一扫而空。开天辟地，这个灵光就是盘古，这个乍现就是盘古，是你灵魂里的盘古。

此时，很清晰的，你已经有了——"开饭馆"的想法！而且，命了名，名字就叫"饭馆"。此时，你头脑中的太极图已经乍然由虚幻的边缘线，直接转化为实线。

无名，天地之始，有名，万物之母。

你头脑中的太极图已经发生了质的变化，变化之一，虚幻没有了，转化为实质的了；变化之二，好生生的太极图，突然浓缩成了一个点，就只是一个实实在在存在的点，什么都没有。

这个时候，我们注意，已经发生了从"无到有"的质的变化，伟大的"一"已经诞生！

我们无法探究这样的诞生具体是因为什么，可能就因为你所暗合的"道"和你最亲近吧，也可能是此时你最活跃的神经触突的某个触角突然抓住了某个虚幻的漂浮的东西，让它实实在在地固定了。也可能是冥冥之中，这个点、这个道最适合你，能让你走得更远。所以，我们常说的，你想做什么，就去做什么吧，也许，这就是"禅机"，你"想"的。

随着"一"的诞生，道已经产生，就远远地站着，等你接近，等你认识。道可道，非常道。命名也已经有了，名可名，非常名。你觉得，此时的你，在你的思想意识中，不伟大吗？你开辟了一方天地，你将在这一方天地寻道、悟道、依道而行；你命名了一方天地，这方天地将在你的努力下，开始生长、成长。

因为是暗合于某一个"道"，所以在机缘巧合之下，道触发了你"一"的产生，道生一，但仅仅是你尚不知你和"道"的亲密关系。

有了"一"的产生，你马上会产生出两个问题，怎么开？卖什么？"一"开始自然而然地产生"二"。这个时候，漂浮在你头脑中的太极图遽然发生变化，一个点遽然转化，在实现的圆圈之中，两个核心点牢牢地钉在那里，一个是"怎么开"，一个是"卖什么"。在大音希声的持续作用下，这两个念头会一直缠绕你，翻滚着缠绕你。

这样的缠绕，是我们所有人意识海中最客观的存在，你能看见它，能用意识摸到它，能用耳朵听到它，能用呼吸感受它，那么一个时刻，它就是你，你就是它。

"一"个念头，确定；名，确定；然后"怎么干""干什么"？"二"个问题需要确定。

如果从问题发生的逻辑看：一，也是第一步；二，是第二步。确定"二"，饭馆的范围太大，需要确定具体的经营项目。开面馆，卖扯面。

混沌的状态至此在头脑中完全清晰。头脑中的太极图，此时的两个核心点，"怎么干""干什么"已经清晰地确定为"开面馆""卖扯面"。

二生三。三是什么？人，财，物。谁当老板？准备花多少钱？需要哪些物品？这时，萦绕在你脑海中的，已经不是太极图了，而是三足鼎立的三个问题，亟待你回复的三个问题。

三生万物。此时，你似乎已经可以看到"道"在不远处笑眯眯地看着你。说，"年轻人，我教你一套睡梦罗汉拳吧，我们梦里相见。"

万物是什么，是烦恼，是无尽的事物？

挣不着钱，烦恼；挣着了钱，也烦恼；挣钱的过程，更烦恼。

人，谁当老板？自己做主，还是老婆做主？还是大舅子小姨子入股？厨子哪里来，给多少钱？

财，资本金哪里来？多长时间能挣回来，万一要赔了呢！

物，桌椅板凳锅碗瓢盆，置办多少？

开在哪里？楼下，还是找个更好的地儿？

制度，公检法税水电煤气城管物业，是不是至少都得问清楚。

看看，罗列这一套都觉得烦，现实中是不是更烦。进面粉了，要买菜了……烦不胜烦，万物皆烦。

道生一，一生二，二生三，三生万物，这就是道，把握好"面道"，你就一直在，一直在"道"上。没把握好，历经万物，面馆倒闭了，没有了，又回归到了无的状态，又回到了终点，宇宙的终点。

天空上什么都没有，但鸟儿已经飞过。

不仅仅我们具象化的做事是这样，抽象化的感情也是这样。模模糊糊对一个人产生好感，要不要接近她，确定接近她，接近了爱不爱，要不要继续，要不要结婚……人生的选择题，就是你心中的念头在不断地翻腾，每安静一个念头，便安静一片天地。心无杂念便平安，此心安处是吾乡，万念俱灰很安详。

什么是道？这就是道。大道小道，小道大道，道道相套，寻道悟道，悟了道，就解了套，看着烦恼，接受烦恼，享受烦恼，在烦恼中等着最终的一了百了。

估计，深谙人性的老子也是能够感受到悟道可能带来的一片灰暗。因此，老人家告诉我们，客观一点，积极一点，积极和消极同在，调和阴阳即可。

所以，老子说"万物负阴而抱阳，冲气以为和"。世上万物，都是背负着阴面的、消极的东西，去拥抱阳光的、积极的一面，要不断地补充正气来达到和谐和睦的状态。

负阴而抱阳。有多少人没有悟透这样的定心定神之语。世间万物，总有积极的一面和消极的一面。你看那一片树叶，它不也是背负着阴面去迎接阳光吗？树叶越大，背负的阴面也越大，但它能迎接的阳光也越大。你看看身边的任何一个人，谁不是每天都有一些消极的还情，不想做但又不得不做，但积极的人会积极地去做，消极的人会消极地去做，都在做，但结果却不同。积极地做，是负阴而抱阳，是依道而行；消极地做，是负阴未抱阳，是悖道而行。依道而行，更阳光，悖道而行，哪里有阳光。

你再看，父母比孩子大，父母的烦恼就比孩子多，影响父母的消极因素也远比孩子多，你是孩子，可以不操很多心，你是父母，你就不得不操很多心；同事的位置高，影响他的烦恼和消极因素也远比位置低的同事多，你干好本职工作就很OK，但你们任何一个人不OK，他就没法被OK，你们常常不OK，他会经常被KO（击倒）。

那些天生高智商的人，为什么容易抑郁，所有人都负阴而抱阳，普通人生物基础一般，随着年龄增长才心智成熟，所以阴阳平和，或者稍稍鼓励，充以正气来调和；而那些高智商的人，生物基础远高于常人，心智早早就超越了同年龄的常人，甚至跨年龄的超越一代或几代人，但和意识匹配的身体、特别是大脑发育，还远远没有达到可支撑的程度，负大阴而抱小阳，怎么能不抑郁？充气以为和，谁给他们充气，充足够的正气？同龄人，他已经超越；上一代人，肯定吗，在哪？灵魂已经远远地走在了前面，神经的发育和身体被远远地落在后面。阴阳不和，怎么办？充气以为和，要么自己冲，寻找更高目标去奋斗，向更难的目标去挑战；要么寻找更好的导师，在感兴趣的领域里，寻找智商匹配的导师，让他引导，让他冲。

你低他高，好找吗？

天地与人，天纵奇才，有来处，自有去处，有安顿之处，惺惺相惜，奇才自有奇才处。

负阴而抱阳，那非常非常不好的，有没有人要？

老子说，有啊！比如说，人们最不爱听的、最被人讨厌说的孤、寡、不谷，单蹦蹦、独活虫、不吃米的，就有人爱用，王爵公爵的人听了后，就觉得很满意，"我"本来就和你们凡人不一样。

所以老子说，事物呢，有的看似受损了减少了，反而是增加了受益了，有的看似受益了增加了却受损减少了。你给猪喂得少了，它不长膘，但也不出栏，它活着；你给羊喂得多，它长得快，早早被宰了。道不同，目的不同，需求不同，汝之蜜糖，彼之砒霜。

对于这样的道理，老子很谦虚地说"人之所教，我亦教之"。别人所教导的，我也在教导。但，"强梁者不得其死，吾将以为教父"。什么是强梁？字词典上都没有这个词，单独的强和梁都有解释。所以，把这两个字组成词将"强梁"解释为"强横的人"，我不认同。我更认为，这是老子又在用一个常见的现象，指引我们认识事物。

强，坚硬的，坚强的。梁，本义桥梁，也用房梁、鱼梁（堤坝）。强梁者不得其死，坚硬的，桥梁房梁，不知道怎么死的。为什么？硬，是他们的道，是他们的功能，要达到的目的。它们怎么死的？不硬了，糟了、坏了、软了，就塌了、就死了。你的作用是硬，硬就是你存在的道，你的作用是软，软就是你存在的道，依道而行。

吾将以为教父。别人看桥是桥、看梁是梁。我呢，却将它看作寻道悟道的桥、梁，跨越鸿沟山河的桥、梁。别人教，我也教，别人教皮儿，我教根儿，别人教到儿子就可以了，我教，就要教到让你知道这事他爸是个谁。

# 第四十三章　天下之至柔，驰骋天下之至坚

天下之至柔，驰骋天下之至坚①。无有入无间，吾是以知无为之有益②。
不言之教，无为之益，天下希及之③。

**注释：**

①天下之至柔，驰骋天下之至坚：至，极、最。柔，柔软、柔和。驰骋，骑马奔驰。坚，坚硬。

②无有入无间，吾是以知无为之有益：无，物质的隐微状态。有，存在。入，进入。间，间隙。知，知道。无，没有。为（wèi），表目的。益，好处。

③不言之教，无为之益，天下希及之：言，语言。教，教导、教育、教化。希，稀少。及，达到。

**语义直译：** 天下最柔软的，驰骋在天下最坚硬的地方。很微小的有（存在）进入很微小的间隙，我因此知道了"无为"的作为的好处。

不用语言的教育教化，无特定目的的好处，天下很少能达到。

**悟道万象**

讲了道"一""二""三"以至于无穷烦恼的道理，无疑会给人带来极大的心理负担。特别是面对"特别难办"的事情，怎么用"道"来解决，这是不得不面对的问题。

所以，老子出的难题，老子来给解开。

万物相生相克，没有单一矛盾独自存在的可能。只要有矛盾，就有解开矛盾的办法，要么时间，要么空间，要么宏观，要么微观，向前走不通，不代表向后走不通，不代表先后之后有了前进的空间反而走得通。

天下之至柔，驰骋天下之至坚。坚硬如铁，可破吗？铁和铁，自然不可破，但柔可以。解读这句话，有必要用历史的眼光看看发展。

我们需要很客观地看到，在中华人民共和国成立以前，因为种种因素，文化是属于小众的文化，并不是大众的文化，之后的70多年，我们不但最大可能地补齐了

大众文化的短板，而且最大限度地补齐了现代科技文化的短板，这就是我们国力将永远强盛的现实根基。

特别是改革开放40多年的成就，特别是信息化爆炸的当前，经过信息化、影视文化的持续强力输出，对历史、文化、宏观世界、微观世界、未来世界、宇宙等，全民都有了相对广泛的认识。这也为我们站在当代，理解弘扬传统文化提供了更多更科学的依据。

再来看，天下之至柔，驰骋天下之至坚。我们从两个方面来解读，一个是抽象的，比如人心。这大家比较好理解。再坚硬的人心，在温柔如水的女子面前，在温柔慈爱的母亲面前，都会如春风拂冰，坚硬顿失。历史中、影视中多的是。

另一个方面，具象的，客观存在的。至坚有多坚？钢铁坚硬不坚硬，可在铁之间驰骋吗？不可以吗？Wi-Fi是怎么过去的？你的电话是怎么打过去的？至柔，极致的柔，柔软，电磁信号不是吗？光电信号不是吗？至坚有多坚，就目前可理解的量子，是不是可以认为能够驰骋于至坚。

驰骋有多快？光速可以了吧。

无有入无间。这里的无，是隐微的无，不是没有的无。微粒形态的有，能不能进入微粒形态的间隙？

老子说到了，几千年有多少人感受到了？

但现在的我们每天都在感受着。无机化学、有机化学、生物化学、物理化学、病毒、核，等等，是不是都是在原子、分子、电子、量子之间的"间隙"，穿穿梭梭"入"来"入"去。

如果说这些对于我们的前人属于认知之外，那么这些对于我们当代人应该已经是常识。

所以，老子说"吾是以知无为之有益"。我就是这样知道的，不为特定的目的作为的好处了。为什么？至柔驰骋至坚，无有入无间。试问你要抱定什么样的特定目的？客观世界你尽可以去认识，去探索，去应用，你需要预先带上主观色彩和成见吗？至少我们现在就会认为这样的做法不科学。

所以，还是开篇所说"常无欲以观其妙，常有欲易观其徼"。处理好有欲和无欲，观。

所以，老子说"不言之教，无为之益，天下希及之"。这里的言，就含义较多了，语言、言说。一方面，常说的身教胜过言教是一种合理的解读；另一方面，无法言说的教化，也是一种合理的解读，综合起来可能更好。

不言之教，无为之益。天下希及，很少很少有人能达到。

　　但不是不能达到，几千年前老子就能看到，我们自然更应该看到。

　　在没有现代化科技手段的时候，我们可能需要靠想象去看。现在，我们可能有手段，将来会更有手段去真切地看。

　　有矛就有盾，有盾就有矛，有困难就有解决困难的办法，就有"道"。寻道，悟道，依道而行，得道果。

　　如是而已。

# 第四十四章　名与身孰亲

名与身孰亲①？身与货孰多②？得与亡孰病③？
甚爱必大费④；多藏必厚亡⑤。
故知足不辱，知止不殆，可以长久。

**注释：**
①名与身孰亲：名，名称、名声。亲，亲近。
②身与货孰多：身，身体。孰，谁。货，物资、财物。多，称赞。
③得与亡孰病：得，得到。亡，消失、消亡。病，生病、毛病、病态。
④甚爱必大费：甚，过分、太。爱，爱惜、珍爱。必，必然。费，费用、花费。
⑤多藏必厚亡：藏，储藏、隐藏、埋藏、收藏。厚，丰厚、优厚。亡，死、死亡。

**语义直译：**名声和身体哪个亲近？身体与财物哪个值得称赞？得到和消亡哪个是病态？
过分的爱必然付出更多代价，多多的收藏必然优厚地埋葬。
所以，知道满足不会耻辱，知道停止不会危险。可以长久。

**悟道万象**
是不是很熟悉本章中的一些话语。

前面说这些话，可能更多在道的层面，本章说的这些，属于再次地解开思想疙瘩，让你客观理性地看待自身和你追求的目标之间的占有和被占有、拥有和被拥有之间的关系。

在人道之中，有人追名，有人逐利，有人求才，有人追求万古留名。

每一个决定之后，都会产生"三生万物"之后的无尽事端、无尽烦恼。如何破解这些烦恼，老子给我们作了解答。

"名与身孰亲？"名声和身体哪个重要？看你的追求。舍身取义者有之，贪生怕死者亦有之，以身饲虎者有之，苟且偷生背叛者亦有之。从"道"的客观存在来看，你选择哪条"道"，无所谓对错，但与"道"紧紧相随的"德"的好坏善恶，决定着你的行为的评价和反馈。所有人对这点的评价，也更多地出于对"德"的评价，而不是对"道"的评价。

"身与货孰多？"身体与财物哪个重要？和上文一样，关键在于所述"道"的"德"的评价。

"得与亡孰病？"这句中老子用了"病"这个字。显然，在老子的眼中，对"得"和"亡"是按病态来看待的；也显然，老子所谓的病态，是延续了上面两句隐含的一个字，即后文的"甚"，过分。过分地追求"得"和"亡"，确实有毛病，属于病态的范畴了。

所以老子说，"甚爱必大费；多藏必厚亡"。这里的费，不仅仅是费用，而是所包含的付出，所有可以付出的，都可称之为"费"。这句中的亡，不是消亡，而是埋葬。

前文中，老子讲过，五色令人目盲，五音令人耳聋，五味令人口爽，驰骋畋猎令人心发狂，难得之货令人行妨。凡是甚爱之物，人们难免竭尽已能去追求，势必会付出最大的心血、资金，甚至生命。尽管人们常说，生不带来死不带走的身外之物，可是在"事死如事生"的传统观念下，不光王侯将相会多多陪葬，即便贫民也会葬之以随身喜爱之物，不管客观的厚薄，仅以亡者自身而言，也是"厚"的。

下来这句，又进入到了老子给我弯弯绕的阶段了。

结论是："故知足不辱，知止不殆，可以长久。"

而前面是"名、身、货、得、亡，孰亲？孰多？孰病？"以及大费、厚亡。

这亲、多、病、大费、厚亡，以及知足、知止、长久有什么逻辑关系？

在这里，老子又给我们省去了一段反证的环节：甚爱必然大费，多藏必然厚亡。因为甚爱、因为多藏，你势必要花费更多的心血、时间、精力等。万物有道，你多他就少，你多争势必要争斗，要争斗难免有输赢，有输赢势必有荣辱、有平安和危险。所以，不辱、不殆的解决之法，就是依道而行，得应得之名、应得之货，保应存之身，知足不辱，知止不殆，才可以长久。

老子讲无为，所以无不为，讲平和，讲依道而行，长久地存在，讲不用"甚"地争，也可以达到想要的目的。

名、身、货、得、亡，孰亲？孰多？孰病？

大费的行，厚亡的果，不是老子的主张。

# 第四十五章　大成若缺，其用不弊

大成若缺，其用不弊①。

大盈若冲，其用不穷②。

大直若屈，大巧若拙，大辩若讷③。

静胜躁④，寒胜热。清静为天下正⑤。

**注释：**

①大成若缺，其用不弊：成，成功。缺，缺少，不足。不，没有。弊，弊端。

②大盈若冲，其用不穷：盈，充满、富裕、有余，充足。穷，穷尽、竭尽。

③大直若屈，大巧若拙，大辩若讷：直，不斜，正直。屈，弯曲、屈服。巧，技巧、灵巧。拙，笨拙。辩，辩论、言辞动听。讷，语言迟钝。

④静胜躁：静，安静、宁静。胜，胜过。躁，急躁、暴躁。

⑤清静为天下正：正，不偏、不斜、公正。

**语义直译：**最大的成功就像缺少一样，它的用处没有弊端。最大的富裕，就像总需要继续充，用起来没完。最大的正直，就像弯曲屈服。最大的技巧，就像笨拙。最大的辩论，就像不善言辞。安静胜过暴躁，寒冷胜过炎热。清静是天下最公正的。

**悟道万象**

老子的论述，如滔滔江海，汹涌澎湃，激荡人心。又如涓涓细流，直入人心，沁人心脾。

在论述的过程中，他就像一个善解人意的老人，对你思想上一丝一毫的波澜都会洞察。

本章，就是老子在讲述名、身、货、得、亡，亲、多、甚、大费、厚亡的过程中，敏锐地察觉到了听者的心理变化：不争，我从哪里得来想要的？不争，我从哪里得来我爱的？甚至有极端的人说，不在乎天长地久，我只在乎曾经拥有。

所以，老子再次地重复，详细地分解，什么是得？争，有得；不争，也能得，还能大得，要努力地向大得奋进，一旦"大"后，成效斐然。

大了之后，是什么样子。估计老子会笑着说，可不是你喝大了开车上路，路宽人少没警察的感觉。而是大成若缺，成功到什么程度，好像你见啥缺啥。这是什么样的成功？马云成功不？缺啥不？不缺吧，见啥搞啥，又是媒体，又是养猪，不缺搞那些干啥。华为成功不？缺啥不？见啥搞啥。马斯克成功不？缺啥不？见啥搞啥。这就是大成若缺，它的好处呢，就是没有弊端。成功地积累了人才、资金、经验等，向哪个方向发力，都会获得成功。

大成之后，是不是就充满了？不是，大盈，就像你充气总充不满似的。大海满不满，满了吗？是不是好像总缺水，脏水净水洗脚水，啥水都行。天空到处都是气，满不满？是不是总缺气，污气净气屁的气，啥气都收。但其用不穷，你咋用也用不完。20亿人呼吸，它没完，80亿人呼吸，它还没完，上那么多的工业用气，它还没有完。

"大直若屈，大巧若拙，大辩若讷。"同理，最大的正直，当下看像弯曲屈服了，但结果呢，过了这个弯曲，它又直直地向前奔去，就像树干，铁丝勒住它的腰身，它是不是斜着长了，绕过了铁丝，又开始直直地向上长去，只是剩下一段难看的树留在那个地方。最大的技巧也是，看起来笨手笨脚，没有一点技巧。比如练功，一点不知道技巧，就知道打沙袋、打铁疙瘩，可一旦大成，出手就要命。所以，死功夫、笨功夫练成后就是硬功夫。最大的辩才也是，就像笨嘴笨舌，你口吐莲花，他哼哼哈哈，你连说三天，他继续哼哼哈哈，还会和他说话不？你说你们的辩论谁赢了。

说到这里，老子可能已经看到你一脸的黑线。你也可能要气鼓鼓地想反驳。老子笑眯眯地按下你的火气，"静胜躁"，安静冷静，胜过急躁暴躁。静为躁君嘛，你看看，什么时候是急躁暴躁解决了问题，还不是安静下来，冷静下来，认真地思考、认真地分析之后，就有了解决问题的方法。

"寒胜热"，寒冷胜过炎热。寒冷的时候，你会把自己裹得严严实实，炎热的时候，你会把自己脱得一丝不挂。寒冷时，人们会放下怨恨，抱团取暖，一点点的温暖都会感激泣怜；天热时，人们相隔很远，胖一点，都会有人嫌你烦。所以，保持队伍抱团的方法之一，就是让所有人都感觉寒冷，领导一脸的寒霜，可以带给下属一定的团结。

这一脸的懵逼。

看着不知所措的你，老人家一抖衣衫，笑笑，清静为天下正。想做事，依道而行，心里要清明，心态要宁静，这才是天下正道，做事正道。

心清，心静，何以不正！

# 第四十六章　天下有道，却走马以粪

天下有道，却走马以粪①。天下无道，戎马生于郊②。

祸莫大于不知足③；咎莫大于欲得④。故知足之足，常足矣。

**注释：**

①天下有道，却走马以粪：走，跑。

②天下无道，戎马生于郊：马，战马。生，出现、生长。郊，郊外。

③祸莫大于不知足：祸，灾祸、危害。

④咎莫大于欲得：咎，灾祸、罪过。欲，想要。

**语义直译：** 天下按道运行，马却跑着拉粪。天下不按道运行，战马出现在郊外。

灾祸最大的，是不知足；罪过最大的，在于想得到。所以知知足的足，常常知足。

**悟道万象**

本章是上一章的延续。

上一章老子分解依道而行，"大"了以后的好处，以及"大"的一些不平常的表现。

本章老子给大家总结，"道"和"环境"的关系，以及如何处理这些关系。

和前文相似，老子用生活中常见的现象，为我们归纳道的存在和相关的关系。

天下有道，却走马以粪。这里的道，是社会各道和谐发展，大道规律规则良性运转。这个时候，走马以粪，马都用来干什么？跑起来拉粪。

马是什么，是重要的资产、交通工具，还寓意着人才。

老子说，社会正常发展，马拉粪，即便是人才也在干着一些低贱的活。

天下无道，戎马生于郊。天下秩序混乱，不按正常规律规矩规则运转，战马就会出现在郊外。

这里的战马，不是说经过选择的战马，而是只要是马，都会卷入战争，成为战争的一部分。

时势造英雄，沧海横流方显英雄本色。

没有时势，平静无波，即便是英雄，你也无用武之地。

但随后老子又进入到了拐弯模式。

有道，走马以粪；无道，戎马于郊。

这和祸、咎，以及知足有什么关系？

其中的逻辑关系如下：

一个人才能的发挥和所处环境有着极大的关系。在常态化的运行中，一般只需要满足正常运转的才能或技能即可，这个时候，具有特殊才能技能的人，就没有发挥能力的空间。所以，单纯从发挥个人能力，特别是特别能力的人的角度看，好未必是好事，乱未必是坏事，好显得能人平庸，乱显出能人不平庸。在好与坏、显能与平庸之间，就是选择。就是"为"，你有什么目的，为什么？看重整体平稳的局面，藏珠于怀；看重才能展示，无乱亦需有乱。

有乱，可以施展才能，但施展才能的同时，必然会有灾祸，至少会有危险。

毕竟，这世道人上有人，大忠大奸，大贤大恶，大能大治能，都是结伴出现的，良性运转，也不是偶然的良性运转，有它自己存在的力量源泉。要乱，就会有人治乱。

所以，祸莫大于不知足；咎莫大于欲得。最大的灾祸，没有比不知足更大；最大的罪过，没有比"想要"更大。

所以，知足之足，常足矣。知道"知足"的"足"是什么，你就常常"满足"了。

所以，知足知足，要知道你对什么"满足"？

不管是人还是某一事物，谁不想成长？谁还没有一点想法？

还要不要奋斗，还要不要进取？

总是处于知足的状态，躺平能躺赢？

所以，老人家已经妥妥地给你准备好了，下回给你分解。

# 第四十七章　不出户，知天下

不出户，知天下①；不窥牖，见天道②。其出弥远，其知弥少③。

是以圣人不行而知，不见而明，不为而成④。

**注释：**

①不出户，知天下：户，门。知，知道。

②不窥牖，见天道：窥，从小孔或缝隙里看、观察。牖，窗户。

③其出弥远，其知弥少：出，出去。弥，满、更加、越。知，知道。

④不见而明，不为而成：见，看见。明，明白。为（wèi），表目的。成，成功。

**语义直译：**不出门，知道天下大势。不从窗户看外面，就知道天道的运行。走出去得越远，知道得越少。

所以圣人不用在外行走就知道，不用看见事情就明白，不用为特定目的作为就能成功。

**悟道万象**

上一章已经说了，老子给你卖了一个关子，告诉你要知足，不知足会很麻烦。

但也成功地引起了我们的心理变化：我很知足了，躺平了，我身怀技能，还需要赢吗？不赢咋证明我成功，我成长。

对此，老子告诉我们，要向圣人一样，好好地悟道，学道。

从本章开始，老子会用几章来给我们讲讲如何寻道悟道。

老子说，不用出门，就知道天下大势。这里的天下，是广义和狭义两种，广义的指天下大势，不是某某人的某个具体事，比如国际大事、国内大事、大的经济形势、战争局势等等。狭义的天下，指的是你所要作为的事情的全局，至于具体的事情，不是老子说的不出门就知道，有人掐指一算就知道的，那是玄学，本人不懂，也不敢瞎说。

不用从窗户往外看，就知道天道运转，白天黑天，阴天晴天。这里的窗户，更像一种比喻，是指你要了解的事物的窗户，透漏出的信息。

"其出弥远，其知弥少"。走出去得越远，知得越少。

对吗？

"是以圣人不行而知，不见而明，不为而成"。所以圣人不用外出行走就知道事物发展的趋势，不用亲眼看见就能明了事物的发展，不用为了特定的目的做事就能成功。

为什么？

这里的疑问，老子一个都没有告诉你，要靠你去悟。

我们不妨细细地分解一下。

我们对事物的认知，有两条线：一条从实践中归纳总结理论，另一条从理论指导应用到实践。

出户和知天下，窥牖和见天道，就是认识事物的方法途径和结果之间的关系，一个是主观能动，一个是客观存在，一个是实践，一个是理论。

不出户，知天下，不是没有缘由的知天下，出生婴儿是没法知天下的。知天下，是长时间关注的结果，关注的方式，不一定只有出户，出户只是认识事物、获得信息的途径之一，飞鸽传书是，洞中聚会沙龙是，特别是现在，网络获知也是。不窥牖，见天道，一样。

"其出弥远，其知弥少"。这是老子的特别提醒，要知天道，老子教给我们的方法是"常无欲以观其妙，常有欲以观其徼""致虚极，守静笃"，不带个人观点，认真观察，仔细琢磨。而弥远的出，老子是提醒大家，你的作为是寻道寻找规律的"出"，不是为了"出"而出，如果忘了初心，为了"出"而出，那么就走得越远，获得的规律越少。

比如游泳，你的初心是学会游泳，你的"不出户，知天下"，就是不出户就知道泳池里咋游，湖里咋游，海里咋游，咋游得好。但在学游泳的实践过程中，教练肯定会教你手怎么动、脚怎么动，你要忘了学游泳的初心，只关注手或者脚的某一环节，你越关注，离学会就越远。

所以，你要寻道，从实践角度，要掌握的是整体之下的实践环节，你可以解剖麻雀了解事物，但不能整天就是解剖麻雀，你可以解牛悟道当庖丁，但不能整天只是切肉当屠夫。没有实践到理论的升华，其出弥远，其知弥少，离"知天下"就越来越远。

这就是为什么圣人不出门就知道，不亲眼看就明白，不用特定目的去做就可以成功。

完成了从实践到理论的升华，遇到相似相近的理论，还需要出户窥牖实践吗？即便不相似，也会从中去借鉴，去探索。因为，道的探索规律可是相同的。打篮球变强的规律和踢足球变强的规律有不同，但也有很多的相同可供借鉴。

不用晕晕乎乎，下一章老子老人家就会告诉你，到了终极的道，悟到了道的总规律，那都不是事。

# 第四十八章　为学日益，为道日损

为学日益，为道日损①。损之又损，以至于无为②。

无为而无不为。取天下常以无事③，及其有事，不足以取天下。

**注释：**

①为学日益，为道日损：为（wéi），做，为了。学，学习。日，每天。益，增加。损，减少。

②以至于无为：为（wéi），表目的。

③取天下常以无事：取，获取。事，事情、从事、做、奉事、为……服务。

**语义直译：** 做学问每天都会增加，悟道每天都会减少。减少了再减少，以至于没有了目标可供参悟。

没有特定目的就没有不可以做的。获取天下常常因为没什么可以奉事的，等到有可以奉事的，不足以获取天下。

**悟道万象**

上一章，老子给大家分解要悟道，要参悟终极大道。

可终极大道怎么参悟，什么是终极大道？

老子本章就用最简洁的话，告诉你大道如何参悟，会是什么结果。

为学日益，为道日损。努力学习，每天都会增加一点，日积月累会越来越多，但悟道则不然，每天在减少。

损之又损，以至于无为。越来越少，越来越少，最后就没什么可以参悟，没有什么具体目标了。

悟道不需要学习吗？越悟越少？不应该越悟越多吗？

这里，我们区分的是，学习和悟道的根本区别。

学习，是扩大认知范围：悟道，是寻找事物发展的规律。

学得越多，了解得越多，越有助于寻找事物的规律。

而规律，就像人体的骨骼、经脉、血管，就那么多，今天探索一个，明天探索一个，可探索的对象会越来越少。

一个公理定理，比如勾股定理，"道"就那么一条，但由此衍生的、可供学习、研究的，会无穷无尽。不管是实践的学习，还是理论的学习，你会发现越学越多，但归根结底，就那么一两条。

学得越多，越利于探索大道。

比如盖房子，若知识结构仅限于砖瓦和木头，你可能仅仅做个木匠和泥瓦匠，就仅限于盖一栋三层楼五层楼的房子，再高不确定楼会不会塌掉。

但你学习了力学的结构、卯榫结构、材料科学，就有可能盖起摩天大厦，你由此悟到的建筑美学、建筑之道，以及相应的建设管理之道，也和盖三五层楼的包工队不同。所以尽管同为建筑之道，但小道和大道迥然不同。

管理也是。管三五个人，是一种管法，管100人是一种管法，管1万人又是一种管法，管10亿人当然又是另一种管法，同样是管人，小道和大道迥然不同。

所以，三千大道，每一条道可供学习的东西都非常多，都需要通过不断地学习探索，为学日益，参悟更大更深的道。

如前文所说，世间大道其实就那么多。我们不妨换个角度看看世间可供参悟的大道都有哪些。

先说两条大道，自然科学和社会科学。这两条都是探索世界、认识世界规律的大道，尽管在研究中可以相互借鉴一些方法、一些理念、一些词语，但根本的方式方法截然不同。你不可能用数学定理去说清楚文字发展、语言变迁，你也不可能用纯文字说清楚化学方程式、光的折射。一个成语、一段诗词，该描述的都会精确描述；一个公式，一个算式，该呈现的结果完全呈现。

自然科学中，我们现在所知的，归集到根源的，数理化生、计算机信息科学等，还有哪些？计算机信息科学尽管运用了很多的数学科学，但毕竟是另外一种逻辑和方法。我们所有遇到的问题，需要解决的其实最终也就这么几种方法。这几种方法所蕴含的道中，所学越深道行越高，中学高于小学、大学高于中学、硕博高于本科，院士就是道行最高那批人。当然，这批人中也分高低。道行越高，越能解决大问题，解决根本性的大问题。钱学森抵得上五个师，一个水利专家如大禹，如郑国，如李冰父子，移山填海又要造福多少代，多少生民。

社会科学中，我们现在所知的，归集根源的，语文、历史、地理、宗教、心理学、书法绘画音乐文艺文化等，原来的六艺《诗》《书》《礼》《乐》《易》《春秋》，就基本包含了根源性的，基本涵盖了我们日常能接触的大部分，学得多的、练得好的比我们一般人道行要高，成名成家的比练得好的更好，也即所谓道行更高。

这是大分，细分也是。

以管理为道，管理中道的基本标志是职位，是官衔。依大道而言，村长、乡长、县长、市长、省长，在管理上水平逐级提高，需要不断学习越学越好才能不断打怪升级。

以赚钱为道，具体到开饭馆，路边摊、固定店面、大酒店、连锁酒店、国际连锁，赚法相似但需要的能力和道行也是逐级提高，在提高的过程中越学越多、越悟越深，道行不断精深。

以构建关系为道，缔结各种关系，三两人的关系、普通人的关系、中层人脉的关系、高层人脉的关系、国际高层人脉的关系，也是道行不断学习提升的过程。

"为学日益"，要学习，每天增加一点。正所谓，满朝朱紫贵，尽是读书人。走到巅峰道行精深的人，没有不善于学习、精于学习的人，有人抱着书本学，有人跟着实践学，有人只看见抱着书本学的人，根本不看在实践中学习的人。只看见刘关张卖履贩枣屠夫，不看关公夜读春秋张飞笔墨。

"为道日损"，世间万物，归集起来，就那么几条，一通百通，一个道悟了，上了一个台阶其他也看明白了。所以，三千大道悟到最后，就越来越少，直至于天地。就像老子说，天大、地大、道大、人亦大，人居其一。天地道人，就四条道，四条归集，就道和德的事，再归集，就有无的事，再往上，玄而又玄，不知该琢磨啥。所以，"损之又损，以至于无为"，不知道琢磨啥。

不知道琢磨啥，啥不可以琢磨，"无为而无不为"。

所以老子最后才说，你悟了道以后，"取天下常以无事"，获取天下常常就没啥事，没啥难事，你知道他的规律是这样的，就按规律这样走了，水到渠成，能有啥事？

"及其有事，不足以取天下"。等到有事了，解决不了了，说明道行还没达到，悟道还没有达到那个高度，所以还不足于获取天下。

现实中，道行不足，能力水平不足以胜任的人，如果德性品德好，人好心好，大家会帮助支持他，也能够很好地达成目的；能力不足，如果德性品德不足，所谓的德不配位，必有殃灾，总会出现问题，比如那位过分打扮的发言人、突发情况下的某些官员。

现实中还有一种情况，降维打击。这就是高道行的向下发力，他悟到了上一层的规律，不在上层争夺，却向下争夺，比如某云抢起了菜篮子，某某想动粮袋子，这是典型的悖道而行，民怨沸腾。既然上了台阶，不安生地在你的台阶上玩，乱踩踏，有违天道，当然会被执天之道的收拾。

现实中还有一种情况，跨界。跨界的事，属于悟了一条道，想要在其他道上也去施展。这就有了一定的风险，毕竟道不同不相与谋，所谋不同。但也要看悟道的层级，高一层的道行向下一层级的另外一种道施展，有可能成功，也有可能不成功。比如数学博士到计算机的某一专业，他可以施展，但未必一定胜过计算机专业的本科、硕士，要胜过还需要把学到的数学规律用于计算机专业并再提高。比如做淘宝的去造车，界跨得太大，扯了蛋的居多。而微信为什么跨界抢了银行的支付而成功，因为他悟到了人们需要破除交流的障碍，此时的支付，只是交流的一种方式，比如红包。在银行的支付，是道；在微信的支付，是交流，属于高一层级的道，而支付属于低一级的道。华为的造车，造的不是车，而是行走的信息化载具、平台，而随着时代的发展，信息化已经是大道，华为只是行走在大道上，传统的车企，已经沦落为低一层级的小道。

悟道很不易，跨界需谨慎。

# 第四十九章　圣人常无心，以百姓心为心

圣人常无心①，以百姓之心为心。

善者，吾善之②；不善者，吾亦善之；德善。

信者，吾信之③；不信者，吾亦信之；德信。

圣人在天下，歙歙焉④，为天下浑其心⑤，百姓皆注其耳目，圣人皆孩之⑥。

**注释：**

①圣人常无心：常，通常、平常。心，本心、私心、心思、想法。

②善者，吾善之：第一个善，好的。第二个善，善待。

③信者，吾信之：第一个信，语言真实、讲信用、实在。第二个信，相信。

④圣人在天下，歙歙焉：歙歙，吸气。

⑤为天下浑其心：浑，浑浊。

⑥百姓皆注其耳目，圣人皆孩之：注，精神力量集中、看、注视。孩，意动用法，以……为孩。

**语义直译：** 圣人通常没有自己的心思想法，以百姓的心思想法为想法。好的，我善待他；不好的，我也善待他。德性品德的属性善良。实在的，我相信他；不实在的，我也相信他。德性品德的属性实在。

圣人立在天下，一呼一吸，为了天下浑浊他的心思，百姓们都注视着他耳朵和眼睛，圣人都像对待孩子一样对待这些。

**悟道万象**

上一章，老子对悟道做了根源性的剖析。和通常的摆事实讲道理一样，老子列举了标杆，看看圣人是怎么做的。

老子说，圣人通常没有自己的心思，没有自己的想法，他的想法就是"想人之所想，急人之所急"，把百姓想的事情办好、做好。

这一点，我们的党、我们的革命先辈是楷模，华西村吴仁宝、南街村也是。

老子洞悉人性，大千世界，各种心思的人都有，你有好的想法，赞同你的人

153

有，认为你沽名钓誉的人也有，对你真诚的人，对你不真诚甚至恶意的人也有。对待这些，老子说"善者，吾善之；不善者，吾亦善之；德善"。好的呢，我善待他；不好的呢，我也善待他。因为我的德性品德善良。"信者，吾信之；不信者，吾亦信之；德信。"对我实在的人，我相信他；对我不实在的人，我也信他。因为我的德性品德实在。

"心善渊""大盈若冲"，善待一切，什么都容得下。

你看，"圣人在天下，歙歙焉"，一呼一吸间，因为百姓的事，把本来清净的心放下，浑浊了自己的心。而百姓呢，都看着他的耳朵、眼睛。圣人的耳朵和眼睛能有啥呢？是看圣人在听什么、在看什么，德性品德好的，跟着圣人学习，德性品德一般的，琢磨圣人关注啥，表现给圣人看的，都是圣人想听到想看到的，德性品德更不好的，可能会弄虚作假颠倒黑白。"圣人皆孩之"。对于这些，圣人哪能不知道，都当做孩子的行为一样看待。

高水平的人，门清。

你两句话，他就知道你的水平；你一个动作，他就知道你的人品；你一个眼神，他就知道你想什么。朱熹、张载、王阳明、曾国藩不都是，他们不也被当时同朝为官的很多人诋毁、算计。

人民的眼睛是雪亮的，圣人的眼睛是贼亮的。

小孩子的把戏，看破不说破，德善，而已。

# 第五十章　出生入死

出生入死①。生之徒②，十有三；死之徒，十有三；人之生，动之于死地③，亦十有三。

夫何故？以其生生之厚④。盖闻善摄生者，陆行不遇兕虎，入军不被甲兵⑤；兕无所投其角，虎无所措其爪，兵无所容其刃⑥。夫何故？以其无死地⑦。

**注释：**

①出生入死：生，生存。死，死亡。

②生之徒：徒，通"途"，途径。

③动之于死地：动，运动、变动。

④以其生生之厚：厚，深、忠厚、厚道。

⑤盖闻善摄生者，陆行不遇兕虎，入军不被甲兵：闻，听说。摄，掌管、掌握。兕，犀牛。虎，老虎。入，进入，加入。军，军队。被，通"披"，穿。甲，盔甲。兵，兵器。

⑥兕无所投其角，虎无所措其爪，兵无所容其刃：投，投入。容，容纳、包含。刃，刀刃。

⑦以其无死地：死，致死。

**语义直译：** 从出生到死亡。生存的途径，十条里有三条；死亡的途径，十条里有三条。人的生存，运动在死亡之地，也十条里有三条。

为什么？因为它生存的本领深厚。听说善于掌握生存之道的人，路上行走不会遇到犀牛猛虎，加入军队不穿盔甲拿兵器；犀牛没有地方用它的角，老虎没地方用它的爪，兵器没地方容纳它的刀刃。为什么？因为他没有导致死亡的地方。

**悟道万象**

本章也有不同版本流传。"夫何故？以其生之厚。盖闻善摄生者，路行不遇兕虎，入军不被甲兵；兕无所投其角，虎无所用其爪，兵无所容其刃。夫何故？以其无死地。"个人认为原文值得商榷。一是多出一个"生"字，从后文的语言规整看，属于多字。路和陆是通假字，路行显然比陆行更合理。"用"和"措"，结合全句"虎无所用其爪"，用字更合理。解读按照对古文更合理的理解予以解读。

上一章，老子以圣人为榜样，给我们分解圣人的心和善，道和德的关系，以及圣人对待好与不好的态度。好，我善待，不好，我也善待。

那么，这里就隐藏了一个问题：好，我善之，当然不存在问题；对我不好，我也善之，我善他不善，我不是找死吗？他都快把我整死了，我还当什么圣人。

面对这样的问题，老子给我们再做剖析，讲解怎么脱离死地，怎么摆脱困难。

在分解这一章的时候，我们首先需要明了两个关键。一个是本章的前提：是不善者造成的不利局面，所以有生死。一个是关键字的不同解读：徒。"徒"这个字，共有徒步、步行；同一类人；通"途"，途径等好几个意思。在本章中，有两个意思均可以帮助理解：一个是同一类人，一个是途径。

按照同一类人的意思理解，是指在应对不善的局面的时候，有的人善于应对，活下来了；有的人不善应对，死掉了；有的人死里求生，活过来了。

按照途径来理解，是指善于应对的人能够摆脱困境，找到合适的方法。

我们更趋向于按途径理解。因为，老子的讲述，本就针对"道"，途径更符合"道"的本意。

"出生入死"。这句话，根据词组的不同，也有两个方向可供理解：第一种是"出生""入死"；第二种是"出""生""入""死"。通常的解读都会以第一种为主要理解，指的是从出生到死亡。个人更倾向于按第二种，一是因为古文常常本就单字表意，一般不像现在的用词组表意，二是用单字的理解，可能更符合本章所讲的内容。

刚才说了，本章的前提是不善者造成的不利局面，有生死，如何摆脱。

所以，出生入死是本章的客观条件：离开生存的地方，进入到死亡的境地。

当事物的发展，因为自己尚不可控的原因，脱离了正常的轨道，向危险的局面和境地发展，这样的局面下，如何脱困？

老子说，"生之徒，十有三；死之徒，十有三；人之生，动之于死地，亦十有三"。先按徒的第一种意思，同一类人理解。在面对危险不利局面的时候，能生存下来的，十个里面有三个；死了的，十个里面有三个；在死地里挣扎的，也是十个里有三个。这符合我们可以理解的客观存在。所以，本人并没有否认这一合理的解读。

按第二种途径的意思。面对困境，生存下来的途径或者希望，十分之三；死掉的途径或结局，十分之三；在死亡境地运动挣扎的，也是十分之三。这也符合客观存在。

"夫何故？"为什么？"以其生生之厚"。因为他生存的本领深厚。

深厚在哪里？老子这样描述善于摆脱困境的人，"善摄生者，陆行不遇兕虎，入军不被甲兵"；善于把握生存机会的人，行路不会遇到犀牛、老虎等凶猛野兽，在军队里不用穿盔戴甲。

老子包含了两种情况：第一种是不会遇到危险，不进入死亡境地。第二种是遇到了危险，进入了死亡境地。

老子讲课经常点到为止，然后进入下一段话题或者结论。本句就又是一个，属于第一种情况，不遇兕虎不入军。为什么路行不遇兕虎，入军不被甲兵，因为他知道兕虎的出没规律，所以路行不遇；入军位于谋划位置，自然不需要穿盔戴甲，羽扇纶巾足矣。

这里，指的是善摄生者。那不善的呢？自然是归结到了另外的十分之三了。

第二种情况，遭遇战，遇到了紧急情况。局面是：兕无所投其角，虎无所用其爪，兵无所容其刃。犀牛没地方用它的角，老虎没地方用它的爪，兵器没法用它的刀刃。很神奇吧，很神妙吧！那么问题又来了，犀牛、老虎、兵器为什么没有了用武之地？用中国传统武术的专业用语：闪展腾挪。用老子的办法"挫其锐，解其纷，和其光，同其尘"。关于和光同尘，前文已经做了专门的讲解，不妨回看，这里主要讲解闪展腾挪。

在老子以及中国文化的武道之中，一直不是很赞赏硬碰硬的蛮力应对，这一点是基因里的。所以，不管是哪种拳法，都有很多借力、卸力、四两拨千斤的手段，也有很多相应的如凌波微步的步法。集团作战更是有很多的阵法。

这样的应对和使用方法，在中西方具体的个人以及团队作战中会有什么明显的不同呢？

以典型的拳击和太极为例。这是两种最典型的运动形式和思维方式。

从个人的不同境界来说，初等的太极拳选手和初等的拳击选手，太极拳手完败，没有"基本"的定语。为什么？因为两者的训练目的是完全不同的，初级太极选手练的是身法步，套路；初等拳击练的是力量、击打和抗击打。这样训练的太极初级选手，不被练死才怪。中级的，这就很难说。为什么？对拳击来说，不管什么基础，经过两三年的训练，已经具备较强的作战能力；而对太极来说，两三年是什么状态？太极拳的实战，是要经过推手环节的，练过太极推手，才能说怎么应战、借力、卸力、用力。你看看现在办武馆的，像很讲武德五连鞭的马老师，他练过推手没有，没练过推手就和拳击的中级以上战斗，那摆明了是找抽。这一点，你看练过太极的武者和武打明星，没有一个敢说太极没用的，他们知道应用。那高级的对阵呢，太难见到了。一般拳击手练个三五年、七八年，已经实力不弱了，可太极选手呢，这个时间段可能才够升级。如果是同时起步，按照达到相同级别再比赛，两者可能就要比老年生活的幸福指数了。

那这两种还有可比性吗？有。青壮年，比力气；中老年，比气血。中国传统武道文化本就不只讲武，更讲德。实战中的太极，推广很少，体操居多。要找，可能需要去找对的群体和人，比如部队。

而作为中西方两种思维的太极和拳击来说，中国人从来不推崇硬对硬，化解、智取、不战而屈人之兵，从来是上策，亮剑、狭路相逢勇者胜，都是不得已，但凡有一点机会，都不会硬碰硬，硬碰硬也是巧硬碰死硬。

所以，老子说"夫何故？以其无死地"。为什么？因为他没有可导致死亡的地方。闪展腾挪，智在前，李逵式的哪里知道闪展腾挪，你看放翻李逵的，浪子燕青等，哪一个不是闪展腾挪高手。

闪展腾挪水平不够的，就挣扎在运动之中。这就是动之于死地的三分之一。

"挫其锐，解其纷，和其光，同其尘"，老子是这么说的。按老子的大道，都能和光同尘，还有什么死地？你的就是我的，我的还是我的。

# 第五十一章　道生之，德畜之

道生之，德畜之，物形之，势成之①。

是以万物莫不尊道而贵德。

道之尊，德之贵，夫莫之命而常自然②。

故道生之，德畜之；长之育之；成之熟之；养之覆之③。生而不有，为而不恃，长而不宰④。是谓玄德⑤。

**注释：**

①道生之，德畜之，物形之，势成之：生，产生。之，代词，它。畜，蓄养。物，物品。形，表现、表露。势，势力、势头、形势。成，成就。

②夫莫之命而常自然：命，命名。

③长之育之；成之熟之；养之覆之：长，成长。育，培育、养育。熟，成熟。养，培养。覆，遮盖、掩盖。

④生而不有，为而不恃，长而不宰：有，占据，占有。恃，依仗、依靠。长，长大。宰，宰杀、割取。

⑤是谓玄德：玄，深奥、玄妙。

**语义直译：**道产生它，德蓄养它，物品表现它，形势成就它。所以万物没有不遵从道的规律而且珍惜德性品德的。

道的遵从，德的珍惜，那没办法命名，通常也很自然。

所以道产生它，德蓄养它；成长它养育它，成就它成熟它；养育它掩盖它。让它生存而不占有，为了它而不依靠它，成长它而不宰割它。这就是深奥玄妙的德性品德。

**悟道万象**

上一章中，老子讲到圣人高水平的人没有死地，没有死地是因为有"道"，那么问题来了，讲了那么多又回到了原点，回到了"道"。当然需要回到道，围绕核心观点，摆事实讲道理，需要不断地深化核心观点，论点是需要不断通过不同的分论点论据论证的。在文字方面，有的是"成之熟之"，有的是"亭之熟之"，但亭的解释为"养成"。

本章在论述道的同时，将道和德之间的关系再次进行了阐述。告诉大家如何看待玄德，做到玄德，或者具体地说，上面提到的圣人无死地的实力是如何形成的。

老子说，这种力量，是道产生的，德性蓄养的，通过具体的事物表现出来的，因时事而成就的。就像一项常见的技能，比如唱歌。唱歌的能力是"歌"这一行道的"道的规律"决定的，道生之，生物本质的嗓音条件好，好听，有韵味，符合好声音的规律。德蓄之，用良好的品德蓄养它，比如坚持练习、不吃辛辣，等等。物形之，要通过具体的事物来描述它表现它，比如青歌赛，比如星光大道、好声音等，要通过这样的形式来具体表现，你达到了什么程度，就是什么程度。势成之，要依据时事形势来成就。比如，原来都是铿锵的革命歌曲，突然来了清纯的校园歌曲，比如突然刮起了西北风、摇滚风。所以一把火就突然火了，火完就完了；狼突然就爱上羊了，爱完就完了；比如李宇春就突然火了……

再比如练武。练武需要遵从武者的道，力量、柔韧、爆发力等，都是武道的规律的要求，自然条件是依据武道的规律而判定的。德畜之，好的自然条件，也需要用好的德性品德来蓄养，不光坚持，还有善恶，比如郭靖和杨康，德性不同。物形之，需要通过具体的事物来描述评价你在哪个阶段和层次，比如武林大会，华山论剑，等等。"势成之"，沧海横流方显英雄本色，大争之世，风云际会，强者更易有成就。

老子说，"是以万物莫不尊道而贵德"，万物没有不遵从道的规律，不珍惜珍贵德的养成。而这种遵从和珍贵珍惜，你还没有办法命名它，给它叫个啥。而且呢，常常保持着对它的天然的、天生的、原生态的遵从和珍贵珍惜喜爱。夫莫之命而常自然。

所以老子说，道产生它，德性蓄养它，你养育它，让它成长、长大、成熟，并遮蔽它掩盖它。这里的掩盖遮蔽，是指根据时事时势，根据你的需要，要不要显露出来，是蓄势待发，还是引而不发，还是自己甘愿不发。

但不管怎样，老子说了，对这样的特性，你让它生存但不占有它，为了它而不依靠它，成长它而不宰割它。这就是深奥玄妙的德性品德。

比如踢足球，你特别喜欢足球，就会一直保持喜欢的特性，并且坚持、爱护你的特性，你为了它可以做很多很多别人不理解的事，你也不依靠它要成就你什么，就是单纯的喜欢，越来越喜欢，热情从来不减，你说这是什么神奇玄妙的特性德性。用我们现在的话语，应该叫爱、恒久的爱。

爱物是这样，喜欢一个人何尝不是这样。

# 第五十二章　天下有始，以为天下母

天下有始，以为天下母①。既得其母，以知其子，复守其母，没身不殆②。

塞其兑，闭其门，终身不勤③。开其兑，济其事，终身不救④。见小曰明，守柔曰强⑤。用其光，复归其明，无遗身殃⑥；是为袭常⑦。

**注释：**

①天下有始，以为天下母：始，开始。母，母亲、母系、根源。

②既得其母，以知其子，复守其母，没身不殆：子，儿子。复，回复、回来、回去。守，守住。没，没了、消失。殆，危险。

③塞其兑，闭其门，终身不勤：塞，堵塞。兑，通行、洞穴。闭，关闭。门，门户。终，终了。勤，辛劳、辛苦、努力、穷尽、枯竭。

④开其兑，济其事，终身不救：开，打开。济，过河、渡，成，帮助、接济。救，止、阻止、挽救、拯救、帮助。

⑤见小曰明，守柔曰强：见，看见。小，微小。明，明了。守，守住。柔，柔弱。强，强大。

⑥用其光，复归其明，无遗身殃：用，使用。光，光亮。归，回归。无，没有。遗，遗失、抛弃、遗留、给予、赠送。殃，灾祸、祸害。

⑦是为袭常：袭，因循、沿袭。常，平常、通常。

**语义直译：** 天下有了开始，此为天下的母亲母系根源。既然有了根源，就可以知道她的孩子，再返回守住它的母亲，临死都不会有危险。

堵塞它存在的洞穴，关闭它的门户，终身不枯竭。打开它的洞穴，帮助它成事，终身不阻止。看见微小的事物，叫作明了，守住柔弱叫作坚强。用它的光，又回归它的光，不会留下身体的灾殃，这就是沿袭常态。

## 悟道万象

上一章，老子给大家详尽剖析了玄德，什么是玄德？我们执着追求的源动力到底在哪里？

按照老子"致虚极，守静笃"的一贯思维，对于玄德，也是要追根溯源的，从根本上、本质上探究玄德这种神奇的、奥妙的品德如何养成、如何形成。

本章，老子就给大家继续探究"德"的本源。

和前面出现的习惯性手法一样，老子在讲解的过程中也会时不时地跳跃一下，需要我们对其中省略的部分进行还原。

老子说，"天下有始，以为天下母"。这里的"以为天下母"，省略了"之""以之为天下母"。万事万物，只要有了开始，就有了本源，就有了初心，要以这为事物的母亲、本源。既得其母，以知其子。这里的"子"，指的是事物产生后的发展状态，既然知道了事物的本源，就能够探知事物发展的状态、当前的状态，"复守其母"，在回顾初心，比照本源，看看有没有守住初心，发展的状态是否和原来设定的初心、想法发生变化，甚至背离。如果偏离了，就需要调整；如果背离了，那就违背了初心，发展状态可能会存在问题。没身不殆，可以从两个方面理解，第一种，作为"道"，一种规律，"既得其母，以知其子，复守其母"，即便事物都快要结束了，"没身"了，也不会出现"殆"，出现危险，顺利达成目标。第二种，得其子，知其子，复守其母，比对关照，调整、改变，即便你快要死了，也不会有危险，事情也不会有危险。需要几代人共同努力达成目标的事情，似乎更适合第二种情况。

下面这一段，又是一个比较难理解的章节。难在关于"勤"和"救"的语义上。勤的含义有辛劳、辛苦、努力、穷尽、枯竭。救的含义有止、阻止、挽救、拯救、帮助。不同的含义，均可以说得通。而且，上一句的"知母守子复守母"规律，和下一句又没有了直接紧密的联系。

我们先破解其中的逻辑关系。"知母守子复守母"，是道，是论点，下文的塞、闭、开、济、勤、救等是方法，明、强、袭常是结果。

"塞其兑，闭其门，终身不勤。"兑，洞穴，这里是漏洞的意思。门，这里是门户，比漏洞大，其他通道、道路的意思。第一种解读，堵塞它的漏洞，关闭它的门户，终身不辛苦。第二种解读，堵塞它的漏洞，关闭它的门户，终身不能枯竭。

为什么说两种都可以说得通呢？第一种解读，让事物的发展在一个封闭的系统运行，堵塞漏洞，关闭其他通道，在事物的发展过程中从始至终只是静观，不辛苦地照应。第二种解读，事物的发展，不是封闭的系统，现实中也不可能会是一个封闭的独立运行的系统，堵塞漏洞，关闭其他可能出现的道路、通道、思路，守住初心，终身不变，坚持坚韧坚守。个人认为第二种解读更能符合老子的道的含义。

"开其兑，济其事，终身不救。"因为救的含义有止、阻止、挽救、拯救、帮助。所以，也是有两种解读，因为上下文的关系，需要和"勤"相吻合。第一种解读，打开它漏洞的孔，帮助它成事，终身不帮助，让它自己封闭运行。第二种，打开它漏洞的孔，帮助它成事，终身不停止阻止。第二种的含义似乎也更符合老子的本意。

综合一下整体的含义：在事物的发展中，堵塞漏洞，塞其兑，关闭其他的道路思路，闭其门，坚守初心，终身不勤，终身不变。开其兑，打开漏洞，反者道之动也，弱者道之用也，合理判断漏洞，利用漏洞，济其事，帮助它成就事业，终身不救，终身不停止。

这是不是更符合老子可以应对任何事物发生的圣人水平？

比如现实中，任正非发展华为就充满了这样的"道"。坚守一个初心、一个方向，集中火力猛攻一个缺口。我们不妨通过华为官网的信息看一看。华为的愿景与使命是把数字世界带入每个人、每个家庭、每个组织，构建万物互联的智能世界：让无处不在的联接，成为人人平等的权利，成为智能世界的前提和基础；为世界提供多样性算力，让云无处不在，让智能无所不及；所有的行业和组织，因强大的数字平台而变得敏捷、高效、生机勃勃；通过AI重新定义体验，让消费者在家居、出行、办公、影音娱乐、运动健康等全场景获得极致的个性化智慧体验。

时刻铭记质量是华为生存的基石，是客户选择华为的理由。我们把客户的要求与期望准确传递到华为整个价值链，共同构建质量；我们尊重规则流程，一次把事情做对；我们发挥全球员工潜能，持续改进；我们与客户一起平衡机会与风险，快速响应客户需求，实现可持续发展。华为承诺向客户提供高质量的产品、服务和解决方案，持续不断让客户体验到我们致力于为每个客户创造价值。

所以我们也就能理解到华为的传说。时机未到，"华为不造手机""华为不造车"，塞其兑、闭其门。时机成熟了，又开其兑、济其事，终身不勤、不救，坚持不变、坚持不息。

对比很多公司，既在初心上没有明确目标，在发展过程中往往也不坚守，哪有钱就去哪，比如房地产，比如游戏电竞，不管适合不适合，结果一遇风浪就死掉。

对于这样的现象，老子说"见小曰明，守柔曰强"。这里的"小"，不只是大小，而是微小的变化，小事中蕴含的不一样的信息。所以，能够发现事物发展中的微小变化和蕴含意义，就是明白明了澄明。这里的"柔"也不仅仅是柔和，而是一些缓慢的、柔性的、温暖的因素。能够守住这些非快速的、缓慢变化的、促进和谐的、非生硬的东西，就是强大，因为坚持坚守并不是一件容易的事，是强大的人才能干成的事。

"用其光，复归其明，无遗身殃。"用它散发出的光芒，又回馈给其明亮，不给他的身体遗留坏处、灾殃。换一种说法，让初心散发光芒，让光芒照亮初心，初心和光芒，共同成长，没有一处存在漏洞和灾殃。这是不是很符合我们成功的客观现实。比如医生抱定初心治病救人，在长期的行医过程中坚守初心，矢志不移，他的医术可以发扬光大他的初心，他的初心可以引领他更好地让医术不断提高。钟南山如此，张桂梅如此，两弹一星的众多隐姓埋名的功臣更是如此。

所以，老子说"是为袭常"。这就是要坚持坚持再坚持，一直沿袭，成为常态。

整体梳理一遍，更方便我们理解：要想成就事业，就要先立定初心，以初心引领行动，在行动中堵塞漏洞，不偏离方向，不更改方向，善于从微小的事件中发现蕴含的力量，坚持前进，不追求速成，用成就照亮初心，再用初心继续引领成就，相互沿袭，成为常态。

沿袭大道，致成功！

# 第五十三章　使我介然有知，行于大道

使我介然有知①，行于大道，唯施是畏②。

大道甚夷，而人好径③。朝甚除，田甚芜，仓甚虚④；服文采，带利剑⑤，厌饮食，财货有余⑥；是为盗夸⑦。非道也哉！

**注释：**

①使我介然有知：使，命令、派遣、任用、支配、放纵，假使、假若。介，界限、间隔、居中、凭借、依靠。知，知道、知识。

②唯施是畏：唯，只有。施，施行，实行，行动。畏，害怕、恐惧。

③大道甚夷，而人好径：甚，shèn，过分、大、盛、真是、的确、很、非常；shén，同"什"；shèn，什么、为什么。夷，平。好，喜欢、喜好。径，小道，捷径。

④朝甚除，田甚芜，仓甚虚：朝，早晨、一天。除，台阶、清除、修治、修整。田，田地。芜，草长得多而乱、杂乱、田地荒废、繁杂。仓，仓库。虚，空虚。

⑤服文采，带利剑：服，衣服、服装。文，花纹，华美。采，彩色丝织品、彩色。带，携带、佩带。利，锋利。

⑥厌饮食，财货有余：厌，饱、满足，同餍。财货，钱财货物。余，丰足、多余、剩下。

⑦是为盗夸：盗，强盗、偷东西。夸，夸大、夸口、夸耀。

**语义直译：**让我知道这些界限，行走于大道，只是施行起来有点害怕。大道很平，而人们喜欢捷径。早晨还在修整，天地还很荒芜，仓库还很空虚；穿着华美的服装，佩带锋利的宝剑，满足好的饮食，显得财货有余；这是盗取名声夸耀。不是道啊！

**悟道万象**

上一章中，老子给我们分解了初心和行动之间相辅相成的互动关系，指出了大道成功的魅力和方法。

作为洞悉人性的圣人，老子很清楚，在指引人们行动的时候，不仅要给方向，还要破心魔。扶正，是破心魔；驱邪，也是破心魔。

本章中，老子就用非常常见的现象，举出了反面的例证，帮助人们去心魔，走大道。

本章中有两个较难理解的字：一个是开头的"使"，一个是第三个字"介"。没有相对准确地理解好这两个字，很容易在开头阶段让人迷糊。

先说"使"。使的含义有命令、派遣、任用、支配、放纵、假使、假若、让。我们可以看到，这些含义只有假使、假如还相对说得通，但似乎并不准确。所以，我们不妨理解，这里的使可以有两个方面的含义：第一个是让，让我处于某种状态。第二种，通假字，通"是"，联系两种事物，表明其中关系、表示存在。

"介"的含义有界限、间隔、居中、凭借、依靠。个人认为，用居中，处于之中的"介入"的含义更合理一些。

所以，"使我介然有知"这句话，较合理的解读就是让我处于事物之中，并且知道其中的各种关系，而后的"行于大道，唯施是畏"，也就很顺畅了。按照大道的规律实行执行，只是执行起来有点害怕。

这样的现象是不是很常见？

我们在做某件事的时候，比如前文提到的开个面馆，即便你已经明确了目标、明确了方向、明确了人财物的各种来源和关系，也很清楚各个方面就是要按照"面馆的道"的规律来进行，但还是有一种不知名的、无法命名的担心存在。这种担心，有的时候是害怕不可预见的困难，有的时候是可能的失败，总之有一种莫名的担心，影响你的决策和拍板。

"唯施是畏"，指的就是这种状态。

为什么会有这种现象和状态？

老子告诉我们，其实这是一种源自于心底的心魔，一种客观存在的、和大道始终共存的心魔。

这种心魔的表现就是"大道甚夷，而人好径"。行大道，平平坦坦，但人们都喜欢走捷径，喜欢走一些看起来比较快的所谓小道，抄小道。

反观现实，我们的生活中这种现象是不是大量、无处不在地存在，炒股的总想听消息，仕途的总想搭天线，行商的总想一锤子成富豪，考大学的总想一对一辅导完就成绩提高。

对这样的现象，老人家说"朝甚除"，早上开始用劲地除田，地里还都是荒草，"田甚芜"，仓库里还啥都没有，"仓甚虚"。但行为上怎么样了："服文采"，穿着华丽的衣服，"带利剑"，佩带着锋利的宝剑。"厌饮食"，满足于吃饱喝好，"财货有余"，一副已经财货有余，功成名就的样子。

对比一下现实，是不是这样的。一件事刚有一个开头，特别是好的开头，就产生了不合适的期望希望，俗话说的"一镢头挖个井"，刚干了没几天，就想要成效，就想见效果。这样的现象是不是大量存在，特别是在管理层面：不养鸡，光想要蛋；刚养鸡，就想鸡仔下蛋；还没厚积，就想要薄发，甚至不薄发，而是要卫星上天的喷发。

有的情况好一些，有了一个不错的开头，但还没坚持几天，人就变了，穿一身大牌，戴名贵珠宝，彰显身份。带利剑：在古代，佩带锋利的宝剑也是身份的象征，但老子讲的不仅仅是具象的"宝剑"，还有一种宝剑，就是"谁都瞧不上眼、我就能上天"的锋利言辞。我们不妨回观身旁：有多少这样的人，有一点成就，就鼻孔朝天；当一个小官，就对着下面人鼻子不是鼻子眼不是眼；赚俩儿小钱，就一副不可一世的模样；管一片区域，就我高高在上我为王的霸道。

"厌饮食，财货有余"。整天食不厌精，脍不厌细，好酒好吃高档会所，出则豪车，如则贵榻，哪哪都要体现出我有钱的模样。

对于这样的现象，老人家一针见血，是为盗夸。小伙子，这叫浮躁，"非道也哉！"不是大道！

这岂止不是大道，这是心魔，是已经开始背离大道的心魔！

心魔和大道相伴而生，这也是道，所以要"知母守子复观母"，不时地回观初心，有没有背离初心。

背离初心，悖道而行，面馆是开不好的。

# 第五十四章　善建者不拔

善建者不拔①，善抱者不脱②，子孙以祭祀不辍③。

修之于身④，其德乃真；修之于家，其德乃余⑤；修之于乡，其德乃长⑥；修之于邦，其德乃丰⑦；修之于天下，其德乃普⑧。

故以身观身⑨，以家观家，以乡观乡，以邦观邦，以天下观天下。吾何以知天下然哉？以此。

**注释：**

①善建者不拔：建，建设、设立、树立、建造。拔，拔起、拔出、突出、超出、动摇、改变，被动用法，被拔。

②善抱者不脱：抱，环抱。脱，脱落、脱去、脱离、离开，被动用法，被脱。

③子孙以祭祀不辍：辍，停止、废止。

④修之于身：修，修饰、修养、善、美好、学问品行方面的学习和锻炼、修行。身，自身。

⑤修之于家，其德乃余：余，丰足、多余。

⑥修之于乡，其德乃长：乡，乡里。长，长久。

⑦修之于邦，其德乃丰：邦，邦国。丰，茂密、茂盛、大、高。

⑧修之于天下，其德乃普：普，普遍、全面。

⑨故以身观身：观，观察，看。

**语义直译：** 善于建立建造的不会被拔出，善于环抱的不会被脱开，子孙们会祭祀不停止。

学问品行方面的学习和锻炼修行，作用到自身，是德性品德真实；作用到家庭，是德性品德丰足；作用到乡里，是德性品德长久；作用到邦国，是德性品德高大茂盛；作用到天下，是德性品德普遍。

所以，用自身观察自身，用家庭观察家庭，用乡里观察乡里，用邦国观察邦国，用天下观察天下。我怎么知道天下是什么样子的？因为这样的方法。

### 悟道万象

上一章中，老子用举反例的方式，给我们列举了在道的实施中存在的心魔和浮夸现象，指出这些都不是道。

要很好地依道而行，要不断地回望初心，反复"知母守子复观母"。那么，怎么实现回望，实现复观，有没有可供学习的对象模范。

本章，老子就以自身为例，告诉大家如何回望初心，如何复观。我们需要知道的是，老子本章主要说的是，你已经知道了道，如何培养与之相符的德。毕竟，初心是根本，回观需要不断地内省，内省属于德的范畴。

老子一开始，就将问题的高度拔到了长远的高度，从广度来说，要到天下；从深度来说，要到子孙。"善建者不拔，善抱者不脱，子孙以祭祀不辍。"善于建立德性品德的人，不会被拔出，不会像草一样被铲除。你看从古今今，品德高尚的人，什么时候他的思想被铲除了，野火烧不尽，春风吹又生。善于环抱的人，不会被脱离脱开。你看从古自今，凡是确立了一种规律或者技能的人，只要被人接受了，什么时候被抛弃扔掉了，哪怕是修脚的、掏耳朵的、铲驴蹄子的。"子孙以祭祀不辍"，这里的子孙，不仅仅是自己的子孙，也有思想的子孙，其他的后代后世也在一直不断地祭祀怀念，比如孔子、比如屈原、比如关公，近代的比如鲁迅、路遥等。

这就是德性品德的善建善抱者。

那么如何建立培养这样的德性品德呢？

老子告诉我们，就一个字"修"！修是什么，修身修行，是在学问品行方面的学习和锻炼，坚持不懈地学习和锻炼。

这个在前文中有所描述，建德若偷，刚开始树立一种品德的时候，都是偷偷摸摸的，生怕别人知道，有闲言碎语，但长久地坚持以后，也是能够"用其光，复归其明"，用自己的德性品德更好地照亮初心，再反馈巩固自己的初心。

这样的修行修养，首先要修之于身，用到自身上，在自身上有所体现，这样用到自身的德性品德，才是最真实的德性品德。比如坚持的品德、助人为乐的品德、乐观向上的品德，等等。都是需要在自身的行为上有所反映，最真实的反映。

然后，将这样好的德性品德使用到家庭，让自己的家庭也能抱有这样的德性，成为家风的一部分，"修之于家，其德乃余"，这样才能表明这种好的德性品德有了丰足的结果，能够用多余外溢出来的德性品德感染应用到其他人，但首要的应用是自己的家庭。应用不到家庭的德性品德，说明存在不足，要么是坚持得不够好，要么是德性本身还存在瑕疵，做得不是很圆满，比如助人为乐，还想在助人的时候有所回馈，这样的不足会影响到别人对你初心的真正判别。

"修之于乡，其德乃长。"在能够影响到家庭以后，再将这样的好德性品德应用扩散到乡里，让更多的人共同来遵守这样的德性品德，比如司马迁故里的读书，张载故里的怀天下志向，淮安的报国情怀等，这样才能让一种好的德性品德长久保持下来。这里，我们不妨自己搜集资料，孔子的孔家，钱学森的钱家，周总理的周家，"天知地知你知我知"的"四知"先生杨震。

"修之于邦，其德乃丰。"这样的德性品德，应用到邦国，德性品德才会更加壮大茂盛。一个民族、一个国家才能形成一种昂扬不断向上的民风、国风，比如中华民族的勤劳善良、德国的严谨务实、桑巴的载歌载舞，等等。

"修之于天下，其德乃普。"更进一步，这样的德性品德，要进一步地影响扩散到天下，才能更加普遍，成为一种浩荡之风。这样的浩荡之风，东方有我们几千年的大同世界梦想，西方有自由、民主、博爱的呼唤，不同的梦想，都会影响到世界的风气和思想，并引领更多的人向着这样的目标努力、奋斗。

那么怎样在建立的过程中，不断回观初心永葆德性品德？老子告诉我们："故以身观身，以家观家，以乡观乡，以邦观邦，以天下观天下。"就用我们自身的行为，对照自身的德性品德初心；用自己家庭的行为，对照家庭的德性品德作为；用乡里人的行为，对照德性品德；用邦国的行为，对照德性品德；用天下的行为，对照德性品德。知其母，德性品德的根源就在那里明确地站着，你只需要在前进的过程中，不断地回头看，看看德性品德的要求有没有改变，有没有"善建者不拔，善抱者不脱"的"拔和脱"，你就知道该怎么调整该怎么做了。

很明白了吧。

所以，我们可以看见的，老子似乎笑呵呵地说，小伙子，我怎么知道天下是什么样子的，"吾何以知天下然哉？"损之又损，已至无为。悟道之后，世界的道和德的根本属性，就那么多，再怎么纷繁复杂的世界，根源性、本源性的德性品德就那么多，我从个人、家庭、乡里、邦国、天下，从不同的区域、环境、空间比照即可。比照之后，我就知道了结果。以此。

你get到了吗？

# 第五十五章　含德之厚，比于赤子

含德之厚，比于赤子①。毒虫不螫，猛兽不据，攫鸟不搏②。骨弱筋柔而握固③。未知牝牡之合而朘作，精之至也④。终日号而不嗄，和之至也⑤。

知和曰常，知常曰明⑥。益生曰祥⑦。心使气曰强⑧。物壮则老，谓之不道，不道早已。

**注释：**

①含德之厚，比于赤子：含，包含、包容。厚，深厚。比，比较、比照。赤子，初生的婴儿。

②毒虫不螫，猛兽不据，攫鸟不搏：螫，叮咬。据，占据。攫，用爪迅速抓取。搏，搏斗。

③骨弱筋柔而握固：握，握拳，攥在手里。固，牢固。

④未知牝牡之合而朘作，精之至也：牝，雄性。牡，雌性。合，交合。朘，男婴的生殖器。作，动作。精，精气。至，极，最。

⑤终日号而不嗄，和之至也：终日，整天。号，大声喊叫。嗄，嗓音嘶哑。和，调和，和谐。

⑥知和曰常，知常曰明：知，知晓。常，常态。明，明白，明了。

⑦益生曰祥：益，富裕、富足、增加、好处、利益。生，生命、生存、生活。祥，吉利、吉祥。

⑧心使气曰强：心，内心、心思、意念。使，使用。气，人的精神状态。强，强劲、强大。

**语义直译：**容纳德性品德的深厚，可以用初生的婴儿比照。初生婴儿毒虫不叮，猛兽不占，利爪的鸟不抓。骨弱筋柔握拳牢固。不知道男女之事却能够勃起，这是精气极大的原因。整天大喊嗓子却不嘶哑，这是调和身体到了极度的原因。

知晓和就是常态，知道常态就是明了。对生活有好处就是吉祥。内心能够用气就是强大。事物到了壮年就向老化的方向发展，就不符合道了，不符合道就会早早结束。

### 悟道万象

上一章中，老子给我们讲解了如何建"德"，这属于讲道理，按照规律，老子会再摆个事实，加深印象。

本章就属于摆事实的部分。

老子说，容纳德性品德最深厚的，可以用初生的婴儿相比照。初生的婴儿什么状态？第一个状态，"毒虫不螫，猛兽不据，攫鸟不搏"。毒虫猛兽利爪都不会去伤害他。德性品德高尚的人同样，没有人会去伤害他，即便是坏人也不会去伤害品德高尚的人。第二个状态，婴儿的骨弱筋柔而握固。骨弱筋柔，但力气很大，会牢牢地攥住东西。品德高尚的人同样，身躯单薄但会牢牢坚守自己的信念。婴儿的第三个状态，"未知牝牡之合而朘作"，不知道男女之事但却能勃起，"精之至也"，这是精气到了极大的缘故。"终日号而不嗄"，整天大喊大叫嗓子却不嘶哑，"和之至也"，这是身体调和到了极度的缘故。

如何看待老子这样的比照？

第一，老子很明确地指出，含德之厚，不会受到伤害。

第二，老子告诉你，如何含德之厚，就是要像婴儿一样，哪怕骨弱筋柔，也要牢牢地固守自己的德性品德，矢志不渝。所谓的立德要稳。

第三，精诚所至，金石为开。要像婴儿一样，始终保持最大的精气，这是方法。所谓树德竭力。

第四，懂得调和。要像婴儿一样，能够天然地调节自己身体各方机能，保护自己的机能不受伤害损害。所谓护德有方。

立德要稳，树德竭力，护德有方，这就是老子通过参悟婴儿赤子"厚德"的大道。

既然知道了护德要"和"，所以老子说"知和曰常"，知晓了"和"，就是常，常态的，要常态地保持"和"。"知常曰明"。知道了常态的保持，就是明白了德性品德的"建德"之路。"益生曰祥"。对生活有好处的就是吉祥吉利的事情，有益于生活的事情，就是好事情。厚德，树德，守德，就是要对生活一点点地产生好处，这样生活才能越来越顺心，越来越吉祥。"心使气曰强"。什么是强大？就是内心一定要把"建德"的这股气，保持下来，保持下来就是强大。不管做什么事，只要你几十年如一日地坚持，不管能否成功，仅仅是坚持，就能够赢得人们的尊重，就能够影响到一群人和你共同去做想做的事。

回观现实，兢兢业业一生的老教师、老大夫、老工人，哪个不受人尊敬；勤勤恳恳一生的任何一个人，哪个不受人们尊敬；坚持跑步锻炼几十年的，哪一个身边不有着很多的跑友；坚持公益的，哪一个人不受人尊敬并带动了更多的人去做公益去助人？

这就是老子给予我们的"建德厚德"之法。

护德有方，老子一再强调，要知道"和"，要以"和"为基本点，做到常，做到明。

做不到"和"或者做不好"和"会怎样？

老子善意地提醒我们"物壮则老"。不协调和谐地发展，就会某一方面突出，某一方面突出，就容易走向极端，过了平衡点太多，就会走向衰落老化的一方，这样就不符合道的要求了，谓之不道，不道早已，不符合道的事物，会早早地结束。

这就像一个人，你可以吃得胖乎乎，但是要和谐协调得壮实胖乎乎，不是某个局部得胖乎乎，比如单纯的肚子超级大，这样不和谐的富裕，不光不美，还会成为病。

我们的社会也是这样，要全面富裕，共同富裕，不能只是局部富裕，某个区域的局部富裕，对整体不美，也是矛盾的。

# 第五十六章　知者不言，言者不知

知者不言，言者不知①。

挫其锐，解其纷，和其光，同其尘②，是谓玄同③。故不可得而亲，不可得而疏④；不可得而利，不可得而害⑤；不可得而贵，不可得而贱⑥。故为天下贵。

**注释：**

①知者不言，言者不知：知，知道，另一解同"智"。言，说，言辞。

②挫其锐，解其纷，和其光，同其尘：挫，消磨。锐，尖锐、锐气。解，解开、纾解。纷，纷乱。和，迎合、附和。光，光芒，光线。同，相同、同化。尘，尘埃，尘土。

③是谓玄同：玄，深奥、玄妙。同，相同、一样。

④故不可得而亲，不可得而疏：得，得到。亲，亲近。疏，疏远。

⑤不可得而利，不可得而害：利，锐利、锋利、利益、好处。害，伤害、损害、害处。

⑥不可得而贵，不可得而贱：贵，珍贵、珍惜。贱，卑贱、低贱、轻贱、鄙视、轻视。

**语义直译：** 知道的人不说，说的人不知道。消磨它的锐气，揭开它的纷争解其纷，迎合它的光芒，同化它的尘土，这就是玄妙的相同。所以不可以得到就亲近，不可以得到就疏远，不可以得到就锋芒毕露，不可以得到就伤害，不可以得到就珍惜，不可以得到就轻视。所以被天下所珍贵。

**悟道万象**

连续几章，老子都在为我们分解如何"建德""树德"，在给出了基本的思路方法后，老子也列举出几个可供我们自省对照的几个方面。可以说，老子洞悉的这些人性的缺点，一直真切地存在于我们的生活之中，几千年并未改变。

"知者不言，言者不知。"这是一句几千年来让人们疑来疑去、辩来辩去的名言，既充满了玄奥，又饱含机变。不知道的时候，笑一笑，不做言语，很是高深；

不屑于对方辩礼的时候，笑一笑，言者不知，或者再加一句，只知其一，知其然而不知其所以然。

我们如何来参悟这句话？

这里，根据老子一以贯之的思维逻辑，追根溯源。追两个根，溯两个源。第一个根，知。因为通假字的缘故，这个字可以作为两种理解：一个是知，知道的意思；一个通"智"，智者的意思。第二个根，言。言什么，什么言。凡五千言的《道德经》本身就在言，为什么会说不言？那么只有一个可能的含义，哪些方面不言、不去言、不便言。

所以，"知者不言，言者不知"根据不同的字和含义及深意，就有了三种解读：第一种，知者不言，知道但不说，言者不知，说的人不知道；第二种，智者不言，言者不智，智慧的人不说，说的人不智慧。显然，第二种的境界要高于第一种。那么第三种呢？知者不言，知道的人不明确地说，言者不知其言，说的人不知道他说的是不是准确的信息。这是不是很符合我们的现实情况？高人说话，高屋建瓴、云山雾罩，"见尔印堂发亮，必有荣光"。

三种不同的解读，都有其存在的合理性。结合上下文，个人更倾向于第三种。因为第三种不仅更符合高水平人的说法方式，也更符合下文的具体阐述。

我们看看下文"挫其锐，解其纷，和其光，同其尘，是谓玄同"。我们在前文中详细的分解过这段话，挫其锐是第一步，争锋相对，争取足够的对等地位；解其纷是第二步，帮助对方解决纷争；和其光是第三步，迎合附和他的光芒；同其尘是第四步，同化他的尘土，收归己有。你说，这第四步能说不能说？能明说不？国之利器，不可示人，核心目标，能说不？说了也是面向太阳，堂而皇之，其中真意，自己意会，欲辨已忘言。

这样的套路是不是很熟悉？看看外交部，是不是天天在说这些话。听懂了的听懂了，听不懂的啥也没听到，这就是我们生活中活生生的知者不言，言者不知。

认可了这一解读，下面的解读也就更清晰了。"故不可得而亲，不可得而疏；不可得而利，不可得而害；不可得而贵，不可得而贱。"

这里的重点是"得"，得什么？得财物吗？得财物有必要这么复杂？这里的得，指"得人"可能更切合。因为挫其锐、解其纷、和其光、同其尘，都是针对的人或者群体。那么，经过四步，同其尘后，你该注意什么？巩固稳定是第一要务。如何实现巩固稳定，这就老子所说的"六不可"。

"六不可"：第一，不可以得到就亲近；第二，不可以得到就疏远；第三，不可以得到就锐利锋利，这里的锐利锋利是指言辞严厉、态度冷峻；第四，不可以得到就伤害损害人及其财物声誉等；第五，不可以得到就很珍惜珍贵，位置待遇等太高；第六，不可以得到就轻视卑贱他人。

这"六不可"是不是相当地切中要害，我们不妨回顾自己所了解的历史和现实，把对手变成朋友、变成下属，是不是就要不远不近、不冷不热、不高不低地对待，平和稳定地慢慢巩固下来。历史上有多少反目，不就是已经战胜了的上位者态度不妥，引发内乱甚至叛乱。汉唐对待外族，五代十国，吴三桂一怒为红颜，都是因为上位者的态度问题。

态度，属于德的范畴。道生之，德蓄之。德蓄不足，尘未必同，未必真同，同尘不到位，和光也会变斑点。

所以，老子特别强调"故为天下贵"。你呀，要以天下为贵，从稳定巩固天下的角度思考，蓄德，中正。

这样的解读，可能和很多人的解读不同。但个人以为，作为治世的第一经典，《道德经》就是在告诉人们，如何做才能合适地处理政务、事情、事件。

# 第五十七章　以正治国，以奇用兵

以正治国，以奇用兵，以无事取天下①。吾何以知其然哉？以此：

天下多忌讳，而民弥贫②；人多利器，国家滋昏③；人多伎巧，奇物滋起④；法令滋彰⑤，盗贼多有。

故圣人云：我无为，而民自化⑥；我好静⑦，而民自正；我无事，而民自富；我无欲，而民自朴⑧。


**注释：**

①以正治国，以奇用兵，以无事取天下：正，不偏、不斜、正派、正直。治，治理。奇，罕见的、不寻常的、出人意料的。取，获取。

②天下多忌讳，而民弥贫：忌讳，顾忌、禁忌。弥，更加。贫，贫穷。

③人多利器，国家滋昏：利，锐利、锋利。器，武器。滋，滋生、更加。昏，糊涂、祸乱。

④人多伎巧，奇物滋起：伎，技艺。巧，灵巧、技巧、虚浮不实、伪诈。起，兴起。

⑤法令滋彰：法，法度。令，命令。彰，明显、显著。

⑥我无为，而民自化：为，表特定目的。化，变化、教化。

⑦我好静：静，安静。

⑧我无欲，而民自朴：欲，欲望。朴，本质。


**语义直译：**以正治国，以奇用兵，以平安无事获取天下。我怎么知道是这样的呢？因为以下：

天下顾忌忌讳多了，人们就会越加贫穷；人们锋利的武器多了，国家就会滋生混乱；人们多了浮夸不实的技巧，不寻常的事物就会滋生兴起；法度命令越是彰显，盗贼会更多出现。

所以，圣人说：我没有特定目的，人民会自觉教化；我喜好安静，人民就会自觉端正；我没有事端，人民会自己致富；我没有欲望，人民会自觉纯朴自然。

### 悟道万象

连续的几章，老子都在给我们分解"建德""树德"的关节。

就像一把刀，游刃于各个逻辑连接点之间，既有划骨的滋滋声，又有析肉的悄然无声。

特别是上一章中，老子告诉我们什么说、什么不说，包括在态度上的把握。

我们可以看到，老子的思想博大精深，可以运用在我们生活的方方面面。

当然，作为第一经世济用的经典，治国是必然不可回避的问题。所以，本章老子很明确地告诉我们，治国应该用什么方法。

"以正治国，以奇用兵，以无事取天下。"老子的治国，一直讲究水到渠成，自然而然地实现治国目的。所以，这里的无事，既可以是没有战事的事，也可以是没有事端的事，更符合老子思想的是平平安安自然而然地就达到了治国目标。

这是老子针对治国用兵的核心思想。

老子还说"吾何以知其然哉"。我怎么知道治国用兵是这个样子的？因为以下的原因。

而这个原因，又和前文的几次一样，给我们拐了一个大弯。

我们不妨来看看。支撑"以正治国，以奇用兵，以无事取天下"论点的论据。

我们先来看下文的论据。

"天下多忌讳，而民弥贫。"天下人忌讳、顾忌越多，人民就越贫穷。人们利器越多，国家滋生的混乱就越多。人们多崇尚浮夸不实的技巧，奇奇怪怪的事物就会滋生兴起；法令越是滋生越是彰显，盗贼就会越多。

大家可以看看，这样的多忌讳、多利器、多伎巧、多法令，怎么就和以正治国、以奇用兵、以无事取天下有了紧密的逻辑关系。

这是老子常用的手法，只讲结果，不讲推导过程。

我们不妨完善一下推导过程。

"天下多忌讳，而民弥贫。"天下为什么多忌讳？是因为有很多事情不能做，不能说。不能做不能说就会贫吗，还是弥贫，更贫？因为，老百姓能做什么？老百姓能做的，无非日常生活最相关的衣食住行、柴米油盐酱醋茶、医疗工作和养娃，简洁地说，无非吃好、喝好、住好、穿好、把家养好，老有所养，幼有所养，仅此而已。但如果老百姓在这些日常行为中都有了顾忌，还是多顾忌，显然是治理环节出了问题，这样的问题就是什么都不敢做，不做何以有蓬勃发展的经济。

"人多利器，国家滋昏。"这里的利器，既是刀剑的锐利武器，也是戾气，散布在群体之间的暴戾之气，动辄动武谩骂，这样的环境，国家还能不滋生混乱？

"人多伎巧，奇物滋起。"这里的多，既是物品多少的多，也是思想崇尚多的方面，老百姓崇尚浮夸不实技巧的，奇奇怪怪的事物就会兴起，若一个网红几天挣几百万元，还会有多少人去踏踏实实干实业？一首歌唱红就挣几千万元，有多少人会拼死上赶着去唱歌？卖茶叶蛋要是比搞导弹的都能多挣出几百万元，谁还会去踏踏实实搞导弹？所以，浮夸不实的技巧带来的社会面影响，就是越来越不重视最基础的、踏踏实实的实业。这样的社会现象，根基还稳吗？

"法令滋彰，盗贼多有。"法令越来越滋生还越来越彰显，盗贼就会越来越多。干什么事都需要法律来明确，而且相关的法律越来越多，哪哪儿都要讲法律，意味着可触及的法律现象越来越多，意味着整个社会"德"的约束越来越少，是不是盗贼就会越来越多？

经济上，老百姓不敢搞；社会上，心里装满戾气；风气上，奇技淫巧不踏实地；规则体系上，法令越来越多动就违法。

很显然，这样的国家，治理已经失去了正气、正直和公正；这样的国家，国风国运已经发生巨大变化，能无事吗？

所以，这就是老子隐含在论点和论据之间的论证过程。以正治国，以奇用兵，以无事取天下。

所以，老子最后总结说"故圣人云：我无为，而民自化"。我没有特定的目的，人民会自觉教化，你不设定自己的特定目的，万物会自己按照自己的道——规律去生长、去发展。

"我好静，而民自正。"我喜好安静，就不会因为喜好去干扰到人民；我喜好安静，人民也不会因为我的喜欢而投我所好。人民也就会安静地根据自己的喜好去发展，就会自觉地向正道发展。

"我无事，而民自富。"这里的事，是什么事？是事端，今天大兴土木，明天骑马斗剑，后天起垒高台，没有这些事，人民就会稳定积累，稳定积累自然会自己富裕自己。

"我无欲，而民自朴。"我没有欲望，人民就会自觉地回到他本来的纯朴模样，按照各自的道，自然地安静地逐渐积累发展。

所以，这就是老子的论证逻辑。

观点：以正治国，以奇用兵，以无事取天下。

论据论证：多忌讳，民弥贫；多利器，多滋昏；多伎巧，奇物起；多法令，多盗贼。所有的多，都是偏离了治国以正的大道和结果。

结论：无为民自化，好静民自正，无事民自富，无欲民自朴。这是正道和结果。

一反一正，论据充足，论证有力。

奈何老子掐掉了些许环节，让很多人误读误解。

也许，悟道就需要动心思揣摩吧。

也许，这本身就是道的要求之一吧。

# 第五十八章　其政闷闷，其民淳淳

其政闷闷，其民淳淳①；其政察察，其民缺缺②。是以圣人方而不割③，廉而不刿④，直而不肆⑤，光而不耀⑥。

祸兮福之所倚，福兮祸之所伏⑦。孰知其极⑧？其无正也。正复为奇，善复为妖⑨。人之迷，其日固久⑩。

**注释：**

①其政闷闷，其民淳淳：政，政治、政事。闷闷，沉默的样子、不响亮。民，人民。淳淳，质朴、朴实。

②其政察察，其民缺缺：察察，洁白、清洁。缺缺，残破、破损、缺少、空隙、不完美。

③是以圣人方而不割：方，正直。割，割取、割舍。

④廉而不刿：廉，厅堂的侧边、有棱角、廉洁。刿，刺伤、划伤。

⑤直而不肆：直，行为正直。肆，散开、无拘束、放肆。

⑥光而不耀：光，发光。耀，照耀、显示、夸耀、炫耀。

⑦祸兮福之所倚，福兮祸之所伏：倚，紧挨着、依靠。伏，藏匿、埋伏。

⑧孰知其极：孰，谁。知，知道。极，尽头、极点、最、非常。

⑨其无正也。正复为奇，善复为妖：正，正向、正面。复，又。奇，罕见、出人意料。善，善于。复，重复、再、又。妖，怪异的东西或现象。

⑩人之迷，其日固久：迷，迷惑。日，日子、时间。固，稳固、顽固、本来、原来。久，长久、持久。

**语义直译：** 他的政事默不作声，他的人民就质朴朴实。他的政事清洁洁白，他的人民就会感到闲隙。所以圣人正直但不割舍，有棱角而不伤害人，行为端正而不放肆，发出光芒而不炫耀。

祸，和福紧挨着。福，有祸藏匿着。谁知道它的尽头？他没有正向正面，正向正面再变化又是罕见的、出人意料的，善于重复出现的就是妖。人的迷惑，时间上本来就稳固而且持久。

### 悟道万象

上一章，老子阐述了治理管理要正、静、无欲。那么，这样做展现出来的面貌和效果会是什么样的？

本章老子重点阐述的就是政风和民风之间的关系，以及政风民风相互转化升华的事物之间的关系。

在现象的描述中，也是有这几个难解的字，比如闷闷、察察、缺缺等。

在政风和民风的相互映射上，老子说"其政闷闷，其民淳淳"。闷闷，有的版本写作"汶汶"，含义基本相同，都是治理管理的一种表现。闷闷，默默的，不声张的样子。淳淳，质朴朴实。

客观地说，不同的管理者，政务表现大不相同，有的大鸣大放，有的润物无声；有的激流勇进，有的流水潺潺；有的好高骛远，有的踏地而行；有的花样百出，有的一个套路。

所以，不同的政风都会深刻地影响到民风。上有所好，下必甚焉，这未尝不是政风民风相互影响的一条规律，也即道。上级喜欢红旗飘飘锣鼓喧天，下级必然在各方面都会红旗飘飘锣鼓喧天，至少不会在形式上因为没有红旗飘飘给上级或者上级的左右以口舌；上级喜欢文山会海，下级必然在文山会海的文过饰非中岁月蹉跎。

所以，老子说"其政闷闷，其民淳淳"。管理者是一个不太愿意大张旗鼓张扬的人，他的政务必将走的是尽可能务实做实事的风格，按照上有所好、下必甚焉的规律，那么相应的民风也会是务实的风格，必然淳朴质朴。

"其政察察，其民缺缺。"这里，察察是清洁洁白的样子，而缺缺的含义就不同了。在字词典中，除了《新现代汉语词典》（王同亿主编）有"缺缺"这个词，含义为缺乏，其他两本词典均未单独收录"缺缺"词组。单独的"缺"的含义，也是缺乏缺少的意思。

那么，这里的"缺缺"该作何理解？有的版本将缺缺理解为狡诈狡猾。这似乎不那么合适。

"其政闷闷，其民淳淳。其政察察，其民缺缺。"作为两个对比句，闷闷和淳淳，上级不做声，下级就实实在在；而察察和缺缺，上级清白清静，下级也会清白清净？所以，老人家在这里很"幽默"地告诉我们一个很现实的"现实"，上级很清白清静，下级就缺、还缺，缺缺，缺啥呢？上有所好、下必甚焉，上级爱清白，下级怎么办？上级爱清净，你能去打扰他？所以，缺缺，很幽默吧。

再下来呢，又进入到了老人家给我们的绕弯环节了，他很委婉地说了一些话。

"是以圣人方而不割，廉而不刿，直而不肆，光而不耀。"

所以呢，圣人正直而不割舍割掉。正直为什么就不割舍割掉，割舍割掉什么？你走得端正，那是必须的，为政之道，但有些东西，未必要割掉割舍。老子没有明示，也不需要明示，需要你悟，"反者道之动也"。

"廉而不刿"。廉的本义是厅堂的侧边，引申为有棱角，另一个意思是廉洁。刿，刺伤、划伤。这里呢，两个意思都可以讲，处理政事你可以有棱角有锋芒，但不要刺伤伤害了他人；你可以讲廉洁，但不可以刺伤伤害他人。有意思吧。

"直而不肆"。行为正直，但不可以放肆没有拘束。正直和放肆无拘束、甚至无约束之间有对立关系吗？以我们现在的语境，似乎行为的正直、甚至率真，和放肆无约束之间是没有关系的。所以，这里的"肆"，并不仅仅指行为的放肆，而是行为目标的放肆，行为正直是对的，是大道，要坚持，但大胆地作为的时候，要有行为目标的选择。有的可以直接正直，有的可能就需要"不肆"而直，换种方式，委婉地实现正直的目标，比如劝谏，有像魏徵一样的死谏，也有像触龙说赵太后一样的哈哈笑着就实现了劝谏。

很有意思了吧？老人的话，是需要好好琢磨好好悟的。

"光而不耀"。这句话就好理解多了，处理政务，可以光芒四射，但就不要夸耀炫耀了。处理政务，上级敢自夸，下级马上来拍马；上级敢说自己是朵花，下级马上就会说你是太阳花；上级敢说自己梦到麒麟，下级马上能够搜遍全国给你找一堆祥瑞。所以，上级有光，但"耀"需有度。

如果没有了上面的"悟"，你觉得方、直、廉等和"祸兮福之所倚，福兮祸之所伏"有关系吗？

老人家之所以在这里讲道"祸兮福之所倚，福兮祸之所伏"，就是要告诉你，在处理政务行大道坚持方、直、廉的同时，是存在一定的隐患的，人们都有自己的追求或者所求，政闷闷，淳淳的民不一定满意；政察察，缺缺的民是无处下爪的；方难免不割，廉难免不刿，直难免不肆，光难免不耀，你不可能在所有的时候正确所有的事，即便你正直廉洁清静无为行大道，你在某个位置没有想法，不代表别人就对你的位置没想法。看看王阳明、曾国藩的经历你就知道，有的时候有些人对你不满意，就是因为你正、直、廉。那些人的那些想法，可能就会给你带来祸端，至少是口角的祸端，按现在的说法，会让你产生舆情。

所以，现在明白老人家所说的"祸兮福之所倚，福兮祸之所伏"的深刻含义了吧。

由此及彼，由表及里，好在老人家看透大道，告诉你另外一个可以上升到哲学端的规律，祸兮福之所倚，福兮祸之所伏。祸和福紧紧相依，福在祸中暗暗隐藏，在福中的时候，要注意可能引发祸端的苗头。在祸中的时候，要对战胜祸端有积极的心态。这一点，其他典故"塞翁失马"论述得非常透彻。

对于福和祸的相互转化，老人家也说了"孰知其极？"谁知道他们两个的转化什么时候是个头，可能直到你死掉、倒头，一了百了，便到了头。至于继续的福祸，其他人接头。

"其无正也"。这两个，哪一个是正向的？这很哲学。事物的发展，你说是正常发展出现问题，还是问题推动事物发展？世界的发展，你说是正弦波开的头还是余弦波开的头？

"正复为奇"。复，再来，再来过一次，事物能不断地重复出现，太阳底下没有新鲜事，当你说这话的时候，是不是已经出现了"那个时间段"的新鲜事。正直清白廉洁是正，邪佞钻营腐败是奇，当社会风气满是邪佞钻营腐败的时候，是不是正直清白廉洁又是奇了。所以，当我们某个单位对"正"都大加赞扬的时候，是真赞扬还是高级黑，是一个值得思考的问题。

"善复为妖"。如果善于重复出现一个事物，重复一个事情，那就很妖孽了，这里的重点字是"善复"。什么是善复？不是好复善良的复，而是善于复，善于重复模式化的可操作"复"，那是不是很妖孽？福祸玩于掌股之间，让你一会儿福，一会儿祸，一会儿哭，一会儿笑，特别提醒，本章说的是"其政"，政务处理、治理管理上，让你福让你祸，让你哭让你笑，是不是很妖孽。是不是很宫斗，很狗斗。

"人之迷"，人的迷惑迷茫，"其日固久"，从时间上来看，本来就很顽固而且持久。这里的迷，应该是两个意思，一个是人的迷惑迷茫，另一个是谜一样的人、人类。你要解开人的迷茫迷惑，或者谜一样的人，本来就是很难很顽固的问题，需要很长时间。

膜拜吧，洞悉人性的老人家，把明着的、暗着的、能明白白说的、不能明白白说的，都给说了。不能明说的，给你埋下了线索，让你去悟、去琢磨。

政风、民风、人性，道生一，一生二，二生三，三生万物。从政，不就是需要悟透这三者之间的关系？

世间万物，什么不是政事？世间万物，什么不是政务？

天大，地大，道大，人亦大，人居其一。这不就是大道的悟，多少人走在这大道上，烦恼而无悟，无悟而烦恼。

# 第五十九章 治人事天，莫若啬

治人事天，莫若啬①。

夫为啬，是以早服②；早服谓之重积德③；重积德则无不克；无不克则莫知其极④；莫知其极，可以有国；有国之母⑤，可以长久；是谓深根固柢⑥，长生久视之道。

**注释：**

①治人事天，莫若啬：治，治理，管理。事，奉事，为……服务。天，上天。莫，不。若，如。啬，通"穑"，庄稼，吝惜。

②是以早服：早，早。服，从事、做、作、服从、信服、习惯、适应。

③早服谓之重积德：重，zhòng，重视、加上、加重；chóng，重叠、重复。积、积累。克，战胜、攻克。

④无不克则莫知其极：极，尽头。

⑤有国之母：国，国家。母，根源、本源。

⑥是谓深根固柢：固，稳固。柢，树根、根底、底部。

**语义直译：** 治理人民侍奉上天，最好不如节俭（另一说种庄稼）。节俭（或种庄稼）就是早作早信服。早服就是重视积累德性品德（另一说双重积累德性品德）。重积德就没有不能攻克的；没有不能攻克的，就不知道他的尽头在哪里。不知道尽头在哪里，就可以存在或取得国家。有了国家存在的根本，可以长久。这就是根深底固，长期生存持久，就可以看作是道。

**悟道万象**

政风、民风、人性，这是老子在上一章给我们主要讲治理管理的三个主要关系。那么，在把握这三种关系的时候，有没有抓手可供实施呢？

本章，老子就给我们传授了一个相对容易操作的方法，这个方法操作得比较好了，也可以当成一个道，一个规律来运作。

从最近的很多章来看，老子的著作论述中，有很多的方面是关于治理管理的，提升德性品德的目的也是治民。所以，我们有必要客观地看待《道德经》本来的经典目的，它和商鞅的法家、孔子的儒家、孙子的兵家等一样，都是为了解决当时的社会难题。在纷争的世事中提出的实现好治理管理的理论，至于后来成为道家的始祖，需要做另一方面的探究讨论，毕竟作为宗教，彼时尚未有佛教，是否需要在当时就以宗教看待，似乎还需要其他方家去论证。我们按照老人家教给我们的思想追本溯源，追我们自己悟道的理政悟事的源。

本章老子交给我们的可操作的方法，就是"穑"，即种庄稼。

啬的含义，一是通"穑"，庄稼，种庄稼。二是节省、节俭，引申为爱惜、吝惜。两个含义都有可以说通的道理，为什么要确定为种庄稼？因为，老子在后面提到了"可以有国"。种庄稼，可以实现自给、积累、扩大再生产，可以成为有国的根本，而节俭，只是积累的一方面。种庄稼，可以实现从0到1的突破，节俭不具备这一特性，节俭至少需要在2以后；种庄稼可以实现1到2的突破，节俭可以积累，但未必就可以实现突破。可持续的节流，和可持续的开源不能达到相同的目的。

所以，我们可以基本确定，"啬"应该是"穑"，庄稼，种庄稼。

在农耕社会，以农为本，这更应该是根本之中的根本。

我们看看老子是如何说的。

"治人事天，莫若啬。"治理人民侍奉上天，干什么都不如种庄稼。农是万事之本，没有庄稼，哪里来的食物，哪里来的牲畜的饲养。以农为本，应该说，这一点上老子和商鞅是英雄所见略同。

认识到种庄稼的重要性，就是要早早地动手。服的含义里尽管有信服的意思，也有从事、做的意思，但对种庄稼来说，观念上的做，可能比信服更具有操作性。而信服的含义，是信服什么呢？道吗？老子在章节末才说可以视为道，显然，信服不符合这样的要素。

早服早动手，叫作重积德，这里有出现了一个难解的多音字，还都可以讲得通。重，zhòng，重视；chóng，重复、叠加。早早动手做，就是重视积累德性品德；早早动手做，就是叠加积累德性品德。我们无法舍去哪一个意思，不如也叠加处理，以示完整——重视叠加积累德性品德。

重视叠加积累德性品德，就没有什么克服不了的。重视种庄稼和叠加种庄稼，都是能够实现基本生活生存资源的积累，有了积累，就没有什么不可克服。

这里我们也需要探究一下克服，以老子所在的当时，人们需要克服的有什么？衣食住行医战争，有了相对殷实的家底，是不是基本都可以克服，教育在当时是奢侈品，不是谁都可以的。

"无不克则莫知其极"，没有什么克服不了的就没法知道他的尽头在哪里，这个尽头，是指发展的尽头。一年多收三五斗，积累了那么多，风调雨顺和平发展，谁会知道尽头在哪里。

为什么还要讲重积德？因为你要积累自己的德性品德，老子在前文传授过，"建德""树德""广德"，德性不够，是凝聚不起来的；"善建者不拔，善报者不脱"，不善，是会被拔出来、被走脱的。"

"莫知其极，可以有国。"积累达到了发展看不到尽头的时候，是不是就可以按照一个国家的形态来生存了。这里，我们还需要探究一下"有国"。为什么不知道发展尽头就可以有国？注意，按照我们现在可以理解的语言体系，描述可能是这样子的，这是量变到质变的突破。不管是农耕时代还是工业时代，当生产力生产资料积累到一定阶段的时候，必然会引起生产关系的巨大变革。我们现在认识到的人类发展规律——道，也是这样的，从原始社会的生产力生产资料积累到奴隶社会再到封建社会，而且现在的定义的国家——阶级矛盾不可调和的产物和表现，未必可以涵盖。相反，另一个国家的概念——一定地域范围所有生产力生产资料的有序发展管理，可能更适合，当时国家未必产生。老子时代的国，本来也就指诸侯国或者封邑。

一定的地域，长期地积累，物资丰厚，必然会出现秩序的不断调整，至少分化出首领、首领辅助、其他人的层次，就具有了国的形态和层级职能。所以，有了国。

但老子还强调，"有国之母，可以长久"，国要有成国的"母"，即根本、根源、源头，可以源源不断产出的根源。有国无母，不长久，不长久便会无国。"是谓深根固柢"，这就叫做作，要做到根深柢固，不能虚浮。

所以，从这样的结论来说，啬理解为稿，种庄稼更贴切一些，重理解为重视叠加也比较合适。

在实现了有国并根深柢固之后，老子才从"道"的层面给出了我们规律——长生久视之道。这个国，要长期生存长久存在，这样的一条建国之路，才可以看作道。

农耕社会，彼时，一个地域如果按照这样的模式长生久的存在，你说它不是道吗？

人生，不就是找一块地，自己种庄稼吗？

收成在己。

世上本没有路，走的人多了就有了路。

世上本没有路，一个人走得多了也就有了路。

世上本没有路，一群人一直走下去，他们踏过的草和泥、山和水，也是路。

找到一个源动力，早动手，重积德，你就自己建立了一个属于自己的王国，有了自己的一片天地。

不是吗？

道可道，非常道。

老子说，此道可操作。

# 第六十章　治大国，若烹小鲜

治大国，若烹小鲜①。

以道莅天下，其鬼不神②；非其鬼不神，其神不伤人③；非其神不伤人，圣人亦不伤人。夫两不相伤，故德交归焉④。

**注释：**

①治大国，若烹小鲜：治，治理。大国，大的国家。若，如，好像。烹，烧煮、烧炒的烹饪方法。小鲜，小的海鲜、小的活鱼。

②以道莅天下，其鬼不神：以，用。莅，从上监视、统治。鬼，灵魂、不可告人的打算或勾当、机灵。神，神灵、特别高超、神奇。

③其神不伤人：伤，伤害。

④夫两不相伤，故德交归焉：交，相交。归，返回、归到一处。

**语义直译：** 治理大的国家，就像烹饪很小的海鲜。用道管理天下的，他的灵魂（特别的思想）不神奇。不是他的灵魂（特别的思想）不神奇，是他的神奇不伤人。不是他的神奇不伤人，圣人也不伤人。两个互相不伤害，所以他们的德性品德相交归到一处了。

**悟道万象**

老子在给我们讲很多道，即规律的同时，一直在通过一些我们常见的想象，告诉我们治理管理、为人处世、解决问题方法，有些还是具有极强操作性的方法。

本章节就是著名的管理之道——"治大国，若烹小鲜"。当然，也不乏存在于其中的弯弯绕。

我们先来看"治大国，若烹小鲜"，把烹小鲜想象化。小鲜是什么？可以按照很小的虾米来理解。烹的含义一是烹煮，二是烧炒的烹饪方法。大火热油炒小虾米的时候，最容易出现的是什么？一是虾米的皮会被撕扯出来，炒烂炒糊了；二是如果一些像海蜇一样的小鲜，大火热油，可能就炒没了；三是一大堆小鲜，可能外焦里生。这样烹的结果端上桌就会被挨骂，如果小鲜能说话，当然也会骂厨师。

治理大国呢？像虾米一样的底层百姓多的是。

所以老子比喻的第一个意思就是，要像对待小虾米小海鲜一样，轻轻拨动百姓，不要伤着百姓。

比如英国的最短任首相，仅仅45天就辞职下台。她显然没有一点中国文化的素养，一上台就采取猛烈措施，在各方都极其关注的税收上做大动作，结果引起强烈反弹，最终下台。

客观地说，一个国家，一个群体，任何时候都会存在一定的问题，越是难解的问题，表明牵扯的各方利益越大，特别是可能影响最底层的群体的切身利益。所以，没有后续或者保障性的措施的大动作，往往难以为继，王安石的变法就如此。比如老旧房的拆迁，有能力搬迁的人早就搬走了，而没有能力的，就无家可归了，如果妥善解决了这部分问题，问题就解决了。

其他医疗教育等等皆如是。

如果换一个现代语境下的表述方式，越是牵扯底层百姓具体生活的方面，吃喝拉撒睡医行，针对的措施就越要谨慎，越要考虑对这个群体的生活产生的影响。

那么这里就需要讨论一个问题，治大国者若烹小鲜，就不能采取大动作了吗？当然能。比如老子同时期的商鞅变法。

讨论这个问题，我们同样形象化地回到"烹"的方法上。小火文炒，或者颠锅炒，都是办法。慢慢地改变，移风易俗。成风化人，就属于烹小鲜小火文炒。颠锅炒，运动式的，特别是主要针对思想、作风等软影响力构成的，是不是就可以大炒、爆炒，触动灵魂地炒。

还有，就是对烹的对象的发展式看待，当小鲜已经不小了的时候，自然可以改变方法。商鞅的烹法，针对的对象不就是大鲜吗？而且有很多的保障措施。在随后地不断变化中，尽管他个人的结果不好，但整个的烹法得到了很有力的持续实施。

讲完这个弯弯绕，就更方便我们理解下面的章句。

"以道莅天下，其鬼不神"。这里的鬼，理解为特别的、不同一般的思想更妥帖一些。用道、规律管理天下的人，他特别的思想并不神奇，一般也没有特别地使用什么奇招妙招。

"非其鬼不神，其神不伤人"。不是他特别的思想不神奇，而是他的结果，神奇得竟然不伤人。不伤人治好国家，这是多大的神奇！"非其神不伤人，圣人亦不伤人"。不是他的神奇不伤人，圣人也不伤人。看看，老子把实现这种管理效果的人，已经并列到和圣人一个层次。评价是不是已经极其高了？

对于这样的结果，老子解释说"夫两不相伤，故德交归焉"。他们两个都实现了不伤人。所以，他们的德性品德相交，归到了一处。

这里，我们还需要辨析以下，从老子的结论来看，治大国，若烹小鲜，属于道还是德？似乎并不是道，因为老子说，德交归焉，是德的结果。

那么问题又来了，这样一个很像道的规律，为什么老子把它归到了德的范畴？

这就又回到了老子一直坚持的观点，道生之，德蓄之，无为而治。治理管理是有道可循的，而烹只是方法之一。上文的可操作性方法之一就是，这个方法的成效，还需要通过德的表现来判断，善德就好，不善就不好，完全在"烹"的念起之时，初心是百姓，还是仅仅是治理。

道德同源，治大国，若烹小鲜，既是道，更要求的是德。

掌勺人的德。

# 第六十一章　大邦者下流

大邦者下流，天下之牝，天下之交也①。牝常以静胜牡，以静为下②。

故大邦以下小邦，则取小邦；小邦以下大邦，则取大邦。故或下以取，或下而取。大邦不过欲兼畜人，小邦不过欲入事人③。夫两者各得所欲，大者宜为下④。

**注释：**

①大邦者下流，天下之牝，天下之交也：邦，邦国。下，向下。流，流动，求取。牝，雌性。交，交往、交结、交配。

②牝常以静胜牡，以静为下：牡，雄性。为（wèi），表目的。

③大邦不过欲兼畜人，小邦不过欲入事人：畜（xù），积蓄。入，进入。事，奉事，为……人服务。

④夫两者各得所欲，大者宜为下：宜，适宜、适合。

**语义直译：** 大的邦国，向下流动索取。天下的雌性，在天下寻求交往交配。雌性常常以安静胜过雄性。用静来实现向下索取的目的。

所以大邦以向下的态度对小邦，就可以获取小邦；小邦以向下的态度对大邦，就可以获取大邦。所以，有的用向下来获取，有的用向下去取。大邦不过是想兼并积蓄人，小邦不过想进入来奉事人。两者各自得到想要的，所以大者适合用向下的态度获取。

**悟道万象**

上一章中，老子将一条明显很像道的规律，明确地归为德，可见老子对德的重视。

通过"治大国，若烹小鲜"，我们也可以再一次看到老子的慈悲之心、悲悯之心、对底层对百姓的爱护之心。

对此，老子再一次通过本章，对上位者提出，要养好自己的"德"，特别是"对下"的德。这样的教导，已经算是苦口婆心了。毕竟，洞悉人性的老子，太熟悉上位者们的作风习气。而且使用了一个非常有意思的比喻，我们不清楚当时人们对这一方面的意思，是不是也像我们现在人一样。

老子说，"大邦者下流"。大的邦国，是要向下流动索取。我们要重点理解两个字，一个是"下"。首先看"下"。这里的下，就有向下的方向性的意思，也有以下位低姿态对待的意思。索取是获得结果方面的理解，但低姿态是行动方面的理解。所以，在后面章句中按低姿态更符合实际情况。

其次理解一下"流"。流的意思较多，常用的有流动、流向，但还有一个意思——索取。按照流动的理解，结合老子一贯的思想，是暗合于"上善如水"水的流动的意境的，水几于道，所以我们可以看到，老子满满的悲悯之心，包含着对底层、对百姓的爱护，包括"弱者道之用"，都是从另一个角度对弱者的保护。

但下来老子用了一个很有意思的比喻。"天下之牝，天下之交也。牝常以静胜牡，以静为下。"牝是雌性，牡是雄性。老子说，天下的雌性都是满天下的找对象，或者被找对象。雄性都是靠角斗，靠拼杀。但雌性和雄性不同，她们常常以安安静静的样子征服雄性，她们是用"静"来向下获取。为什么这样说？因为前文老子说了，重为轻根，静为躁君，雄性的躁属于下位。

对于治理管理的大道，对于参于天地的大道，老人家都哈哈笑着告诉你，这和男女之后也有共同点。老人家的幽默是不是很像那句顺口溜：领导在上我在下，你说几下就几下。

不过，如果真的按这样理解老人家的话，你可能真的错了。因为这个世界再大，也就阴阳雌雄，万物的生长，特别是动物的生长，雌雄之间的关系、获取的关系，应该是天道之中生命类别里面最大的道了。所以，看似玩笑的话语，却并不是玩笑，"大笑，不笑不为道"。而牝常以静胜牡，也是基本可以成为规律的，你不妨看看现实中你的周边、你曾经的班级，是不是最活跃的男孩吸引人，而吸引人的女孩，往往不是活跃的那个，而是一直安安静静坐在角落里啥都不说的那一个。

窃以为，家长对男女的教育应该有所区别，男孩要培养傲气，要有争胜心，这符合男孩的个性，即道；女孩要培养静气，要有柔弱心，这符合女孩的特质。

在以最通俗的方式讲了大道以后，老子阐述这样的做法对治理管理的作用。

"故大邦以下小邦，则取小邦"。大邦以低姿态对待小邦，就可获取小邦。"小邦以下大邦，则取大邦"。小邦以低姿态对待大邦，就可以获取大邦。领导要以低姿态对待下属，就可以获得下属的好感；下属以低姿态对待上级，就可以获得上级的好感。是不是很现实，现实中越是大的领导，越是和蔼可亲、亲民的领导，越能赢得人民爱戴。

"故或下以取，或下而取。"所以，有的以低姿态来获取，有的以低姿态去获取。领导用低姿态去获取好管理，下属以低姿态获取好、照顾好的被管理。

"大邦不过欲兼畜人，小邦不过欲入事人。"大邦不过就是想兼并积蓄人，小邦不过想被管服务人。"夫两者各得所欲，大者宜为下。"这两个采取同样的方法，各取所得，一个想管，一个想被管，一个想要取得信任，一个想要被信任，一个想要得力干将，一个想成为得力干将，周瑜打黄盖，目的相同。所以，在上位的人适合用低姿态来对待下属。

老人家的分析应当是极其通俗并透彻了，管理者想管理好，被管理者也只是想被管理好，并获得机会，两条道归集为一处，合适。

回观我们现实，看看身边的各种领导，凡是以低姿态对人的，大家没有不信服的；凡是以高高在上姿态对待人的，总有不信服的会站出来。方而不割，廉而不伤，是不是很有道理？

弱者道之用也，你想用道，管理之道的用武之地就在弱者，用好弱者。

道生之，德蓄之。物形之，势成之。水可以覆舟，也可以载舟，更可以煮粥。"下"实为"上德"。

# 第六十二章　道者万物之奥

道者万物之奥①。善人之宝，不善人之所保②。

美言可以市尊，美行可以加人③。人之不善，何弃之有④? 故立天子，置三公⑤，虽有拱璧以先驷马⑥，不如坐进此道⑦。

古之所以贵此道者何? 不曰：求以得，有罪以免邪⑧? 故为天下贵⑨。

**注释：**

①道者万物之奥：奥，深奥、奥妙。

②善人之宝，不善人之所保：善，好、善于。宝，宝贝。保，保护、保证。

③美言可以市尊，美行可以加人：美，美好的、漂亮的。言，言辞、语言。市，交易、买。尊，尊贵、尊严。行，行动、行为。加，增加、加上。

④人之不善，何弃之有：弃，放弃。

⑤故立天子，置三公：置，设置。

⑥虽有拱璧以先驷马：拱璧，大如两手拱抱的璧玉。以，来。先，走在前面、先于、前于、首要、根本、前导、先驱。驷马，四匹马拉的车，高贵的车。

⑦不如坐进此道：坐，坐着。进，进入。

⑧求以得，有罪以免邪：求，探求、追求。得，得到。罪，罪过、罪行、过错。

⑨故为天下贵：为，被。贵，珍贵、宝贵。

**语义直译：** 道是万物最深奥的。是德性善的人（或善于使用的人）的宝贝，德性不善的人（或不善于使用的人）的保护。美好的言辞可以买来尊严尊重，美好的行为可以增加人气。人的不好或者不擅长，有什么可以放弃的? 所以立天子，置三公，即便有如双手环抱大的玉璧，放在驷马拉车的前面，也不如坐进此道。

古的时候为什么人们珍惜此道? 不说：追求得到的，有罪过可以免啊? 所以被天下珍贵珍惜。

**悟道万象**

连续的几章，老子在给我们传授具有操作性的道，有的是规律性的不带属性的道，有的是于道相随的德的属性，这就存在一个问题，建德树德有没有标准？如何判断并不断调整？

本章，老子再次总结了悟道之后会有什么样的好处，顺带又给我们两条可操作的小方法。

关于本章，有几个不同的版本，有的是"美言可以市尊，美行可以加人"，有的是"美言可以市，尊行可以加人"，个人认为"美言可以市尊，美行可以加人"更合适一些，因为言行的"美"更符合现实。

我们来看看。

老子说，"道者万物之奥"。道啊，是万物里最深奥奥妙的东西。"善人之宝，不善人之所保"。这里的善，可以从两个方面来理解，一个是好人，德性善德性好的人，一个是善于运用使用的人。相应的意思就是，你如果悟了道、依道而行，那么道就是德性好的人的宝，或者善于使用的人的宝，你悟了道，但做得不好，是德性不好的人或者不善于使用的人的保护。举个例子，你理解了开面馆的道——规律，你的德性好，对方方面面好，或者你善于运用规律，比如和周边搞好关系，可以在门口摆张桌子，结果肯定好，能多赚一些，高高兴兴，这个时候，这个道——规律就是你的宝贝；如果你的德性不好，给顾客甩脸色，或者和周边关系不好，他老查你卫生，但你自己知道怎么开面馆赚钱，只是做的不好，那么这个道——规律可以保护你，少赚一些，但未必会倒闭。就是所谓的"善人之宝，不善人之所保"。

所以，悟道、依道而行是根本，他可以成就你，至少可以保护你。

所以，老子再次告诉大家，你要寻道、悟道啊，要树德啊，培养好的德性。

可是，上面老子讲了那么多，不是圣人、就是君王、又是邦的，我们小老百姓没资格那样做啊，即便悟了道，还要不要做了？

老人家笑眯眯地告诉你，可以做的，你啥啥都没有的，但有脸啊，有嘴啊！

脸大优先吗？嘴大先吃吗？

当然不是。

老子告诉你，做好三件事，就可以了。第一，说好话、做好事。把话说好，把自己的行为做好，就可以起到很好的作用。正所谓，美言可以市尊，多祝福人家、多赞美人家、多说说漂亮的话，也是可以换来尊严的，你看看身边，会说话的人谁不喜欢？嘴甜的谁不喜欢？

第二，多干好事，多干对别人有益的事。美行可以加人。多干对人家好的事、多给人家笑脸，美好的行为，可以增加人气、增加朋友。看看身边，是不是这样？

喜欢助人为乐，朋友就会很多。

第三，多包容，不要动不动就划清界限。人之不善，何弃之有？人哪有十全十美，都有不好的方面和时候，也有不会说不会办的时候，何弃之有？有啥可放弃的，有啥可嫌弃的。

掌握了这三点，在哪个位置，你都可以混得很好，干得很好。

所以啊，即便立了天子，设置了三公，即便贵为天子，即便在驷马拉的车上，前面还给你摆上两手环抱大的玉璧，不如你做到这个"道"的马车上。拱璧以先驷马的马车，只能拉你一阵子，这个道，它能拉你一辈子。美言美行多包容，你可以快乐地过一辈子。

你说，是不是这个理儿。

所以，老人家还不忘给你解释，"古之所以贵此道者何？"你知道以前的人为什么很珍惜这个道？"不曰：求以得，有罪以免邪？"我不说：要追求得到它，有了罪过、过错可以避免啊。

"故为天下贵。"所以啊，美言、美行这个道，被天下珍惜。

回观我们身边，是不是就有很多这样的事例，把话说好，把自己的行为控制好，你能有多大的过错？有了过错，是不是因为以往的好人缘好行为，也能得到大家的谅解，能够保护自己。

而相应的反面事例，是不是就更多了，多少不必要的事端，就是因为话说得不好，做了不合适的行为造成的。

所以啊，谨记老人家的教诲：美言、美行、包容。

好的德性啊，可以保，更可以好。

# 第六十三章　为无为，事无事，味无味

为无为①，事无事②，味无味③。

图难于其易④，为大于其细；天下难事，必作于易，天下大事，必作于细⑤。是以圣人终不为大，故能成其大。

夫轻诺必寡信⑥，多易必多难⑦。是以圣人犹难之⑧，故终无难矣。

**注释：**

①为无为：为（wéi），做、作为。无，没有。为（wèi），表目的。

②事无事：事，从事、做、为……服务、事情。

③味无味：味，辨别味道、味道、体味、体会。

④图难于其易：图，反复思考、谋划、图谋、谋取。

⑤天下难事，必作于易，天下大事，必作于细：难，困难的。于，在。易，容易、容易的时候。细，细小、微小。

⑥夫轻诺必寡信：轻，轻易、轻视。诺，信诺、承诺。寡，少。信，信任、诚信。

⑦多易必多难：多，数量多。

⑧是以圣人犹难之：犹，计谋、谋划、如同、好像、还、尚且。

**语义直译：**做，不是为做（特定目的）而做。做事，不是为了做事而去做事。体味，不为了体味而去体味。

谋划难的事情，要从它还容易的时候开始；做大，要从它还微小的时候做起。天下难事，必从容易的开始；天下大事，必从细微处开始。所以圣人始终不做大，所以能够成就其大。

轻视承诺必然缺少诚信，太多的容易必然会有太多的困难。所以圣人谋划难的，所以最终没有难的。

**悟道万象**

如果说，刚开始以及重要关节处，老子给我们讲述的是认识论。那么，认识论

197

后的很多章节，老子一直是在用方法论来指导我们该怎么做。

继建德树德以及美言美行之后，老子在本章再次为我们分解了如何做事，如何做成事。

当然，树立的做事标杆，不是一般的人，而是圣人。窃以为，老子以圣人为标杆，并没有想让大家成为圣人的意思，而是想告诉大家，即便你达不到圣人的高度，也同样能够成事。

我们来看看老子本章的理念。"为无为，事无事，味无味。"做事，不是为了"做事"而去做；体味一件事情，不是为了"体味"一件事情而去体味。

这是什么，这就是你做事的初心动机，为什么做？为做而做，还是为了事而做，还是为了目标而做。

解决了初心动机的问题，你就树立好了标杆，便于不断地开展回头望。而且，老子用"无"强调了他的观点，不要为了做而做，为了事而事。

确立了动机后，该怎么具体操作？

老子告诉我们，"图难于其易，为大于其细"。你要谋划比较难的事，就要从它还不难、还比较容易的时候开始谋划；要做大事，就要从它还是小事的时候开始谋划。这样的做法，有助于很好地解决万事开头难的问题。

当然，我们从老子的语言逻辑里应该可以看出，老子在一开始就讲出难和易，显然已经隐含了整体考虑、系统思考的逻辑。

客观地说，我们做事有两种方式，一种是随心而行，俗语说边走边看，哪里天黑哪里歇着，不确定目标在哪里，走着看；一种是先树立一个目标，不管这个目标有多远、有多高、有多难，立好目标，然后向目标前进。

显然，第一种是有盲目性的。

而老子是认可第二种做事方式的。

先确定目标，确定难易，然后着手去做。

对于具体的做，老子说，天下难事，必作于易，天下大事，必作于细。天下的难事，必然是从容易的开始做起；天大的大事，必然是从小事开始做起。

回观现实，做事有很多的主客观因素，时机成熟，做事自然容易，时机不成熟，自然会比较难。所以，做事也就基本存在两种方式。一种是等各种要素齐全，然后一鼓作气毕其功于一役；一种是从已经具备的要素做起，积小胜为大胜，最终成功。

两种方式在现实生活中普遍存在，最终的效果也显而易见。

我们不妨按照现在常见的管理模式和描述语境来描述：需要出具一份报告，涉及10个方面，最终一人将其汇总成为总报告。方法一，等大家的子报告都收集齐全后，开始完成总报告；方法二，终稿人设定好总框架、模板、确定字数和相关要求，用各子报告填空，来一个完成一个部分，等子报告全部收来时，只需要很短的时间，就基本可以完成总报告。

很显然，方法二更具优势。

但问题在于，方法二的操作者需要有系统思维、全局思维，有成熟的谋划，这样才能体现出优势。

如果说，报告的案例还略显不易理解的话，我们不妨通过更易理解的常见事来分析。

做一道菜，需要葱、姜、蒜、油、盐、酱、醋、菜等，有两种方式完成做菜。方法一，边做便准备材料，需要葱时摘葱，需要蒜时剥蒜，需要姜时切姜丝。方法二，先备好所有材料，然后起锅做。手忙脚乱做饭的，基本都是第一种方法，不时需要人来搭手；有条不紊做饭的，基本都是第二种，一个人齐活。究其根源，第二种方式，要做的饭已经在脑子里了，手头只是完成各条件依次去做；而第一种很容易想到再做，也很容易忘记配料。

老子的传授里，已经隐含了系统全局的理念。

所以老子说"是以圣人终不为大，故能成其大"。圣人始终不做大事，所以成就了他的大事。

高水平的人做事，同样如此。不管要推进的事情有多难，在系统全局地推开相关事项后，他着力解决的是牵绊缠绕影响时间推进的各种小事，或者会去关注某一个环节的小问题，或者会去关注某一个人的不良情绪，或者会去后勤关注大家今天吃什么、暖不暖等小问题，看似关注解决的都是小事情，但却最终完成大事情。

这就是老子说的道在现实中的真实映射。

当然，在做这些事情的时候，老子不忘提醒大家，尽管有了系统全局的考量，但还是要注意一些影响成事的细节。看看，正反两面的细节，老人家都给你考虑过了。

这个细节就是注意"诺"，许诺承诺。在推进的过程中，要慎重承诺许诺。因为轻诺必寡信，轻易许诺，必然会产生不被信任、很少被信任的结果。包工头总画饼说明天就发工资，发多少工资，工人信吗？老板总是画饼，总说有饼而不给饼，员工会信吗？所以，要么言出必行，要么不轻易许诺。多易必多难。你轻易地许了多少诺言，你的难处就有多少，你容易的时候有多少，你困难的时候就有多少。所以任正非一直喊着要过冬，许家印要卖出多少产业来稳定。

所以，老子说"是以圣人犹难之，故终无难矣"。圣人谋划的都是难的事，可能会发生的困难的事，可最终也没什么难的事。为什么？再难的事，一环套一环，总有相对简单的事可做，把相对简单的都做完了，真正硬核的困难也就基本差不多完成了。

看看，这就是老子告诉我们做事的方法论，几千年了一直存在于我们的生活之中。而且，不同的人有着明显不同的运用和相应结果。

这是不是道？

# 第六十四章  其安易持，其未兆易谋

其安易持，其未兆易谋①。其脆易泮，其微易散②。为之于未有，治之于未乱③。
合抱之木，生于毫末④；九层之台，起于累土⑤；千里之行，始于足下。
民之从事，常于几成而败之⑥。慎终如始⑦，则无败事。


**注释：**

①其安易持，其未兆易谋：安，安全、安宁、稳定、稳固。易，容易。持，保持、控制。未，没有。兆，兆头、预兆。谋，谋划。

②其脆易泮，其微易散：脆，易碎、易折，和"韧"对应，软弱、脆弱。泮，冰化开、分开、分解。微，微小、轻微。散，分散、分离。

③为之于未有，治之于未乱：为（wéi），做。治，治理。乱，混乱。

④合抱之木，生于毫末：合抱，双手环抱。毫，细而尖的毛。末，东西的梢、尽头。

⑤九层之台，起于累土：九层，指多层。台，平而高的建筑物。起，兴起、兴建、建造。累，堆叠、积累。

⑥民之从事，常于几成而败之：从事，做事。几，几乎。成，成功。败，失败。

⑦慎终如始：慎，谨慎、慎重、确实。终，终了、结束。如，像……一样。始，开始。


**语义直译：**（事物在）安稳的状态下容易保持控制，还没有兆头的情况下容易谋划。在脆弱的状态下容易分解，在微小的状态下容易分散。在还没有发生的时候做，在还没有混乱的时候治理。

两手合抱大的树木，产生于毫毛大的开始；多层高的平台，兴建在于积累的泥土上；千里远的行走，从脚下开始。

民众做事，常常在快成功的时候失败了。慎重结束要像开始一样，就不会出现失败的事了。

## 悟道万象

老子的传道，如滔滔江海，一浪又一浪。

立论，论证，再立论，再论证；讲道理，摆事实，再讲道理，再摆事实；先讲认识论，再讲方法论。

在上一章的方法论后，老子再次从认识论入手，廓清思想，让我们更清楚地看待事物的产生和发展，并点出了导致失败的关键问题。

我们一起来看看老子传授的理论。

先是从现象得出的结论：事物在稳定安宁的状态时，容易保持、控制，所以在还没有出现预兆兆头的时候，容易谋划解决。把事情要解决在萌芽之前。这个时候，影响事物发展的事情还处于脆弱的状态，容易冰释分解，也很微小，容易消散。

是不是很现实？

比如人际关系，人和人有没有矛盾，一般没有，但因为对一件事的理解，难免会有不同看法，说出来的看法还好，不说出来的看法，都憋在肚子里、憋在气场里，可以感受到但并没有引发。如果此时介入，说清楚讲明白，会有多大矛盾？但如果不呢，随着不断地积累，爆发后就不再能够融洽如前了。这很像一张纸，撕开一个豁口，你再怎么粘，也不可能完好如初。关系也是，在没有撕开豁口的时候，力气再大，只要没有撕开，停下后就会完好如初。

安全工作也是。任何工作中的安全问题，都是有苗头的，无非两个大的方面，人的因素、规则的因素，很像太极图，两个核心点。人的因素，无非个人的状态问题，包括精神状态，个人的人际关系问题；规则的因素，无非遵守规则的问题，不遵守规则的问题。所以，在人的状态尚未出现问题的时候，积极介入；在不遵守规则的苗头刚有征兆的时候，积极介入，这样才可以确保安全。

对未有和未乱，一定要积极介入，避免俗话说的"小洞不补，大洞尺五"的现象。

理解到这里，是不是又有了很像上一篇的感觉，这就是余韵。在做事的时候，要有系统思维、全局思维，没有上一章强调隐含的系统思维、全局思维，天黑了就歇着，怎么可能会发现未有以及未乱的现象。即便有了，你可能还以为它是偶然出现或者必然出现的。

对于这样的可能出现的问题，老子又通过三个方面的日常现象给我们做了引申的阐述。

第一个方面，"合抱之木，生于毫末"。两手合抱大的树木，也是从小毫毛尖的大小长大的。这是事物发展的初始状态，不好的因素的产生与发展也遵循同样的规律。所以，要重视源头的萌芽状态。

第二个方面，"九层之台，起于累土"。多层高的平台，也是由一点点一点点的泥土堆垒起来的。这是事物的发展壮大，不好的方面同样遵循这一规律。所以，要注重过程，注意积累。

第三个方面，"千里之行，始于足下"。千里远的出行，是从一步一个脚印走出来的。不好的方面也是一步一步走出来的，正所谓一步错步步错。这是目标达成的必然规律，要注意渐进的节奏、稳固的节奏。

是不是很系统，也很有意境，有点、有高、有远，画面感很强？

是不是很符合我们对发展规律的认知。

如果大家都能这样把老子的教诲用到实践中，还有什么事不能成功。

所以，老子说"民之从事，常于几成而败之"。民众做事，经常是几乎要成功了却失败了，功败垂成。

怎么办呢？

"慎终如始，则无败事"。

妥妥的系统思维，全局观。没到结束，没到比赛的最后一分钟，没到裁判吹哨，就不要有一丝一毫的松懈，就要像刚开始一样，努力认真，做好毫末、累土、足下三个方面的工作，直到确定成功。

这样做，还会失败吗？

回观几千年，是不是人类一直在重复地犯着同样的错误，道就在那里，规律就在那里，只不过这一波人犯过了，下一波没有经历的，接着再犯。

世界最大的公平是什么？

就是思维和认知的不可遗传，任何一个个体，都有寻道悟道得道结道果的可能。

物质的道果可遗传，思维和认知的道果不可遗传，任何个体都有崛起的空间。

# 第六十五章　古之善为道者，非以明民

古之善为道者，非以明民，将以愚之①。

民之难治，以其智多②。故以智治国，国之贼③；不以智治国，国之福④。

知此两者亦稽式⑤。常知稽式⑥，是谓玄德。玄德深矣，远矣，与物反矣⑦，然后乃至大顺⑧。

**注释：**

①古之善为道者，非以明民，将以愚之：善，善于。为，做、成为。非，不是。明，使动用法，使之明，明白、明了。愚，使动用法，使之愚。

②民之难治，以其智多：治，管理、治理。智，智慧、知识。

③故以智治国，国之贼：贼，害、祸害。

④不以智治国，国之福：福，福气。

⑤知此两者亦稽式：知，知道。稽，考证、考核、计较、争论、停留、拖延、至、到、合、相合、扣头。式，范式、标准、模范、用。

⑥常知稽式：常，经常、常常。

⑦玄德深矣，远矣，与物反矣：深，深远。反，相反。

⑧然后乃至大顺：顺，顺利、顺畅。

**语义直译：**古时善于悟成道的人，不是让人民明白，而是让人民愚昧。人民之所以难以治理，因为他的智慧多。所以以智慧治国，是国家的祸害；不以智慧治国，是国家的福气。

知道这两种方式的，也是相合的范式。常态知道这样相合范式的，就是有了深奥的德性品德。德性品德深远啊，和事物是相反的，然后就开始最顺利最顺畅。

**悟道万象**

上一章，是老子继续认识论的方式，给我们传授见于未萌、治于未乱的道，并提醒慎终如始避免失败的道理。

从前面的解读，我们也似乎可以看到隐隐约约的这么一条线，老子的讲道，立论，摆事实，讲道理，再立论，摆事实，讲道理。在讲道理部分，老子通常都有"治心"之论，专治各种思维和心理问题，有的"治心"之论还很闹心，让人百思不得其解，甚至心塞，但这种心塞，正适合悟道。

本章就是这么一个流传很久远，被人断章取义、狭隘运用的经典章节。

我们来看观点，"古之善为道者，非以明民，将以愚之"。古时候善于运用道的人，不是让人民明白明了聪明，而是要让人民愚昧愚笨。

愚人好管理，明白人难说话。

是这样吗？

好有道理啊。

同意这一解读的，同志，你多半已经快完了。如果你用这样的方式去管理、治理，如果现在企业还没有倒闭，就是已经在倒闭的路上了。

你不是孤独的存在，你在世界中仅仅是其中一份子，即便是古时的皇帝，即便再高高在上，你觉得你可以愚人吗？你觉得除非你把他打傻，他能自己变傻吗？你能把一个人两个人变傻，你能把你手下的人都变成傻子吗？

你愿意带着一群傻子去依道而行干大事吗？

傻子乐意你带着他们去干事吗？

你可以在一段时间里愚弄所有人，你能在所有时间愚弄所有人吗？

他们觉醒后，你还能愚弄吗？你还能治理吗？你还能坐得住吗？

问完这些，你再玩味"古之善为道者，非以明民，将以愚之"是什么意思。

是不是只有一个疑惑，老子错了吗？

不是错了，是你还没有悟到老子的真意，我们不妨给这句话加个字，"古之善为道者，非以之明民，将以之愚之"，没错，加了个"之"，让人民明白什么，明了什么？蒙蔽他们什么、让他们在哪些方面愚昧？

这两个问题，是不是才是真问题？

你要带着一堆人，是不是也希望他们和你在一起，清楚明白地知道要干啥，哪怕是打家劫舍，也得知道"别人的就是我的，我的也是我的"的强盗道，而不是傻子一样你让干啥就干啥，你让动手才动手。但有一点，不愿意不应该不适合的让手下知道的，该不让知道就不让知道。

这才是合理的逻辑。

所以，"古之善为道者，非以明民，将以愚之"，是老子在提醒你，要让人民手下人明了该明了的，不该明了的，傻乎乎跟着，别瞎猜。

所以，绕了这么大的一个弯，老子才接着说，"民之难治，以其智多"。人民难以治理，在于智慧太多。你觉得，这是在说正常的智慧吗？

字典里，智不光有智慧的意思，还有聪明、计谋、策略的意思。所以，你要理解为智慧，那就跑偏了，没有理解老子真正想说的。

为什么要这样咬文嚼字地去理解？

悟道本身就是这样，就像元始天尊打了孙猴子后脑勺三下，大家都嘲笑猴子，但猴子却悟到了，是半夜三更后门进。你说，你没有悟到对的意思，怎么能理解他的意思？况且高人本来就喜欢说半句留半句，不一下说透，前面已经给我们绕了多少弯了。再说，过了几千年，一个字的意思早都有了很多种变化，能用现在最常见的意思去理解原本的意思吗？读原文，学原著，悟原意。

既然明了了"智"的含义是计谋策略的意思，本章所有的结基本就都打开了。

"民之难治，以其智多"。人民难以治理，因为他们的计谋太多。他们老想着给您动脑筋耍计谋，你能好治理吗？

我们不妨再联系一下下文，民之难治，以其智多。故以智治国，国之贼；不以智治国，国之福。

民智多，所以你以智治国。中间有逻辑关系吗？

这里，老子又给我们绕了一个弯。

人民智多，要心眼动计谋，为什么？

因为，你的治理让他们很不舒服，所以他们才想尽办法挖空心思要心眼动计谋。

你动计谋，他们也动计谋。你是因，他们是果。

所以，老子才说"故以智治国，国之贼；不以智治国，国之福"。靠着动计谋治理国家，是国家的祸害，这些计谋像贼一样，在偷走你的人民，偷走他们的心。不以计谋治理国家，这才是国家的福气。

结合老子一贯的亲民、一贯的水到渠成的治理方式，这才是合适的解读。

即便你了解了老子此章的正确含义，老子还是要劝告你，计谋和非计谋，明和愚，这两者都要会用，要把握好。"知此两者亦稽式"。知道这两个的不同运用，也是相互相合的范式，两个范式，一个是明的范式，让人民明白什么、怎么明白，一个是蒙蔽他们、让他们怎么愚昧不知。两个范式要相合。

这样就很合乎逻辑了。

悟道也不能脱离实际，脱离人的常识的实际。

对于这两个范式，老子说，"常知稽式，是谓玄德"，常态化地知道这两个范式的相合使用，就是很玄妙的德性品德。这里的常，既可以是平常，也可以是经常，但以现在的语境，理解为常态化可能更便于大家接受，就是始终要保持一个清醒的头脑，哪些要明，哪些要愚，越是大事，越是高位，越要始终紧绷这两根弦。

是不是很现实？

几千年的中国，在治理上没多少新鲜事，治理的最根本，就是指人心，江山即民心。

常态化用好"明、愚"两个范式，为什么老子把它叫作"玄德"？

因为，明和愚，完全出自初心，德性品德的呈现，也完全在于初心，用得好就是明，用得不好就成了愚。

所以，如刚开始理解的，把人民当傻子的，就是初心站错了位置。你说，是不是站在这样的立场上，你不是死了，就是走在要死的路上。

所以，连老子自己都感叹，"玄德深矣，远矣"，这个玄妙的德性品德，太深奥了，太深远了，你要好好地悟一悟。

而且啊，这个玄德，与物反矣，与事物的发展是违背的。为什么违背？事物的发展是依靠正向力量的推动，而这个玄妙的德性品德，却是让你时刻要注意明和愚的搭配使用。

就问你累不累，有意思没意思，发际线还要不要？

所以，这既是和老子一贯要求人的德性品德要正、善、上等观念相违背，也是和老子一贯讲求无为而治、自然态的观念相违背，所以与物反矣。

但老子说了，"然后乃至大顺"。干什么了就乃至大顺？老子又给你省略了话语，"明之，然后乃至大顺"，明白了这个道理，然后啊，你就会顺利，越来越顺利。

理解了吧。

所以我们看，老子他老人家是一贯在讲求行大道、讲上德，讲的老人家好像没心眼似的，老人家对方方面面考虑得很多，只是觉得这样的方法和本性不符，不愿用之而已。但作为必须面对的现实，他得给受道的人点到，点到为止。

教尔该教，明尔该明，行大道，这就是老子的传道。

知而不为，知而不教，自己悟，这就是老子的传道。

老人家的良苦用心，需正悟，别初心起念便走错了路！

# 第六十六章　江海之所以能为百谷王者

江海之所以能为百谷王者①，以其善下之②，故能为百谷王。

是以圣人欲上民，必以言下之③；欲先民，必以身后之④。是以圣人处上而民不重⑤，处前而民不害⑥。是以天下乐推而不厌⑦。以其不争⑧，故天下莫能与之争。

**注释：**

①江海之所以能为百谷王者：谷，山谷。王，大、统治天下。

②以其善下之：善，善于。

③圣人欲上民，必以言下之：上，表方位，上位、上方的位置。下，表方位，下位、下方的位置。言，言辞。

④欲先民，必以身后之：先，走在前面。后，后面、处于后面。

⑤圣人处上而民不重：重（zhòng），敬重，重（chóng），重叠、重复、重新。

⑥处前而民不害：害，受伤害。

⑦天下乐推而不厌：乐，乐于。推，用手推，推崇、推行。厌，讨厌、厌恶。

⑧以其不争：争，争夺。

**语义直译：** 江海之所以能够成为百谷众多山谷的统领者，因为它善于处于向下的位置，所以能够成为百谷王。

所以想要处在人民至上，必须用言辞来处于人民之下；想要走在人民的前面，必须把自身放在人民的后面。所以，圣人处于人民上面而人民不感到沉重（改变），处于人民前面而人民不感到受伤害。所以天下人民乐于推崇他而不厌恶他。因为他不争夺，所以天下没有能够和他争的人。

**悟道万象**

在简要地提醒"以正治国"的同时，也需要时刻注意在"明和愚"的使用后，老子的传授又回到了正统大道之上。

毕竟，在老人家的治理管理、待人接物中，一直强调的是要无为而治，把百姓放在前面。

所以，本章老人家再次给我们详细地分解一下，为什么一定要注意"下"，用什么来"下"的问题。

先来看现象，从现象中归纳道理。

老子说，"江海之所以能为百谷王者，以其善下之，故能为百谷王"。大江大海之所以能够统领百谷，成为百谷的王，就是因为他善于处于江海的下方，所以才能成为百谷的王。

江海和山谷之间的关系，不仅仅因为江海位于山谷的下方，更因为江海的包容。山谷流向江海的河水，有清澈的溪水，有浑浊的河水，有滚滚而下的洪水，也有厕所流出的污水，对于这些，江海从来都是不言而纳入，不计较身份，不计较成色，不计较对方过错，不拒绝任何自然态的存在。这有没有很像圣人，或者高人。如果把每个人都看作一条山谷，把人的做事和语言算作山谷里流出的河流的话，圣人或高人是什么，是从善如流、和蔼可亲，把任何人的言辞和做事，向江海纳百谷一样纳入自己的胸怀，不计较任何攻击自己的、伤害自己的、影响自己的人和事，这是不是很像后来佛家的以身饲虎。

回观现实，你也会发现，身边的德性品德高尚的人，都是通情达理、善于理解包容旁人的人，他们也像江海、像圣人一样，包容了所有的人和事。

江海这样的品质，人道应该怎么学习，从哪些方面学习？

老子说"是以圣人欲上民，必以言下之"。圣人想要处于人民至上，一定要在言语上处于人民之下。什么意思？在和人民打交道的时候，要语言上不强势，不居高临下，要把人民放在自己的前面，对人民的作为多加肯定。欲先民，必以身后之。想要站在人民的前面，就要在实际的行事中，把自身放在后面。这里的自身，是什么？不仅仅是身体，更是自身的利益，想人民所想，急人民所急，先天下之忧而忧，后天下之有而有。

"是以圣人处上而民不重，处前而民不害"。这里的"重"，应该按照"chóng"重新、重叠理解更合适一些。重，不管是重量还是重视，人民怎么可能不重视？而重（chóng）的含义，重新就很明确，重新换一个站在前面的人，重叠，再放一个和你一样叠在一起的人，那是代替你的人。所以，本句较合适的含义就是，所以圣人处于人民的上面而人民不重新换人、不增加一个和你同一位置的人，处于人民的前面，人民也不会害你。

是不是这样更符合实际？不管是圣人还是君王还是哪一级的管理者，不为人民考虑，不以人民至上，人民就可能推翻你，替换你，替换不了，也会采取办法，设立一个和你一样位置的人，让他来代替你服务或者管理人民。替换的方式，中国历史一直耳熟能详，重新设立，大家不妨参看君主立宪制，推不翻国王，但可以用议会首相等方式，实现不让你管的目的。客观地说，英国的君主立宪制，本就是资本主义相互妥协的结果。

所以，老子说"是以天下乐推而不厌"。所以，天下人乐于推崇你，把你推倒前面，而不讨厌你、嫌弃你。这样的现象，除了尧舜，后续还有吗？这样的现象，身边的好领导好同事还少吗？

所以，老子总结，问什么人民这样拥护，"以其不争，故天下莫能与之争"，因为他不争夺什么，不和人民争夺什么，所以天下没有什么能够和他争的。

一切为了人民，一切为人民考虑。他要争什么，确切地说，连站在前面都不是他要争的，孙中山是这样，革命先辈们都是这样，所以就有了很多的老英雄隐姓埋名甘做平民，比如张富清。

这就是老子的循循善诱，悉心教诲。

语言上要下，自身要在后。

# 第六十七章　天下皆谓我道大，似不肖

天下皆谓我道大，似不肖①。夫唯大，故似不肖②。若肖，久矣其细也夫③！

我有三宝，持而保之④。一曰慈，二曰俭，三曰不敢为天下先⑤。

慈故能勇⑥；俭故能广⑦；不敢为天下先，故能成器长⑧。

今舍慈且勇⑨；舍俭且广；舍后且先；死矣！

夫慈以战则胜，以守则固。天将救之，以慈卫之⑩。

**注释：**

①天下皆谓我道大，似不肖：似，似乎。肖，像，相似。

②夫唯大，故似不肖：唯，由于。

③久矣其细也夫：久，长久。细，细小、微小。

④我有三宝，持而保之：宝，宝物、宝贝。持，拿着、握、掌握、保持、控制。保，守住、保住、保护。

⑤一曰慈，二曰俭，三曰不敢为天下先：慈，慈爱、和善。俭，俭省、节省。为，做、作为。先，与"后"相对，先于、前于、走在前面。

⑥慈故能勇：勇，勇敢、勇于。

⑦俭故能广：广，大、宏大、多、广泛地。

⑧不敢为天下先，故能成器长：成，完成、实现、成为、成长、长成。器，器具、重器、技能、才能。长，长久、生长、成长、增长、长大。

⑨今舍慈且勇：且，而且、并且。

⑩夫慈以战则胜，以守则固。天将救之，以慈卫之：救，挽救、拯救、援助、帮助。卫，保卫、防护。

**语义直译：** 天下都说我的道大，似乎不像。那是因为大，所以似乎都不像了。如果像，就很长久而且很细小。

我有三宝，掌握并保护着，一是慈，慈爱；二是俭，节俭；三是不敢为天下先，不敢居于天下最前面的。

慈爱所以能勇敢；节俭所以能变大；不敢为天下先，所以长成重器并长久。

现在舍去慈爱并且勇敢；舍去节俭并且变大；舍去后面位置并且向前；结果是走向死亡！

因慈爱而战就能胜利，守护就能稳固。天将要挽救人，就用慈爱来保卫他。

## 悟道万象

本章又是一个比较难于理解的章节，中间有不少的弯弯绕，和"非以明民，将以愚之"一样，也是广泛被误解误读的一个章节。

我们可以看到，老子前面已经详细地传授了那么多的关于道和德的规律，本章老子以道为引，给我们讲授德的成长和作用。

"天下皆谓我道大，似不肖"。这里的肖，字词典里都是只有像、相似的含义。窃以为，这里的肖，按照"描述"的含义理解更为贴切一些。那么，直译的"天下都说我的道大，似乎不像"就可以译为"天下都说我的道大，似乎不可描述"。尽管前一个意思也可以理解，但和后面的"若肖"结合起来，至少"肖"含义的"像"，就应该调整为"画像"，画像的意思，不就是描述？

所以，天下皆谓我道大，似不肖，就可以这样理解，天下都说我的道很大，似乎不好描述，到底是多大？

老子说，"夫唯大，故似不肖"。就是因为太大了，所以才不好描述。大到无法描述。若肖，久矣其细也夫！如果一定要描述，那就是长得很长得很，细得很细得很！

我们玩味一下老子的这句话，凡五千言，从开头开始，似乎一直就没有速成的意境，也没有短期的意境，都是水到渠成万年长久的意境。讲的道理摆的事实，似乎也不是那么高大上动辄宇宙洪荒其貌煌煌的大场面，都是一些微啊、下啊、弱啊的。所以，你要获取的力量，不是爆发力的力量，不是七伤拳的力量，而是化骨绵掌易筋经的大内心法。

这怎么好描述。

而且我们回味一下，老子的大道讲完，你是觉得你高高地位于事物之上，还是处于事物的发展之中？是不是有一个存于其中、绵绵用力的感觉？

作为一个点，用的绵绵之力，运用无所不在的道，你说你怎么描述？不是因为不能描述，确实是你自己在低位，用巧力，不为自己，没有特定目的，推动不为人知的发展。你怎么描述自己？

既然不可描述，你怎么传道？老子可以这么说，老子之后的后人怎么说，怎么传道？说不出来还如何传道？

所以，老子又开始方法论了。如前，先是认识论，再是方法论，方法论里面还要廓清你的思想。

老子说，"我有三宝，持而保之。一曰慈，二曰俭，三曰不敢为天下先"。我有三个宝物，一直持有并保持着。这三个宝物，一是慈爱，二是节俭，三是不敢为天下先。

这三个宝物里面，前两个还好，第三个就太难理解了，向阳而生，很多受影响的人抱着这一法宝，错失很多机会。

这，以及后面的章句，又是老子老人家留下来的弯弯绕。

为什么？"慈故能勇；俭故能广；不敢为天下先，故能成器长"。

慈爱就能勇敢了？节俭就能变大了？不敢为天下先，就能成器还长久了？

这中间的弯弯绕，都需要在三宝的理解中，将其解开。

老子说，要持而保之慈、俭、不敢为天下先三个宝物。那这三个宝物属于谁？我们来看本章节的第一句，"天下皆谓我道大"。老子的话题是从道展开的，但慈、俭、不敢为天下先属于道吗？

似乎不是，这三宝应该属于德的范畴。所以，老子的三宝，道生之，生之于道，但德蓄之，是需要用德来培养养育的，持而保之，就是要培育好、养育好这样的好德性好品德。

有没有发现，这三宝都是守正、保持守的状态，而不是进取的状态、张扬攻取的状态，这样的状态，本来就是老子一直强调的，一直要求笃行的。

廓清了这个思想，我们再分别分解三宝。

第一个，慈。慈爱、仁慈，都是对百姓、下层的爱护，从道的角度讲，弱者，道之用也。保护好自己的用道基础。

第二个，俭。俭以养德，节俭的德性本身，可能并不能够让你强大，我们前文论述过，壮大广大主要靠的是开源，节流只是一方面。但节俭德性的培养，却可以让人不浮夸、不张扬、不自我夸耀，不会"朝甚除，田甚芜，仓甚虚，服文彩，带利剑，厌饮食"，不会入不敷出，也不因此招来不必要的麻烦。

第三个，不敢为天下先。如何理解天下先？不敢先于别人做事？不敢创新？不敢走到别人前头？圣人、孤、寡、不谷、侯王、君子，等等，哪一个不本身就在人前头？上篇章还专门讲如何以下得上、以后得先，本章就变为不敢为天下先了？

如果单纯这样理解老子的"不敢为天下先"，显然是没有理解老子的良苦用心。

老子一直强调要用系统的思维、全局的思维来看待分析事物的发展变化，所以，先还是后，要在系统和全局中进行判断，能够推动全局发展的，比如主要矛盾或者矛盾的主要方面，要积极地利用好，这个积极的因素必须先，起到引领事物发展壮大的作用。而不在系统中的、不在全局中的因素，放在任何地方用，都是先，因为它有别于整个系统、整个全局。

比如华为开始说三年不做手机，当时的手机业务，不在系统和全局中，哪怕只开展一点业务，都属于先。一旦确定了要做手机，华为就喊出要做就做世界第一，这是不是先？绝对的系统和全局中领先，引领发展方向。

华为说不造车。因为车不在华为的系统和全局中，车上搭载的物联网是不是先？肯定是先，不敢为天下先吗？不敢何以敢说要做就做世界第一。

所以，这里的先，主要判断该"先"是不是在系统中、全局中。不在自己的系统和全局中，再好的也不是自己的，再好的都有巨大的风险。

多少企业死掉，不就是因为盲目的扩张和多元化经营，特别是多元化，每一化都很难说是经过系统地、全局地论证，很难说都是在按照企业和相关产业的规律在运作。

天下，我们前文说过，广义的天下是全天下，狭义的天下是你自己的那片天地，你的"先"在不在"自己设定的系统"里，道这个规律里。

在，没什么先不先，只有做；不在，什么都是先。创新，就是这么的先。

理解了这三宝，就可以很顺畅地理解后面的章句了。

今舍慈且勇；舍俭且广；舍后且先；死矣！现在，你要舍弃慈爱，忘了根基，勇敢地去做；舍弃节俭，没有开源，去铺张浪费变大；舍弃系统全局的范畴去争先，死了啊！你不死谁死。

忘记了三宝，已经造成了不利局面，如何不死呢？

老子告诉你，"夫慈以战则胜，以守则固"。要守住最根本的——慈爱。慈爱是爱护你的"道之用"的根基，有了慈爱培育的良好根基，战，可以胜，守，可以稳固。"天将救之，以慈卫之"。如果老天要挽救你，就会用慈爱来保护你。

人心齐，泰山移，万众一心，何业不成，什么不敢天下先！

爱人民，爱百姓，爱下属，他们才愿意和你一起共克时艰，共渡难关。

多少历史已经证明，国家危难之时，不就是待民如子、待兵如子的高德之人带领人民走出苦难的。相互不舍，相互成就。

多少商战案例证明，企业危机之时，不就是爱惜员工、温暖员工的高德负责人带领大家走出危机的。相互不舍，相互成就。

道，可以肖，可以描述。

三宝，慈是根，战则胜，守则固，救则卫。

# 第六十八章　善为士者，不武

善为士者，不武①；善战者，不怒②；善胜敌者，不与③；善用人者，为之下④。是谓不争之德，是谓用人之力，是谓配天，古之极⑤。

**注释：**

①善为士者，不武：善，善于。为，做。士，士人。武，半步、勇猛、勇敢。

②善战者，不怒：战，战争、战斗。怒，生气、气势很盛、奋起、奋发。

③善胜敌者，不与：胜，胜利、胜过。与，给予、授予、和。

④善用人者，为之下：用，使用。下，处于下方的位置。

⑤是谓配天，古之极：配，配合、匹配。古，古时。极，顶点、最高处、极限。

**语义直译：**善于做士人的，不动武。善于战斗的，不发怒。善于战胜敌人的，不给予（对方机会）；善于用人的，对所用之人谦下。这就是所谓的不争的德性品德，用人的力量，匹配天资，是古时的极致。

**悟道万象**

讲主观因素，讲客观因素，整体看老子的传授，纵横捭阖，鞭辟入里，节奏感很强。

上一章中，老子讲了三宝，慈、俭、不敢为天下先，这是从自身出发，要有系统思维、全局思维，把握自身需要做好的三个方面。

阴阳相辅相成，那么依旧要系统思维、全局地看，客观存在的力量有哪些方面，怎么运用。

本章老子就从每一个群体中都存在的、不同的、主要的力量方面，教给大家如何分析群体的优势、搭配不同的人才。

首先看看群体中的人员分类及特点。

第一类，善为士者，不武。士是老子时期的特殊人群，有以下几个不同的指代，一是男子，二是古代的贵族的最低一级，三是具有某种品质或者技能的人，四是读书人，五是士兵武士。这里，更多的是指前四类中的某类。因为后面单列了战斗性的分类。不管是这四类中的哪一类，都有一个共同的特点——不靠武力解决问题。或者换个说法，这一类人，哪怕是古代贵族最低一级的士子，也都是靠思想、靠参谋立足生存的。

这类人，有思想，有知识，善于动脑谋划，君子动口不动手。他们的典型形象，羽扇纶巾，轻摇鹅扇。

第二类，善战者，不怒。善于战斗的人，不发怒。这就像高手对战时，发怒动心气，已经先输一局。每个群体中，也都有这么一类人，他们战斗力强，属于能上手的就不多言，话不多，不发脾气，基本是电影小分队里狠人的标配角色。他们的典型形象，寡言，眼神冷冷的。

第三类，"善胜敌者，不与"。这里的"不与"，属于省略句，后面的宾语需要自行体会。善于战胜敌人的人，不会给对方任何机会。每个群体里，也基本都有这类人，他们会根据局势合理地运用所有资源，让对方无所适从，处处落于下风。他们的经典形象要靠对手展现，台词："钧座，不是我们太无能，实在是共军太狡猾"。

第四类，善用人者，为之下。善于用人的人，善于发挥不同人的特点。基本每个群体里，也都有这样的人存在，他们未必是领导者，但具备领导用人的能力。这里的"之"，是指"要被用的人"。善用人者，他们的特点，愿意为要用的人放下姿态，让被用之人有成就感、获得感。他们的典型形象，台词："刘邦也就将三人，韩信却是多多益善"。

回观一下现实，是不是每一个群体，特别是优秀的群体，都有这四个方面的佼佼者存在？如果更贴近现实一点，我们把善战者替换为个人专业技能极强者，善胜者替换为善于把握全局者，你就会发现，这个结构也很适合划分或者组建我们的优秀团队，或者培养团队队员的不同发展方向。

这样，一个优秀的团队的主要才能结构就是，善士者=善动脑者，参谋；善战者=专业能力突出者，主要打专项硬仗，猛将；善胜敌者=元帅，帅才，战略全局；善用人者=统帅，引领。

这样的团队才能结构非常令人艳羡，堪称完美。

这就是本章中老子给出的客观因素里要着重辨察的四类人才，有了这四方面的人才，能不实现目标？

如何用好这四类人，老子说"是谓不争之德"，要有"不争"的德性品德，不和外界争，不和团队队员争，这是圣人之道的要求。"是谓用人之力"，这就是要善于用别人的力量。"是谓配天"，这就是匹配上天给你的所有人力资源，能够把这些人力资源匹配好，那是古时圣人们的用人的极致。

所谓尺有所短寸有所长，瓦块砖头都有用，你的那片天地，资源就那么多，如何调配好资源，让所有资源都发挥出最大的作用，这就是系统的、全局思维在客观实际中的最大应用。

既要最大限度地发挥主观能动性，又要最大限度地发挥客观资源效能，这就是现在语境下，老子本章的精神核心。

# 第六十九章　用兵有言

用兵有言①：吾不敢为主，而为客②；不敢进寸，而退尺③。是谓行无行④；攘无臂⑤；扔无敌⑥；执无兵⑦。

祸莫大于轻敌⑧，轻敌几丧吾宝⑨。

故抗兵相若，哀者胜矣⑩。

**注释：**

①用兵有言：兵，兵器、武器、兵士、军事、战争、军队。言，言论。

②吾不敢为主，而为客：主，控制者、主人、主要的、根本的。客，宾客、客位。

③不敢进寸，而退尺：进，前进。寸，量词，引申为极短、极小。退，后退。尺，量词，寓意短，但比寸长。

④是谓行无行：行（xíng），行动、运行。无，没有。行（háng），行列，古时25人为一行。

⑤攘无臂：攘，撩起、挽起。臂，臂膀。

⑥扔无敌：扔（rèng），牵引、拉、摧毁，在清代前，扔，没有抛掷、抛弃的意思，也不读一声。敌，敌人、抵挡、抵抗、相当、匹敌。

⑦执无兵：执，握、持、掌握、控制、执行。

⑧祸莫大于轻敌：祸，灾祸、祸患。轻，轻视、轻贱、看不起。

⑨轻敌几丧吾宝：几，几乎、接近、将近。丧，丧失、失掉、失败、灭亡、死亡、祸难。宝，宝物。

⑩故抗兵相若，哀者胜矣：抗，抵抗、抵御、抗衡、匹敌、相当。相若，相互比得上。哀，悲痛、伤心、怜悯、同情、爱、受压制。胜，战胜、胜利。

**语义直译：** 用兵的人曾有这样的言论：我不敢为主要主动的一方，而要为客位应对的一方；不敢前进一寸，而却要后退一尺。这就是所谓的行动对方看不见行列，挽袖子对方看不见臂膀，摧毁对方无法进行抵抗；掌控战局对方看不到兵士。

最大的祸没有比轻视敌人更大的了，轻敌几乎丧失我的宝贝。

所以，两军实力相当的时候，悲哀的一方可以获胜。

### 悟道万象

在老子的思想里，一直不崇尚直接的武力斗争，讲求依道而行，水到渠成地解决问题，但这并不代表着思想里缺少直接斗争的策略。

我们应该相信，在当时的大争之世，诸子百家百花齐放，都有用武之地，军事理论自然是最直接解决问题的，但其他家如果没有这样的理论，自然是欠缺的。作为犹如龙也的老子，自然不会缺少直接斗争的理论，只是这不是他所提倡的。有条件运用的人也没有汲取到他的精华。

上一章中，老子就分析了团队中不同的人才类别，这样的分类是干什么？不就是为了便于直接斗争吗？

本章中，老子给大家传授他的直接斗争思想。这里，也有一些弯弯绕的逻辑沟渠，需要我们理解跨越。

老子说"用兵有言：吾不敢为主，而为客；不敢进寸，而退尺"。直接的武装斗争，用兵是有讲究的，我不敢主动挑起战争，而是客位地应对战争。不敢向前按寸的距离推进，而是以尺为单位地打不退后。

这个思想是不是很迷惑？不主动挑起战争，我们理解，但不敢寸进，却要尺退。这是什么战争思想？这样的战争思想能使战争胜利吗？

作为老子本章节武装斗争思想的第一句话，这话自然不是随便说说。假如当时以这样的思想去游说那七大国，哪国君王会同意？所以，我们有必要分析分析老子这样的思想。

主动挑起战争，不展示进攻态势，反而采取大幅度退让的姿态，目的是什么？目的有二，一是示弱，二是占据道德制高点。

示弱，表明并不是想通过武力解决问题。解决问题的方法很多，和平的方式、外交的方式、经济的方式等，都是可以解决的，武力解决只是选项之一。这话是不是很熟悉？示弱，只是"示"，并不代表真的弱，具有迷惑性。

占据道德制高点。道德制高点这种东西，看似虚幻，实则很实际。对内，可以统一思想，凝聚共同力量；对外，可以观察各方反应，明了相关外部环境对此事的看法和态度，确定可能的友邻和其能提供的帮助。有助于系统考量和全局把握。

这里面，还有一个隐含的尺度问题，不进寸，以尺退。寸和尺的度量问题，尺，不是溃，不是无原则的溃退。

解析了这样隐含的弯弯绕，下面的章句就好理解多了。

"是谓行无行；攘无臂；扔无敌；执无兵。"这里的"行无行"，很多的解读都不到位，个人的理解，第一个"行"，读xíng，行动，军事行动；第二个"行"，读háng，行列，军伍行列。"无"，没有。基于前面老子讲的"以正治国，以奇用兵"思想，这里的"无"理解为对方看不见、看不到更合适。

经过示弱，了解对方和相关各方的态度后，一旦决定了军事行动，那么"行无行"，行动起来对方就看不见军队行列，看不见你的军事部署，隐兵而行。这是不是就很厉害了。所以，这既是军事部署，也是部署的要求和结果。

"攘无臂"。挽起袖子，动手，对方却看不见手臂。怎么打的？从哪里打的，要让对方看不清楚。

"扔无敌"。这里的"扔"，应当是摧毁，不是抛弃地扔。"敌"应当是抵抗匹敌，而不是敌人。摧毁对方，让对方无法抵抗匹敌。

"执无兵"。"执"是掌控的意思，"兵"是士兵的意思。掌控了战局，让对方基本看不见你的用兵。

示弱退却，统筹全局，一旦动手，引兵出奇，摧枯拉朽，让对方基本看不到你的用兵之法。

这是不是才是打胜仗该有的样子？

所以，老子是在简单的话语里，隐藏了很多逻辑的弯弯绕，这就要靠个人自己悟。这无疑是对的，毕竟经典，岂能如大白话这样说，高深一点才是高深的样子。

这样的设想很好，但老子明确指出，一个最大的问题必须时刻注意，要好好克服——轻敌。

所以，"祸莫大于轻敌"，再怎么周密地安排部署，最大的祸患就是轻敌，轻敌的结果就可能是丧失宝物。

"轻敌几丧吾宝"，这里的"宝"是什么？是物吗？是机密吗？都不是。

老子前文说了，"吾有三宝，慈、俭、不敢为天下先，夫慈，以战则胜，以守则固，天将救之，以慈卫之"。这里的宝，就是慈的基础——人。

轻敌就可能丧失我们的宝贝——战士！

缜密筹划，绝不能轻敌，轻敌，后果很严重。

这就是老子的战争思维。很现实吧。

对于战争结果的判断，老子说"故抗兵相若，哀者胜矣"。一定要看清这里的前提条件，"相若"，相互可以对抗的两支武装力量，相互比得上，而力量悬殊的两支武装力量采取的是"大以下取下，小以下取大"，不在这个公式里。

这里的"哀"，是悲哀、受委屈、被压制的一方，力量悬殊的时候，哀也是白白地哀，一般不可能获胜；力量差不多的时候，受委屈被压制的一方，更容易同仇敌忾，众志成城，发挥出不一样的战斗力。

这才是比较贴切的"哀者胜矣"应有的意思。

如果系统地回看一下本章，你就会发现，老子以对抗力量相若为条件，先后通过示弱、退让，让士兵在怒气中聚集力量，然后通过隐兵、奇兵取得战果，以不轻敌杜绝隐患。这一套打法，是不是很强？

从开始阶段，就具有很强的迷惑性，从开始就"以奇用兵"。

不是不能武力解决问题，只是不想武力解决问题。

不动则已，动就要命！

这就是老子的武装斗争思想。

# 第七十章　吾言甚易知，甚易行

吾言甚易知，甚易行①。天下莫能知，莫能行②。

言有宗，事有君③。夫唯无知④，是以不我知。

知我者希，则我者贵⑤。是以圣人被褐而怀玉⑥。

**注释：**

①吾言甚易知，甚易行：甚，很。易，容易。知，知道、懂得。行，做、实施、行动。

②天下莫能知，莫能行：莫，不。

③言有宗，事有君：言，言辞、言论。宗，祖宗、始祖、主旨、根本、宗旨。事，事物、事情。君，君主、主体。

④夫唯无知：唯，只是。无，不。

⑤知我者希，则我者贵：希，少。则，准则、法则，此处为意动用法，以……为则。贵，显贵、禄位高。

⑥是以圣人被褐而怀玉：被，披、穿。褐，粗布、粗布衣。怀，揣着、怀抱、心里包藏着某种思想感情。玉，玉石、美德、贤才。

**语义直译：**我的言论很容易懂得，很容易实施。天下没有人知道，没有人能实施。

言论有根本，事情有主体。只是不知道（这些方法），所以不理解我。

知道我的人很少，以我为准则的人显贵。所以，圣人穿着粗布衣而怀抱着美玉。

**悟道万象**

前面六十九章，老子既讲认识论，又讲方法论，又是讲道理，又是摆事实，又是讲道，又是讲德，讲了那么多，听者、读者能接受多少，理解多少？

估计作为老师的老子，心里也是在打鼓。

这个打鼓，还有一种原因，别人讲道，都是宇宙洪荒，天阔地远，而老子的举例都是凡常之事，凡常之物，所以有了本章老子对自己理论的一个自我评价。

老子说"吾言甚易知，甚易行"。我的言论思想，很容易理解，很容易去实施执行。"天下莫能知，莫能行。"但天下没几个人知道，没多少人能实施。下士闻道，大笑，不笑不为道。人都有下意识探索玄妙的心理，认为高深莫测的才是最宝贵的，千辛万苦磕一百个头换来的，才认为是宝贝，听到最简单的、最本质的，有几个人能珍惜对待？讲得这么透彻的，有几个人去用心揣摩，用心去实践？

所以，我们可以想见，传道至此处，老人家也是有所心衰。能够理解，大争之世，如此大道，纳为良策的郡国几乎没有，反倒是那些结一时之需的学问成为显学，彰显于庙堂之上。

所以，老人家颇显无奈地说道，"言有宗，事有君"。言论思想有根本、有主旨，事物事情有君王、有主体，很多人不知怎么去找到言论思想的根本本质，不知道怎么去找事物事情的主旨要点，"夫唯无知"，是他们不知道这些方法，所以也不知道我。"是以不我知"，倒装句，是以不知我。

天下万物，道理有道理的根本，事情有事情的根源，以事知人，以人知事，人和事，总需要有一个切入点，方才能进入互知的良性循环。老子的学说当时无用武之国，人也无国延请大用，唯留名于外，神龙见首不见尾。

所以，老子感喟"知我者希，则我者贵"。知道我的人很少，以我的思想为准则的人会显贵，但可惜的是，当世竟然知道我的人太少了，用我的思想为他自己谋得显贵的人也太少了。

紫气东来，我们不知道函谷关老子骑牛而来的时候，心中做何感想，我们也不知道，当关尹子留下他希望他留下墨宝的时候，他的心中做何感想，但以当时的纷争态势，他的学说被六国所用显然不可能了。按照资料文献，秦献公是见过老子的，以当时弱小的秦国，能用此学说吗？不管怎样玄而又玄地说，从历史后来的发展看，老子的学说在当时的秦国也是无法运用。"莫若啬"，老子何处找一块地，"啬"他的学说。

所以，这句话似乎也就有了自嘲的味道，"是以圣人被褐而怀玉"。褐衣，粗布衣褐，灰绿色是老百姓的衣服。所以啊，圣人是穿着粗布衣的老百姓，但却怀揣美玉，胸有天下万物大道。

岂止圣人，岂止老子，世间有多少这样的憾事。

但这，未必也不是道。

苍天洒下一把珍珠，落到哪里？

有的落到宗庙，被赫然看到。

有的落到集市，被辗转发现。

有的被镶到了王冠上，有的被缀在华服上，有的被装了椟，卖来卖去。

有的呢，可能就落到了砂石里，土坑里，甚至厕所里。

谁能被发现?

除非瓦釜雷鸣高岸为谷，埋地八尺的珍珠都会被搜罗出来，闪一两下光芒，闪罢，又重回正常。

大千世界，宇宙洪荒，哪有那么多瓦釜雷鸣高岸为谷?

天地大道，这是不是也该算是道?

# 第七十一章　知不知，尚矣

知不知，尚矣①；不知知，病也②。圣人不病，以其病病。夫唯病病，是以不病。

**注释：**
①知不知，尚矣：知，知道、懂得。尚，超过、高出，引申为尚未。
②不知知，病也：病，病、生病、毛病、弊病。

**语义直译：** 知道自己不知道，超过了别人。不知道自己知道，是病。圣人不生病，以他的毛病为病。因为以毛病为病，所以不生病。

**悟道万象**

上一章，我们妄自揣度了老子当时的境遇，历史地看，也并非不可。

但老子的用意，可不仅仅是引出自己的处境，而是通过自己的处境，告诉人们如何看待自己。而看待自己，就存在"知"的问题，前面那么多，让大家知天知地知道，那么知自己吗？

所以，在用自己引出了"知"的话题后，本章老子给我们分解"自知"的问题。而且，鉴于语言语境的变迁，可能会存在几个都合理的解读。

老子说"知不知，尚矣"，知道自己不知道，这已经超出了很多人。"不知知，病也。"不知道自己知道，这是病。已经获得了某项技能或者某些知识思想，自己却不知道，属于自己不察，这当然是病。漠视自己的感知和思想，把自己获取的知识或信息，白白浪费，这是不是病？

"不知知，病也"。还有一种解读：不懂却装作懂，是病。语义上可以理解，但对已在"知"的含义，压根就没有"装知"的条目。而且，不管你让哪个知来使用意动、使动、被动用法，也没有可能出现"装知"的含义。

古文实词单字成意，要变化用意，要么意动，要么使动，要么被动，要么通假，这两个字都没有可能增加"装"的含义。如果按照省略字的文法，一般省略的会是"之""矣"等等的代词或者其他虚词，省略一个关键的"实词"而且是能够引起语义变化的实词，应该中不可能发生的。

所以，我们不妨斗胆直言，"不知知，病也"，就是前面的解读，不知道自己知道，这是病，毛病。强调的是要自省，这应该和孔子的"吾日三省吾身"属于同样的意思，只是用了不同的表述方式。

这样的"不知"，有可能是主观上的认知忽视了，没有辨别出来；也有可能是客观存在熟视无睹习以为常。

所以，后面的"圣人不病，以其病病"也容易理解，圣人没有毛病，上知天气，下知地理，前知五百年，后知五百年，因为他把毛病当病，治疗自己的毛病。治疗的办法就是，明察自身，多省己身，感知自己知道哪些，不知道哪些，杜绝已经知道的还当作不知道的（不知知），所以圣人才能没有毛病，从来都是清清楚楚。

所以，才有了老子说的"夫唯病病，是以不病"，只有把"不知道自己知道"当作毛病，时刻分清自己知道哪些，不知道哪些，才能够不生病。最后一个病，显然是认知的病。

战争中更多"不知知"的典型案例，马陵道孙膑的增兵减灶之计， 三国时张飞的长坂坡马尾拉树枝大起尘烟之计，让对方习惯换防突然攻击，等等这些，都是充分利用了对方"不知道已经知道的信息"的思维弱点。

企业管理里也有。一份报表呈递上来，里面所有的相关信息都有，但哪些信息属于"不知道已经知道"，比如美国的贸易战，对芯片的限制，相关企业抱着的侥幸心态，结果不采取措施造成损失，是不是属于"不知知"？

根究以上案例可知，圣人治疗自己的"不知知"毛病，就是为了消除思维定式、时刻甄别自己所知的信息并合理应用。

有了这个毛病，是不是病？治疗这个毛病，是不是圣人才不会有毛病？

# 第七十二章　民不畏威，则大威至

民不畏威，则大威至①。

无狎其所居，无厌其所生②。夫唯不厌，是以不厌。

是以圣人自知不自见③；自爱不自贵④。故去彼取此。

**注释：**

①民不畏威，则大威至：畏，害怕、恐惧。威，威力、威风、威严。至，到、到达。

②无狎其所居，无厌其所生：狎，亲近而不庄重、轻视、忽视、安于、习惯于、更迭、交替。居，居住。厌，讨厌、厌恶、压制、压抑。生，活着、生存、生命、生活。

③是以圣人自知不自见：见（xiàn），出现。

④自爱不自贵：爱，爱护、喜爱、爱惜。贵，尊贵、敬重、显贵。

**语义直译：**人民不害怕威严，那么大的威严就到了。没有轻视他所居住的，没有厌恶他所生存的。只有不厌恶，所以才不厌恶。所以圣人自知却不自我显露，自爱而不自我尊贵。因为要舍弃这个获取那个。

## 悟道万象

一个人如何评价自己"知"还是"不知"？

上一章中，老子给我们讲了圣人最大的毛病"不知知"，所以，如何"知"，消除"不知"的隐患，就是问题。

从认知和反馈的角度来看，我们对"知"的评价可以从两个方面来获得。第一个方面，来自自己，属于内生的，吾日三省吾身那一种的，这样的对自己认知，建立在本身对自己就已经有了一定标准。比如学生群体的典型案例，一个学生已达到了90分以上，在内省的时候，该生可能属于痛苦型的，因为他的自我标准在95分，或者更高的分数。另一个学生考了61分，在内省的时候，他可能已经属于激动万分了，因为他的自我标准在60分。所以，内生性的自我认知，有一定的必要性，但也有一定的不准确性。

第二个方面，来自外部的反馈性评价。这属于客观的外在的评价，不一定合乎主体自身，但却可以基本反映出主体在事物中、环境中的客观位置。以上例，考90分的学生可能真的没法高兴，因为他们班的整体水平在92分，他在水平线以下。考61分的学生也可能真的高兴，因为以环境而论，他们班不是尖子班，整体还不及格。61分属于好学生。

这样的案例，不只在学生中存在，在企业经营中也存在。比如，一个企业内省，今年要活下去；另一个企业内省，今年实现一个小目标，先赚它一个亿。

所以，客观而相对准确的认知，需要结合主观和客观外在的反馈。

主观评价可以通过"德蓄之"不断提升，外在的评价则需要主体具有相对冷静的头脑、分析评判的能力。因为外在评价中，上位者、平位者、下位者一般会有不同的评价，有的明说，有的不明说。

本章，老子就针对这一问题，告诉你如何通过百姓的反馈，看看他们对你的评价。

这一章中，有很多的解读，属于臆想式的，随意在章句中增加字词以圆通自己的解读。比如，在"无狎其所居，无厌其所生"句中增加"汝无狎其所居，汝无厌其所生"去解读。

我们来看看老子可能的本义。

"民不畏威，则大威至。"人民不害怕威严，则大的威严就达到了。如何理解？自古百姓怕官，现在百姓不怕官。这是百姓对为官为政的反馈。不惧怕，愿意亲近，这样的官威政威好不好，这时的"大威"，就已经不仅仅是威严，而是对百姓特别是对不守法、对违规、对可能存在的对手的最大压力。大家不妨自行脑补官兵一体、官民一家的模范都有谁，其爆发的力量有多大。

"无狎其所居，无厌其所生。"如上文所言，有的解读加了字，但结合上下文，本句的主语，还应当是"民"。狎在这里是轻视的意思，人民不轻视他所安居的地方，不讨厌他所生存生活的地方。这是不是就印证了上句的反馈，"不畏威"，不轻视所在地，不讨厌自己的生活，这样的理政效果就很不错了。

我们可以看到，老子在说这话的时候，其实已经很客观了。他用的是不害怕、不轻视、不讨厌。我们回观现实，这样的结果是不是已经属于政治平稳，如果换一组词"亲近、乐于、喜欢"，是不是属于政治清明？

老虎厉害不厉害，我们看不到老虎，但可以通过绵羊的发抖看到老虎的厉害；政治清不清明，不用看官员，百姓的"三不反应"就是最准确的评价。

老子说，"夫唯不厌，是以不厌"，因为不讨厌，所以不讨厌，只有不讨厌，才能不讨厌。

这样的民生，这样的民声，是不是非常不错了？

所以，老子说，"是以圣人自知不自见"，圣人有自知之明但不自我显露；自爱不自贵，自我爱护但并不自我显贵珍贵。

圣人最重要的是做好自我评价，并通过"蓄德"做到不"自显自贵"，毕竟，"自显自贵"和"自傲自夸"是很难界定的。

所以，"故去彼取此"，去掉那些自己不想要的，获得自己想要的。

金杯银杯，不如老百姓的口碑。圣人更在意的是百姓用行动展现出来的口碑。

# 第七十三章　勇于敢则杀，勇于不敢则活

　　勇于敢则杀，勇于不敢则活①。此两者，或利或害②。天之所恶，孰知其故③？是以圣人犹难之。

　　天之道，不争而善胜④，不言而善应⑤，不召而自来⑥，坦然而善谋⑦。天网恢恢，疏而不失⑧。

**注释：**

①勇于敢则杀，勇于不敢则活：勇，果敢、胆大、勇猛、凶猛。敢，勇敢、敢于。杀，杀死、灭除。活，生存。

②此两者，或利或害：利，利益、好处。害，损害、伤害、杀害、祸害。

③天之所恶，孰知其故：恶，讨厌、不喜欢。故，缘故、原因。

④天之道，不争而善胜：争，争夺、竞争。善，善于。胜，胜利、胜过、超过。

⑤不言而善应：言，说、言辞。应，对应、适应、响应、回应。

⑥不召而自来：召，呼唤、召见、招致、招引。来，招来、前来、归服、归顺、加入。

⑦坦然而善谋：坦，平坦、宽广、广大、豁达、开朗。坦然，安然、无所顾忌的样子。谋，谋划、谋求、计谋。

⑧天网恢恢，疏而不失：恢，广大、宽广。疏，稀、松弛。失，失掉、丢失、错过、弄错、搞错。

　　**语义直译：** 勇猛而且敢做就杀掉（或被杀），勇猛而不敢做则可以活下来（被活）。这两者，或者有利，或者有害。天所厌恶的，谁知道他的原因？有道的圣人也难以解说明白。

　　天之道，不争夺而善于胜过，不说话而善于回应，不召见而他自己会来，安然坦然而善于谋划。天网宽广，稀疏却从不会失掉。

### 悟道万象

七十多章的持续不断传授，我们可以深切地感受到，老子仁慈的爱民之心，严律自省的德性品德。依道、爱民、自省，把握道和德，这是老子一直以来的谆谆教导。

但洞悉人性的老子也很清楚，阴阳相生，善恶共存，你做好自己的同时，并不是别人也会做好自己，不守正无以克邪，不惩恶无以扬善。所以，我们可以看到，老子在前面也会给大家讲一讲怎么用"奇"、用"巧"、用"力"，实现惩前毖后治病救人的目的。

爱民，不是滥爱，无原则的爱。

对于百姓中的不守法、不遵道、德性不好的人，要不要处理？老子很明确地告诉你，必须处理，而且必须合理合法地处理。

本章就是老子针对这些特殊群体采取的措施。

老子说，"勇于敢则杀，勇于不敢则活"。勇和敢是两个不同的含义，勇是果敢、胆大、勇猛、凶猛。敢是勇敢、敢于。胆大勇猛未必敢做，所以针对这样的人，老子给出的措施是，勇猛还敢做，杀；勇猛但不敢做，活。

这里，我们必须要建立一个基准，老子是爱民的、不爱动武、不爱争斗的，所以，将"勇于敢则杀，勇于不敢则活"扩大到人民的范围，显然是不合适的，这句话针对的是小部分"不守法、不遵道、德性不好"的人，是对这些人的针对性处置。

尽管"不守法、不遵道、德性不好"，但敢做，就杀，不敢做，就活，不管是耗子还是狐狸，你安安生生待着，不动，就活；动，就杀。

这样的做法对不对？肯定会存疑。

所以，老子说"此两者，或利或害"。针对勇和猛采取的杀和活这两种方式，可能有利，也可能有害。为什么？因为老子前文讲了"反者道之动也，弱者道之用也"，杀了这些"反者"，是不是就毁去了"道"的动力。所以，有可能对也可能不对。但老子很坚决，不动则活，动则杀。"因为天之所恶，孰知其故？"天道所厌恶的，谁知道它的缘故。我们不猜天的想法，不猜道的想法，对不符合人道的，坚决采取措施。

天大，地大，道大，人亦大，人居其一。解决好人道，足以。天的事，再说。怎么说？

"天之道，不争而善胜，不言而善应，不召而自来，坦然而善谋。"天的道——规律，不争夺却善于胜利，不说话却善于应对，不召见却能自己前来，坦坦荡荡却善于谋划，这样的人，怎么可能去勇猛争斗、去强词夺理、去走武力应对的道路。所以，他们的方式，也属于违反天道。

所以，杀，是天道和人道的统一选择。

解决了思想问题，老子也感喟"天网恢恢，疏而不失"。天织就的法网，很宽广，很宏大，看起来很稀疏有很多空洞，但从不会失去。

这既是效果，也是要求。是效果，对于不守法、不遵道、德性不好的人，结果就是会受到严厉制裁。是要求，作为人道的最大执行者，必须要达到这样的要求，不能失去了正义、公平、善恶。

怎么样，老子是不是杀伐果断，很果断！

这就是老子展现的另一个鲜明特点，慈，博大的爱民之心；杀，诛心诛身毫不留情。不动，你活；动，你无法活。

这样的老子，这样的《道德经》，是不是才是不管作为道教始祖还是治国良策应该有的样子？

悟道，需悟本。

# 第七十四章　民不畏死，奈何以死惧之

民不畏死，奈何以死惧之①？若使民常畏死②，而为奇者③，吾得执而杀之④，孰敢？

常有司杀者杀⑤。夫代司杀者杀，是谓代大匠斫⑥，夫代大匠斫者，希有不伤其手矣⑦。

**注释：**
①民不畏死，奈何以死惧之：惧，使动用法，使之惧，使之害怕、恐惧、担心。
②若使民常畏死：若，如果。
③而为奇者：奇，奇异的、罕见的、出人意料的、很、非常、奇妙。
④吾得执而杀之：得，得到、获得。执，握、拿、控制。
⑤常有司杀者杀：常，平常。杀，杀死、灭除。
⑥是谓代大匠斫：代，代替。匠，木工。斫，砍、削。
⑦夫代大匠斫者，希有不伤其手矣：希，少。伤，伤害。

**语义直译：** 人民不害怕死，为什么要用死来让他恐惧？如果让人民常常怕死，而且认为这是奇妙的，我得到后要抓住杀掉，谁敢？交给有司中负责杀人的人杀掉。如果有代替有司杀人的人，这是代替大木匠砍东西，那些代替大木匠砍东西的，少有不伤他自己的手的。

**悟道万象**

我们说，明察万物、洞悉人性的老子已经看到了客观存在的事实：人分善恶，不守法、不遵道、德性不好的人总是客观存在的。对这些人的处置，关乎公平、正义、善恶，那么该如何看待这样的少部分人，以及该如何处置他们呢？

本章，老子就传授我们处理类似问题的方式。

我们需要再次强调的是，不管《道德经》后来怎么成为的道教经典，但作为悟大道、行大道的经典，《道德经》在实际应用中，一个非常重要的内容，就是治理管理。因此，我们从人道、从治理管理方面的解读，应该是符合老子开此鸿篇的初衷的。

在上一章中，老子对民众中"勇于敢"采取的态度，就一个字，"杀"！并从天道、人道的角度，为我们解决了思想问题、理论支撑问题。

但我们也需要客观地看到，这一问题也引申出了一个新的问题：要杀的人不怕死，对不怕死的人，怎么看待，怎么处置。

所以，老子在本章强调，还是要从根本上入手，解决"不死"的问题，即便要死，也要讲"道"而死。

我们来看看老子怎么说。

"民不畏死，奈何以死惧之？"惧，使动用法，使之恐惧、惧怕。民众不怕死，你为什么还要用死来让他惧怕？特别是那些"勇而敢"的人，本来就勇猛还敢做。

这是老子提出的解决问题的核心。他不怕死，所以用死去恐吓他，让他害怕，从根子上就不成立。根子已经错了，再坚持做，多半结果也可能会错。

回观现实，这样的案例其实大量存在。当小偷怕被抓？敢迟到的怕批评？敢离职的怕被辞退？面对敢带头的、敢做的，用他已经"敢"的事让他害怕，怎么可能？

所以，"孩子是他的软肋"，这句话就很聪明，没有用他"敢"的，而是用他"不敢"的。

对于常常用"让百姓害怕"作为手段的管理者，爱民的老子的态度是什么？

老子说"若使民常畏死，而为奇者，吾得执而杀之，孰敢？"如果让民众常常怕死，而且认为这样的效果很奇妙的，我要是抓住了，就要杀了他，看看谁还敢。

这里的"奇"，梳理完所有含义。窃以为，以"获得奇妙效果"的"奇妙"理解，更符合实际。

这也是《道德经》全文中老子透露杀气为数不多的地方。我们明显能够感受到，对动不动让民"畏死"的管理者，老子是毫不留情的。

"勇而敢"的该杀，"使民常畏死而为奇者"也该杀，谁来杀？这是认识论的问题，适当的方法是什么？能乱杀吗？乱杀还能有道？岂不乱套了。

所以，老子说"常有司杀者杀"。根据上下文，这里的常，如果有"交给"的意思就很妥帖了。但"常"并不具有这个意思，和"常"可以通假的"尝""偿"也没有这个意思。所以，我们可以看到，老子用字是很严谨的，这里的"常"，就是通常、一般的意思。常有司杀者杀，通常有"有司"中负责杀刑的人去杀。有司，有执法权的官吏，古时候的公检法人员。

老子说得很清楚，由有司根据情况，该杀的杀。

同时，老子还提醒，"夫代司杀者杀，是谓代大匠斫"，那些代替有司负责杀刑的人去执法，那是代替大木匠砍木头。

为什么要提醒，这叫各司其职，这是正道。该谁负责谁负责，别的人不得越位。老子其实说得很客气，这个越位，属于代大木匠砍木头。为什么是木匠，还是大木匠。因为木匠有墨斗准绳、有规矩，他们能够取弯就直，按照需求把各色各等材料该削平的削平，该砍掉的砍掉。

这就叫道，各归其道。各司其职，本身也是依道而行。

尽管是路见不平一声吼，但该出手时就出手，也需要明确谁出手、怎么出手。乱出手，更容易乱。

但我们也可以看到，老子的爱人之心。老子说"夫代大匠斫者，希有不伤其手矣"。代替大木匠砍木头的，很少有不伤到自己手的。越位出手，不该你出手的，你出手了，很少有不伤到自己的。这是善意的提醒，你有心，就发挥你的作用，交给相关的人员吧。

仁者之心的老子，敦厚爱人的老子。

有德、上德，老子所爱，更爱，更护。

无德，下德，老子所怨，不留手，不留情。

这就是《道德经》中我们看到的老人家可爱可敬的形象。

# 第七十五章　民之饥，以其上食税之多

民之饥，以其上食税之多①，是以饥。

民之难治，以其上之有为②，是以难治。

民之轻死，以其上求生之厚③，是以轻死。

夫唯无以生为者，是贤于贵生④。

**注释：**

①民之饥，以其上食税之多：饥，饥荒，饥饿。上，向上、上方位置，这里指统治者。食，供养，给……吃。税，税收。

②民之难治，以其上之有为：难，难于、困难。治，治理。为（wèi），表目的。

③民之轻死，以其上求生之厚：轻，轻视。求，寻找、寻求、追求、要求、需求。生，生活。厚，重、深。

④夫唯无以生为者，是贤于贵生：贤，有道德有才能的人。贵，显贵、禄位高。

**语义直译：** 人民的饥荒，是因为他们给统治者的税收太多了，所以饥荒。人民之所以难于治理，是因为他上面的统治者有他自己的目的，所以难于治理。人民轻视死亡，是因为他上面的统治者追求生活太厚太多，所以轻视死亡。

那些不以生活为目的的人，就是有德有能的贤人，比禄位高的人更能生存。

## 悟道万象

对于不守法、不遵道、德性不好的人，还"勇而敢"。老子的做法是"杀"，同时还很明确地指出，要让具备捕杀职能的人去杀，而不能其他人代劳。

但富有仁爱之心的老子，其真心却并不是杀，而是想救民，从根本上消除人民中存在的这些问题。从根本上消除，这才是老子治理管理思想的真谛。

所以，本章就针对"民"中"勇而敢"的问题进行了深刻分析。

老子说"民之饥，以其上食税之多，是以饥"。农耕社会，人们思想不稳的根源在哪里？就在"饥"，解决不了温饱问题，永远是治理管理的大问题。所以，饥荒无疑是农耕社会的核心问题。

不仅仅在农耕社会，即便放到现在，农耕问题也是基础的、核心的问题，家里有粮，心里不慌。解决不了"嘴"这个饥荒的民生最基本的问题，什么发展、什么教育等等都是虚幻的问题。人是人类世界发展的基本因素，人的生存出现问题，搭建在此基础之上的所有问题，都是无根之木、沙上高阁。

所以，老子抓问题的核心就是——"饥"，即老百姓的肚子问题。

当然，随着社会的发展，解决了温饱问题后也会有其他的"饥"的问题，比如教育问题、医疗问题、养老问题等。所以，这里的"饥"可以在满足原意之后，引申为需求，老百姓的需求。

针对农耕社会，老子说"民之饥，以其上食税之多，是以饥"。造成人民的饥荒，是因为向上供养缴纳的税收太多。土地等社会资源有其相对固定的产出，资源的一、二次分配如果不尽合理，必然会带来人民的生存问题。所以，公平合理的资源分配，是任何国家、政权都必须认真思考并妥善解决的问题。这样的逻辑，同样适应于当代社会。"饥"是需求，如果一个行业对上税赋太高，势必会影响整个行业的发展，当一个行业陷入死寂状态时，所有行业从业者也势必陷入"饥"的状态。

把池子做大，会有更多鱼；把蛋糕做大，大家都会有蛋糕，这就是破解之法。把握不到的，比如某些乱作为的地方，善于"JQK"，把投资勾来，圈住、揩油，结果投资死了，地方经济也基本死了。

不解开恶性循环的链条，就建立不起来良性循环的链条，死链条永远是死链条。

解开死链条，从古自今，都有人在不断尝试，不断进行，"勇而敢"未必就不是其中之一。

"饥"，以及"困境中的需"，就是所有问题的根源。

"致虚极，守静笃"，饥是根源，造成饥的根源是什么？

老子说"民之难治，以其上之有为，是以难治"。为（wèi），表目的。人民难以治理，因为他上面的人有他自己的目的，他的目的不是人民，而是自己的私欲，所以难以治理。如前文所述，侯王没有自己的目的，帮助人民实现自己的目的，所以人民就安居乐业，侯王之国就国泰民安，国泰民安难道不是侯王的治国目的？如果侯王有自己的目的，而且不是国泰民安，而是穷兵黩武、酒池肉，那人民自然就没有好日子可过，民不聊生，当然难以治理。

难以治理发展到一定阶段，必然会产生大量的"勇而敢"的人，甚至"不勇"

的也被"王侯将相宁有种乎"的呼喊，揭竿而起。

对于侯王来说，是难以治理，但对百姓来说，已经是轻死。所以，老子说"民之轻死，以其上求生之厚，是以轻死"。

人民轻视死亡，是因为他上面的人追求生活、要求生活的太多了，多到人民已经无法通过"食税"上交税赋来供养了，既然无法供养而又民不聊生，自然为了生存，需要拼死一搏，看淡生死。

这就是人民中"勇而敢"的人会产生的深刻原因，表象是人民中，有人"勇而敢"，根源是"饥"和"无法满足的困境中的需"。表象是难治，根源是"上有私欲的为""上有无法满足的追求"，结果是民之轻死。轻死，就又进入到了"勇而敢"的恶性循环。

解开恶性循环链条的根本，就在"上之欲"。

无私欲，生可厚，可配天而行的厚，这就是良性循环的架构。

所以，老子感叹说"夫唯无以生为者，是贤于贵生"。哎呀，那些不以生存生活为目的的人，是贤良有品德的人，比显贵、禄位高的人更能生存生活。这样的贤人岂止是生存生活，他们是能长久地生活生存。

死而不亡者寿。

所以，整体地理解老子的《道德经》，而不是断章取义、某个章句理解《道德经》，才能更好的把握老子他老人家的精神精髓。

# 第七十六章　人之生也柔弱，其死也坚强

人之生也柔弱①，其死也坚强。

草木之生也柔脆，其死也枯槁②。

故坚强者死之徒③，柔弱者生之徒。

是以兵强则灭，木强则折④。

强大处下，柔弱处上⑤。

**注释：**

①人之生也柔弱：生，生存、生命、活着。

②其死也枯槁：枯，草木枯萎、干瘪、憔悴。槁，草木枯干。

③故坚强者死之徒：徒，同一类人、同一派别的人、众人。

④是以兵强则灭，木强则折：兵，兵士、军队、兵力。灭，灭亡、消灭、消除、消亡。折，折断、损失。

⑤强大处下，柔弱处上：强，强大、强盛、倔强。下，下方、下位。上，上方、上位。

**语义直译：** 人的生命生存很柔弱，他死后很坚硬倔强。草木生命很柔软脆弱，它死后干枯。所以，坚硬倔强是死的那一类人，柔软脆弱是活着的那一类人。所以，兵力强大则灭亡，木头强硬就折断。

强大处于下方位置，柔弱处于上方位置。

**悟道万象**

　　总览这几章，老子从"勇而猛"则杀，说到为什么要杀，如何公正地去杀，造成这一现象的原因是什么，最根本的原因是什么。对于仁慈爱民、追求大道、极不尚武力的老子来说，谈这些杀伐争斗，真的很是难堪。所以，老子常常是点到为止，估计老人家可能也怕后世个别悟道之人，依他的理论去杀伐争斗，然后说，这是老子之道，情何以堪。

　　所以，在讲了那么多以后，老子再次回到了人道人性的问题，通过常见的现

象，以他常用的手法，给我们传授人的特点、生存的特点。而且，和以往一样，这一章节也是有着弯弯绕的。

老子说"人之生也柔弱，其死也坚强"。人在活着的时候很柔弱，人在死后就会变得坚硬倔强。

"草木之生也柔脆，其死也枯槁。"草木在活着的时候很柔软脆弱，死了以后就干枯了。

"故坚强者死之徒，柔弱者生之徒。"所以，坚强倔强的，属于死的那一类人，柔弱的，属于活着的那一类。

客观地说，老子确实通过自然界的现象，给我们指出了生存的客观现象，不管是人还是草木。单纯以生存下来、活下来为目的，确实使柔弱者能够更好地生存。

那么，这样的单纯生存状态是老子的本意吗？

如果是，老子还为什么要用"死而不亡者寿""民不畏死，奈何以死惧之"来提醒大家？

所以，老子告诉我们的是，不管是人还是草木，柔弱的是形态，而不是根系根本；强硬和枯槁的是形态，但强硬的结果却是死亡，根本就不存在"根本"。

这就是柔弱、根本、生死之间的逻辑关系。

坚持根本，以柔弱的姿态示人，实现生存生活的目的；忘了这个根本，以强硬的态度示人，那么你可能连根本都无法保存。

现实中，我们有多少人在理解运用这句话的时候，忘却了根本，一味强硬，结果功败垂成；有的人压根就不知道隐含的根本，为了生存，做了墙头草。

生有根，身可柔，不死；生有根，身死硬，死。

所以老子说，"是以兵强则灭，木强则折"。这样的道理用在一个国家的军事上，兵力强大就灭亡，木头强硬就折断。

对吗？

似乎哪里不对。兵强了就灭亡了，还有强国吗？木头强硬了就折断了，还能长成参天大树吗？

所以，老子这里的"兵强则灭，木强则折"，是有着隐含的条件的，即本章的大前提，是在杀伐"勇而敢"之后，"勇而敢"及以后的几个章节，都是针对"民"而言，"民"为弱，给弱者以生路，让弱者看清形势、在弱小的时候生存下来。

所以，这里的"兵强则灭，木强则折"，就可以明确地理解，在实力不够、处于弱小状态的时候，兵力强大或者强硬用兵，是会灭亡或者被消灭的，树木也一样，在幼苗期的时候，强硬的话，大风或者暴雨，会折断小树苗。

这也是道。

在不具备坚强强硬倔强的时候，你采取了不合适的姿态，那是会导致灾难性的后果的。比如，你还是个小孩，你却去挑战大人，不打你打谁？你还是个小孩，却还死犟死犟，不打你打谁？你就只是个员工，你却死硬死硬地挑战权威，你不被收拾谁被收拾！

肯定会有人大哭而问，那还有没有我们弱小者的活路了？

"兵强则灭，木强则折"，这本身就是警示，更好地解决问题的方法，前面已经煌煌几千言了，有大道不走，问什么要硬走这条警示性的路，你要硬走，不打你打谁。

所以，老子说"强大处下，柔弱处上"。在这个阶段，你采取显示强大的做法，实在是下策，而采取显示柔弱的做法，才是上策。

兵强则灭，木强则折。强大处下，柔弱处上。

多少人误解误读了老子的良苦用心，多少不明就里的人因为不明这些道理，香消玉殒。

读经典，读出经典的真正味道，才是正道。

# 第七十七章　天之道，其犹张弓欤

天之道，其犹张弓欤①? 高者抑之，下者举之②；有余者损之，不足者补之③。

天之道，损有余而补不足。人之道，则不然，损不足以奉有余④。

孰能有余以奉天下，唯有道者。

是以圣人为而不恃⑤，功成而不处⑥，其不欲见贤⑦。

**注释：**

①天之道，其犹张弓欤：犹，如同、好像、犹如。张，张开，把弦安在弓上。欤，句末感叹词。

②高者抑之，下者举之：高，高处、等级或程度高。抑，向下压、压抑、抑制。下，位置在低处、低、在下位的人、下方。举，举起、抬起。

③不足者补之：补，弥补、补充。

④损不足以奉有余：奉，恭敬地捧着、进献。余，富裕、多余。损，减少、损害。

⑤是以圣人为而不恃：为（wéi），做，作为。恃，依靠、依赖。

⑥功成而不处：处，停留、居住、占据。

⑦其不欲见贤：欲，想、想要。见，同"现"，显露。贤，有道德有才能的人。

**语义直译：** 天道，不就像张开的弓一样？位置高的向下压，位置低的向上抬起。有多余的减少他，有不足的弥补他。天道，减少多余的弥补不足的。人道，则不是这样，减少不足的来谨献给多余的。谁能有对于多余的来进献给天下，至有道。

所以圣人有作为而不依靠它，功成而不停留占据，他不想显露才能。

**悟道万象**

前面七十六章，老子分别给我们从道、德、道和德的关系、圣人、君子、侯王、贤愚、民、兵、争等方面，给我们全面地传授如何认识世界、如何认识道、如何依道而行、如何分门别类地处理各类问题，甚至把违反自己性格的一些技巧性内容都合盘教给了我们。这些内容，博大精深，需要好好参悟方可逐渐明白。

从文章的结构和篇幅来说，上几章关于"民"的问题，是所有内容中观点——论证的最后一部分，从本章开始，按照"总分总"的文章结构，《道德经》开始进入总结收尾阶段。

从本章之后，老子再次回到对"道"的本质的探讨，总结性地告诉我们，道的形态，以及道在实际中的一些独特的表现。道的这些表现，可以完美地诠释我们现在社会上出现的各种问题，比如富的越来越富，穷的越来越穷等。

我们来看看老子是怎么说的。

"天之道，其犹张弓欤？"天的大道，难道不像一张拉开的大弓？"高者抑之，下者举之"。位置高处的向下压抑，位置低处的向上抬举。"有余者损之，不足者补之"。有多余的减少它，有不足的弥补它。

这是老子对道的最形象化的描述。拉开的弓是什么？就是一个在世界上存在的圆，或者圆球。而且是充满力量和压力的圆球，这个圆球，因为内部不断地发生激烈或者不激烈的冲突，对球壁产生着压力，让这个圆球能够得以以圆球的状态存在，没有内部的冲突，圆球可能坍塌；这个圆球的外部，有着来自各个方面的压力，这个压力，即在各个方面压迫着球体，球体内部应力发生变化，从而能够使圆球以圆的形态存在，同时也能够保证圆球不会因为没有外界的压力而爆炸。

这个圆球的球壁，因此而产生了一个现象，对于位置高的，能量大的，要用约束力将其压入到整体之中；对位置低的，能量低的，要对其冲入能量给予冲力支持，让它能够达到均衡状态，从而融入整体，不影响整体的球形。

这就是道。

借用现代分子运动论的描述，我们就是这个球体里面的一个个小分子，随着内部和外界环境的变化，不断地做着分子的热运动。

通过热交换，某些热量大的分子将它的热量传递给低热量的分子，从而保持平衡。

回到老子的语言模式，"天之道，损有余而补不足"。天之道的特点，就是减少多余的，弥补不足的。比如高山峡谷，风雨雷电地震等自然现象，所有的动力都会造成一个结果，把高山高处的水、石、泥、土、树、草，以有余的方式震动到山谷之中，填补山谷低凹的不足。动物们会自觉地移动向水草丰美的地方，消化这些多出来的水草，从而达到一定范围内的生态平衡。特别是草原上水草丰美之地的区域轮换，牛羊随水草而迁移。资源多的地方生物多，资源少的地方生物少，相生相克的物种也在进行着自然的筛选，每个地域都会保持着天然的生态平衡。

这就是天之道的运行。

而人之道不同，"人之道，则不然，损不足以奉有余"。减少不足的，反而进献给多余的。比如，富的越来越富，穷的越来越穷。

为什么？富的人掌握了如何致富的规律，比如坚持、胆量、资源、研究、强硬、拒绝等与之相关的规律运用。而穷人则因为种种因素，他们没有发现或者发现了而因为性格的问题无法做到。因此，他们便失去了在相对条件下获得财富的机会，而随着财富的积累，富人会越来越熟稔这样的规律，也会越来越知道富有。而且这样的赚钱，富人并不因为你穷而不去赚你的钱，即便你没有了钱，也会让你以劳动力或者其他能够不等值交换的资源进行交换。

善于学习的，学习越来越好，而且不光学书习好；不善于学习的，学习越来越费劲，而且其他方面也不轻松。善于学习的，在学习的过程中，逐渐地掌握了学习的规律，比如预习、认真听讲、题海战术、死记硬背、纠正错误等，并有效地将这些规律移植到了其他方面的学习。于是在名额、资源等稀缺的情况下，竞争力越来越强。而不善于学习的，因为不能得到名额和更多的资源，进而越来越不好。

人才的流动也是。一个地方的人才层次越高，越能带动地方经济的发展，地方经济的发展越好，人才获得的薪酬就越高，人才的薪酬越高，吸引力就越强，就越能够吸引来更高层次的人才。而贫穷的地方，一旦陷入这个恶性循环，就只能越来越穷。

一个地方的营商环境也是这样。营商环境越好，越能吸引企业前来投资，企业投资越多，地方经济效益越好，经济效益越好，越有钱营造更好的投资环境。而营商环境不好的地方，引来一个企业，各个环节更想尽快地得到一部分资金来弥补自己的空缺，这样你一筷子他一勺子，一个尚未正常经营的企业可能濒临倒闭。濒临倒闭的恶性示范效应，使得再也不愿有企业前来投资，于是地方便陷入了下一轮的恶性循环。比如投资不过山海关的戏言。

这就是人道，损不足而补有余，多的更多，少的更少。

程度不太深重的这种情况，尚可忍受，稍一严重，这就是人道灾难。

谁能破解这样的灾难？

天道，唯有天道。

所以，老子说"孰能有余以奉天下"，谁能拿多余的进献给天下，这里的天下，是指广义的天下，天下的人民，"唯有道者"，只有执掌道的人。

这道，已经不是人道，而是天道。

这就是中国传统文化中神奇的"天人合一"。在道的最高层次，在解决天下人的最大问题的时候，谁能反人道而行，走向天道，实现天道。

实现天道，就是人为地把那些资源、财富过于集中的人的资源和财富，通过合理的方式，重新再分配给天下的人民，分配给天下不具备达到平均线获得能力的穷人。

谁具有这样的能力？那必须首先是具备这样初心和品格的人，其次是具有这样掌握损余平衡分配能力的人。

自古以来，替天行道，就是实施平衡资源财富，让耕者有其田，居者有其屋，病者有其医，勤者有其业，劳者有其得，少者有其学，童年有其乐，读者有其校，弱者有其助，老者有其养，车者有其位，工者有其薪，农者有其地，商者有其利，优者有其荣，能者得其用，阅者有其悟，学者有其为。

这就是伟大的中华传统文化的精神追求，而绝不是西方弱肉强食丛林法则的规则追求。

对于能够执掌天道，替天行道，施之人道的人，老子称为什么？圣人，这就是圣人。

但中国传统文化的圣人会怎么做？"是以圣人为而不恃"，圣人替天行道去做，但不依功倨傲，功成而不停留，不占有，为什么？他不想显露他的贤能。

这就是老子心目中的道家圣人形象，事成拂衣去，深藏功与名，乱世下山除魔，盛世进山修行，只要百姓安好，普天之下安好，众生安好。

这就是老子，这就是老子希望《道德经》传之后世能够实现的目标。

伟哉！大哉！

老子！

# 第七十八章　天下莫柔弱于水

天下莫柔弱于水，而攻坚强者莫之能胜①，以其无以易之②。

弱之胜强，柔之胜刚，天下莫不知，莫能行。

是以圣人云：受国之垢，是谓社稷主③；受国不祥，是为天下王④。正言若反⑤。

**注释：**

①天下莫柔弱于水，而攻坚强者莫之能胜：攻，攻打、抨击、指责。胜，胜利、胜过、超过。

②以其无以易之：易，换、改变、容易。

③受国之垢，是谓社稷主：受，接受、承受、容纳、遭受、遭到、授予、给予。国，国家。垢，污秽、耻辱。社，土地神。稷，谷神。主，君、国君、主人、事物根本、主要、掌管。

④受国不祥，是为天下王：祥，吉兆、吉祥、吉利。王，读wáng时意为帝王、大，读wàng时意为统治天下。

⑤正言若反：正，不偏不斜、正当、正派、正直、公正、正面。言，话、言论。若，好像。反，与"正"相对，反面、相反的。

**语义直译：** 天下没有比水更柔弱的，而攻取坚强的事物的，没有能胜过水的，因为它没办法改变。软弱的胜过强硬的，柔软的胜过刚强的，天下没有人不知道，没有人能做到。所以圣人说：能容纳国家的垢污、诟病，就是社稷的主人；能容纳国家的不祥之物，就是天下的统治者。正面的话听起来像反话。

**悟道万象**

解决了天道和人道的理论问题，特别是"天人合一"的理论问题，就为所有人道执掌者提供了为民均贫富的理论根基。

但在具体的运用上，老子还是一再强调，要坚持柔和的方式、水到渠成的方式，"治大国，若烹小鲜"，不要用烈火烹油的方式。

本章，老子就主要传授这样的方法。同时，在结论中又给我们留下了一个弯弯

245

绕，需要我们打通这样的逻辑关节。

"天下莫柔弱于水"，天下没有比水更柔弱的，"而攻坚强者莫之能胜"，但是攻取坚强之地之物却没有能胜过它的。"以其无以易之"，因为它没有办法改变。

"上善若水，水几于道"，这是老子在前文中专门论述过的，就是要我们向水学习。在即将结束的时候，又再次强调，要我们向水学习。学习什么？学习水形态的柔弱，因为和自然界其他物体比起来，水可能就是最柔弱的了，踩水、戏水、弄污水，谁都可以，任何生物都可以做。但为什么在攻强中却没有谁能够比得上？因为其"无以易之"，没法改变它。改变它的什么？改变它的属性，它的初心，而且是持久的初心。

比如攻城，不管是白起的水攻鄢城，还是关羽的水淹七军，水的巨大作用就在于不改形态、不变初心地坚持泡你、绕你，让你逃无可逃。

当然，我们还得感谢老子！在老子的时代，人们对水的认知还不那么全面，对水的理解和运用也仅限于形态和初心。而现在，随着对水性质的不断发现，水所带给我们的作用更不同一般。

意境的水，比如女人的眼泪，可以攻克多少英雄的心，可以拿下多少男儿的豪迈。

形态变化的水，比如冷冻的水，坚硬无比，大河可以变通途，寒冬守城赛铁城，你对水寒冷，水必对你更寒冷，比你更坚硬。你对人热情似火，像汽化形态的水，汽化形态的水更是完全包裹了你，对你更加柔和，更热情。

所以，老子的"水几于道"，确实是悟透大道的最好之物。

但老子告诉大家，尽管天下都知道这样的道理，知道"弱之胜强，柔之胜刚，天下莫不知"，但就是没人能做到。

为什么？作为物质，水可以没有自己的形态。但作为人，要像水一样，太难，谁没有自己的性格呢？谁没有自己的一点小想法呢？谁能依别人的形态来改变自己呢？正常的人，怎么可以做到？这是反人性的。后世"水性杨花"所描述的人，就是批判这样"水德"的人。

所以，可以理解参悟水一样的思维形态，但任谁也不好在现实世界关系处理中，达到水真正的物质形态。

达到这样的物质形态难，还有更难的。

这个更难就是老子又给我们留下的逻辑弯弯绕。

老子说"是以圣人云：受国之垢，是谓社稷主"。所以圣人说，容纳国家的污垢，就是社稷的主人；容纳国家的不祥之物，就是天下的统治者。

水和这个总结有啥关系？

这就是老子冷冷又笑呵呵地揭开的现实面纱，人们所不知道的现实面纱。

如果说水的物质形态的模样人类很难做到，那么水的另外一个特点，人类就更难以学习。

什么特点？

容污纳垢。

脏水、苦水、毒水、屎尿水，什么水不往水道中排泄排放？

自然界的水无言，人类能无言？

人道之中，谁能容纳这些？

俗话说，"将军额头能跑马，宰相肚里能撑船"，下属怼了你，你和他说不说话，还不得擦擦额头的唾沫星子，继续该说啥说啥，憋一肚子火，自己消化消化第二天照常工作。要是天天计较这些，还能活过去吗？

所以，中国的管理者都在涵养心性，涵养什么心性，不就是既要有实现目标的决心，又要有忍气吞声的容人之心。所谓抑郁，基本就是解决不了"我又不是为了我，为啥老是被人骂？"的现实问题，要么就是解决不了"我这么辛苦图了啥，辛辛苦苦为了啥"的初心问题。

特别是一些有闯劲、有干劲、有创新的管理者，面对带不动、不愿动、一拨一动不拨不动的下属时，遭遇遭受的非议会更多，不涉及具体利益还好办，涉及具体利益有人泼屎泼尿跳楼上吊，你还能怎么办。

"受国之垢，是谓社稷主"，所以老子说，容纳国家污垢的人，就是社稷的主人。

所以，老子说"受国不祥，是为天下王"。容纳国家的不祥之物，就是天下的统治者。天塌地陷，谁来承担？洪灾泛滥，谁来承担？瘟疫战争，谁来承担？列强侵略，谁来承担？往前是卖国，往后是祸国，谁来干？没有流芳百世，只有遗臭万年，谁来做？谁能容纳这些国家的不祥之气、不祥之物，谁就是天下的统治者！这就是老子的结论。

上善若水，大肚能容，大肚能容，脑袋能不能容？

所以，老子笑呵呵地说，这好好的话，咋听起来怪怪的，正言若反啊，正话听着和反话似的。

是的，这就是道，一个事物的正反两面，太极图的阴阳鱼，当人们都在盯着白亮白亮的阳面看时，其实，黑得透亮的阴面也在那里白亮白亮地放着，只是人们不愿意看而已。

所以，中国传统文化和西方文化在政治民生中的核心精神不同，中国传统文化的管理，属于无限责任。西方典型的三权分立，看似公平，但是不是真的站在百姓一边来推进公平呢？

# 第七十九章　和大怨，必有余怨

和大怨，必有余怨①；报怨以德，安可以为善②？

是以圣人执左契，而不责于人③。有德司契，无德司彻④。

天道无亲⑤，常与善人。

**注释：**

①和大怨，必有余怨：和，和睦、协调、调和。怨，埋怨、责备、怨恨、仇恨。必，必然。余，剩下的、多余、其他的、以外的。

②报怨以德，安可以为善：报，报答、报复。德，德性、品德。安，怎么可以。为（wéi），做、做到。善，好。

③是以圣人执左契，而不责于人：执，握着、拿、掌握、控制。左，左边，古人以右为尊，左为较低。契，券、契约、用刀刻、盟约、要约。左契，古时通常用来作为索偿的凭证。责，索取、要求、责备、责罚。

④有德司契，无德司彻：德，德性品德。司，主管、掌管。彻，撤去、拆除。

⑤天道无亲：亲，亲人、亲属、亲人。

**语义直译：** 调和大的怨恨，必然会有其他的多余的怨恨；用德性品德报答怨恨，怎么可以做得好一些？

所以圣人拿着左边索要赔偿的契约，但不索取责备于人。有德性品德的人掌管契约，没有德性品德的人掌管拆除。

天道没有亲人，常常是给好人的。

**悟道万象**

上一章，老子对"上善若水"做了不同一般的解读，告诉大家，水不光善，它还需要包容外物，包括污垢。并指出，在人道中，"受国之垢，是谓社稷主；受国不祥，是为天下王"。自己估计都在笑呵呵地说，正言若反。这正话说起来听起来好像反话。

对于人道而言，老子既要求管理者要爱民，要公正，要依道而行，也教导管理者如何管好人民，包括一些特殊的手段，但总体而言，老子的传授，以温和为主，以慈爱为主。

可以说，对于温和的方式，老子的教诲要远远多于激烈的方式。

本章老子再次以温和的方式，教导人道在位的管理者，应该如何处理"受国之垢""受国不祥"带来的心理负担。

我们来看看老子的教诲。

老子说"和大怨，必有余怨"，调和大的怨恨，必然会有多余的其他的怨恨。什么是大怨？对个人来说，生死至亲大利的伤害，才有可能成为大怨。这种大怨，一遇到突发的刺激，依旧会造成矛盾。比如张扣扣案，尽管已经过去了很多年，但法律方面的办结并没有完全代表仇恨的终结。

对家国来说，民族仇恨、山河破碎等等才有可能成为大怨。这样的大怨，积累后爆发的时间长、烈度高，即便能够握手言和，但不可能完全消除，隐忍而已。这种隐忍，会随着时间地推移而淡化，但并不可能消除，比如二战期间各国的怨恨，依旧在不时地被挑出来要求解决。最近的，比如波兰要求德国赔偿二战损失，韩国要求赔偿二战慰安妇补偿款。

所以，老子提醒人道的在位者，要时刻注意这些方面的相关变化，要杜绝"不知知"的毛病。

那么如何处理这些问题呢？

针尖对麦芒，显然不对，新的阶段已经开始，该有新的生活。

那就只有一种方式了，和睦和好。

和睦和好，如何处理余怨？

用德来处理。

那就只能以德报怨。

所以，老子说"报怨以德，安可以为善"

这里的"安可以为善？"可以做两种不同的解读，一种是报怨以德，怎么可以是善是好？一种是以德报怨，怎么可以做到善做到好？

从解决问题的角度来看，第二种以德报怨怎么可以做得更贴切一些？

老子说"是以圣人执左契，而不责于人"。先说左契，古时候的契约和券书，至少是在老子的时代，都是用刀子刻在竹子、木片等等的上面，右边是君主、地位高的人等拿，左边是从者、地位低的人等拿，右契可以单独使用，国君据此以行责罚。左契可以索要。

所以老子说，圣人的做法是，我拿着左契，表示对你的尊重，你拿着右契，也不索取责备你。大家各自拿好。

就这么简单吗？

估计此时，老子老人家也是笑呵呵的。

拿是拿了，看谁具体管。

"有德司契，无德司彻"。有德性品德的人，掌管契约。德性品德不好的人，掌管拆除。彻，拆除的意思。就当拆迁理解吧。

什么意思？

主动权在我，要不要，是我的事。你好我好大家都好！你不好，抱歉，无德司彻，你的职责，拆！不要外面画圈的那种。换个能形象化感受的描述，魏徵，你管好收据，不听话，就让李逵去办吧。

可爱吧，老人家。

当然，对于一向和善的老人家来说，他肯定是不主张这么极端的做法的，但通过前面的论述，我们可以看到，老人家要做，那肯定是到位地做了。

给你支完招，老人家还讪讪地笑一笑，"天道无亲，常与善人"。天道面前，没有亲人亲戚，谁能干谁干，都是给好人干的。

什么意思？"无德司彻"，对于拆迁这种事，无德之人就最合适的了，最能发挥作用的了。他发挥最好，"天道无亲，常与善人"，他就是善人。

就问你，老人家是不是很机智！

把合适的人放到合适的地方，让他光芒四射，这也是道，人道中的道。

# 第八十章　小国寡民

小国寡民①。使有什伯之器而不用②；使民重死而不远徙③。虽有舟舆，无所乘之④，虽有甲兵，无所陈之⑤。使民复结绳而用之⑥。

甘其食，美其服，安其居，乐其俗⑦。邻国相望，鸡犬之声相闻，民至老死，不相往来⑧。

**注释：**

①小国寡民：小，小。国，国家。寡，少。民，人民。

②使有什伯之器而不用：使，让、使之。什（shí），以十为一个单位。伯（bó），排行第一、老大，通"佰"，一百为单位，管辖一百人的单位。器，器具。用，使用、运用。

③使民重死而不远徙：重，看重、重视、慎重。死，死亡。远，去远处。徙，迁移、迁徙。

④虽有舟舆，无所乘之：虽，即使。舟，船。舆，车。乘，乘坐。

⑤虽有甲兵，无所陈之：甲，盔甲。兵，兵器。陈，陈列、陈设、摆放。

⑥使民复结绳而用之：复，重新、回到。结，打结。绳，绳子。

⑦甘其食，美其服，安其居，乐其俗：甘，甜、美好。食，食物。美，美好、赞美。服，衣服、服装、穿戴。安，安宁、安定、稳固。居，居住、居所。乐，快乐、乐于。俗，风俗、习惯。

⑧邻国相望，鸡犬之声相闻，民至老死，不相往来：邻，相邻。望，向远处看、看望、察看。闻，听、听见。至，到。

**语义直译：** 小小的国家，少少的人民。让他有成十成百的器具不用；让人民重视死亡而不向远处迁移。即便有船有车，也没有乘客乘坐。即便有盔甲兵器，也没地方陈列。让人民回到结绳记事而用（的时候）。

使他的食物甜美，赞美他的服装，使他的居住安定，乐于他的习惯。邻国相望，鸡犬声音互相听得到，人民到老死都不互相往来。

### 悟道万象

治理管理，实在费心。

悟道行道，实在挠人。

所以，老子老人家殚精竭虑、察观天地，为我们总结了那么多的要点、观点、妙招，目的就是要大家以平和的手段、温柔的方式，水到渠成地实现太平盛世的目标，实现仁慈爱民、各乐其居的美好景象。

这样的景象好不好实现？

好实现也不好实现。

为什么？老人家的观点，要想好实现，那就要是这样的景象。

"小国寡民"。地盘要小，人要少。为什么？地小人少，相互连接少，连接少自然矛盾少。三亩地养10只羊，你爱咋吃咋吃，能有什么矛盾。没矛盾还有什么可争的。用现在的语言系统，资源禀赋能极大满足生物存在，就可以不争。我们不妨通过新闻观察，某村改革开放初期一穷二白，一家种苹果难免要晚上照看果园，几年后家家种苹果，成了苹果之乡，岂止没有了丢失苹果的问题，连惩罚孩子都变成"不听话，站那吃个苹果"。

如果有小国寡民的条件，人民该怎么办？

老子说，"使有什伯之器而不用"，这里的"伯"，通"佰"，让他们即便有十个百个器具也没用，无用武之地。比如，你即便现在有100个镢头，你还会用它刨地吗？

"使民重死而不远徙"。教育他们养成重视死亡之事，故土难离，不要产向远方迁移的想法。动起来，就有想法，有想法就有了和新地域相关人员的利益瓜葛，有了瓜葛，就是矛盾，就得争。

"虽有舟舆，无所乘之"。即便有船有车，但没办法乘坐。为什么？一是不想走，二是走不了。故土难离的观念，让人不想走，严控行程码，让人想走不能走。

"虽有甲兵，无所陈之"。即便有盔甲兵器，没地方陈列。为什么没地方陈列？一是自家不需要，二是不许私藏刀兵，必须上交，秦始皇"销天下兵器，作金人十二以象之"是不是就是这样如此。米国枪支泛滥每年死几万人是不是就是反例。

"使民复结绳而用之"。让人民重新回到原始社会，用绳打结来记事。什么意思？不但不用开民智，要通过手段，让人们回到原始状态、蒙昧之时，不多想，不想多。

生活状态解决了，没武器、不远离、没法走、不想走，只是客观条件。

那么主观问题能解决吗？

当然能。

老子说"甘其食"，让他吃甜美的食物，吃好，要想管住他的人，就先管住他的胃。"美其服"，赞美他的服装，哪怕穿的是树叶，一见面也要夸他，今天你这身树叶很漂亮啊，大小刚好，该遮的都遮住了。"安其居"，让他住的地方安定。"乐其俗"，快乐他的民俗，快乐他的习惯，竹竿子舞跳起来，拍手跺脚地唱起来，"你要开心就拍拍手，你要是感到幸福你就跺跺脚"，大家一起嗨起来。

吃好，喝好，穿好，住好，玩好，好快乐，谁会走呢，谁愿意走呢？

所以，思想问题要以满足物质问题来解决，美国著名战略问题专家布热津斯基提出的"奶头战略"就是这样解决问题的。

最终要达到的结果是什么？

"邻国相望，鸡犬之声相闻，民至老死，不相往来"。小小的国家，少少的人，远处抬眼一看都能看见，鸡叫狗叫声也能听见，但人民直到死，都不互相往来。

断开连接，世界便从此太平，人间便从此大同。

可以吗？

这是老子的意思吗？

很多很多的解读，都以为这一章节在说，老子老人治理管理的理想是"小国寡民，邻国相望，鸡犬之声相闻，民至老死，不相往来"。博大如老子一样的人，会这样描述自己的理想吗？以这样极端原始、极端简单的方式描述自己的理想？

可怜被误解了多少年的老人家。

上一章老子说"正言若反"，这正话说的跟反话一样，反话也被理解的跟正话一样。

不对吗？

必然不对！目前所有的章节划分，基本都是以王弼的版本在进行解读，王弼之前，有明确的章节吗？

老子讲道时，划分了明确的章节了吗？

滔滔江水，汹涌而来，为方便识别，划线标识，有了标识，难道就用标识断定了水流？

所以，在文章的末尾，老子告诉我们，正话反话，是要靠自己去理解的，有的听起来是正话，可能是反话；有的是反话，可能恰恰是正话。打你一耳光的人，有可能是救你的人；说你真英雄的人，可能正在鼓励你去害人。

正言若反，反行若正。

这可能就是老人家的真实想法。

不过，随着时代的发展，老子这样的大同世界的理想是否能够实现？

答：很有可能实现，但人类之间的争斗永远会存在。

为什么？

老子说，小国寡民等等，核心是国要小、人要少、连接要断开，但物质生活和精神生活要丰富。这能不能够实现？

可以。

随着现代生产力的不断提高，只要没有战争，作为人类基本的生存生活的物质资源必将极大的丰富，吃穿用度，在没有刻意标榜身份或者材质的条件下，已经有了"全民满足并平等富裕"的形态，而且随着生产力和生产方式的不断进化，这样的形态愈来愈能够确立。

这样的生产力和生产方式及其发展，已经不再适合以"国土面积大小"作为"小国"的评判标准了。国土面积大依旧可以实现资源和人口使用的极差化，而且现实地看，可能国土面积越大，反倒越有利于实现这样的理想。

寡民。随着生产力和生产方式的变化，用人类本身的力量作为劳动力的时代正在远去，如果缺乏了这个基本的动力，那么繁衍的功能将仅仅是繁衍的任务和乐趣，没有或者淡化了这样的任务和乐趣，寡民将是不争的事实，"少子化"的社会、不愿生的社会已经开始显现。可以预见的将来，即便是目前生育率最高的非洲，在生活质量或方式不断提高之后，生的欲望也会不断减少，这是道——规律，人口增减和欲望满足之间的规律。

"使有什伯之器而不用"。随着机械化智能时代的到来，你需要什么工具？吃喝拉撒工厂化的定制产品，还需要你做什么？饭来张口衣来伸手并非不可能，外卖不是已经有了这样世界的雏形？除了你有动手的爱好，否则你基本已经无需多做什么。

"使民重死而不远徙"。尽管重死的观念还仍旧存在，但"青山有幸埋忠骨，哪里黄土不埋人"的观念也已经普遍，还有多少人在留恋故土，回不去的不仅仅是故乡，还有重死的观念。而远徙，地球已经成了一个村，还有什么远不远，徙不徙？

"虽有舟舆，无所乘之"。还需要吗？互联网时代，谁都能够做到不出门便知天下事。随着智能化的进一步发展，当前物流的运转形态还会再继续发生变化，机器人的时代必将取代现在的人工物流状态。

"虽有甲兵，无所陈之"。这个，是肯定可以实现的，而且除了美国，基本都能实现。随着时代的发展，和平将是永远的主题，随着时代的发展，甲兵也会是生物的、病毒的、精神的，已经无需专门的陈列之地了。

"使民复结绳而用之"。这已经不可实现了，故乡回不去，过往也回不去。历史的车轮到了现在，只会越来越滚滚向前，越来越好。当然，也不排除智能化、机器人的大量使用后，不需要动脑的人类，一部分会重新回到愚昧的初始状态。

"甘其食，美其服，安其居，乐其俗"，似乎并不是什么大事。

至于邻国相望，鸡犬之声相闻，民至老死，不相往来。都6G了，随着7G、8G、18G的不断发展，虚拟技术的不断发展，还需要面对面说话吗？还需要线下互动吗？可能除了繁衍和抚养阶段的线下互动，都线上了。

这不就是共产主义社会的美好前景吗？这不就是大同社会的美好前景吗？

能实现吗？

中国不可能单独于世界而实现。当命运共同体成为全世界人民的共同信念后，没有什么不可能。

历史的车轮滚滚向前，当疯狂、歇斯底里地阻挡消失后，大同，可以大同。

但老子的道，还会存在。

世界变了，那时的道，可能需要新的悟道。

至少，应该有新的适合时代的解读。

# 第八十一章　信言不美，美言不信

信言不美，美言不信①。

善者不辩，辩者不善②。

知者不博，博者不知③。

圣人不积④，既以为人己愈有，既以与人己愈多⑤。

天之道，利而不害⑥；圣人之道，为而不争⑦。

**注释：**

①信言不美，美言不信：信，言语真实。言，说、言语、言论。美，美好。

②善者不辩，辩者不善：善，善于、好的。辩，辩论、申辩。

③知者不博，博者不知：知，知道、知识、见解。博，广博、知识渊博。

④圣人不积：积，积累、堆积。

⑤既以为人己愈有，既以与人己愈多：既……既……，表并列。为（wèi），表目的。己，自己。愈，越、更加。

⑥天之道，利而不害：利，利益、好处、有利。害，损害、伤害、祸害、害处。

⑦圣人之道，为而不争：为（wéi），做、作为。争，争夺、竞争。

**语义直译：** 真实的言语不好听，好听的言语美不真实。好的不辩论，辩论就不好。知道的不渊博，渊博的不知道。圣人不积累积攒，越是为人自己越有，越是给人自己越多。

天之道，有利而不损害伤害；圣人之道，作为而争夺竞争。

**悟道万象**

像所有长者教诲一样，在庞大的体系论证、旁征博引的分解关键、拈手而来的事例事物、灵活入微的提炼升华后，总有"总而言之""概而论之"的结束。本章作为老子的收尾篇章，慈爱仁厚的老人家还不忘谦虚，还不忘再次提醒大家，要记得分享，把好东西分享给大家，多做好事，多做善事。

我们来看看老子的谦虚。

"信言不美，美言不信"。真话听起来不一定漂亮，漂亮的话不一定真实。我说了那么多实话，有的呢，确实看起来杀气腾腾的，不那么好，但都说了漂亮话，你哪里能听到真话？

诚如老子言，满世界都是漂亮话，你还能听到真话吗？你要费力地从漂亮话里捋出真话，不累吗？真话不一定好听，但给你的信息最直接，最方便你解决问题，除非你不想解决问题。所以，要珍惜不讲方式只讲真话的人，要能"受之垢"，这样才能更好地解决问题。

"善者不辩，辩者不善"。好就是好，不好就是不好，好人好事一般不用申辩，跟你辩论的人，不一定是好人，他要跟你辩论的事，也不一定是好事。所以，最好不辩，我辩了这么多，也不一定好。

现实中是不是这样，好人好事谁会去讨论，但凡要讨论好人好事的，必然存在不善之心，比如，你和A关系本来很好，需要讨论吗？显然不需要。但某天有人说，来我们组织一下，讨论讨论你们的关系，你们的关系还能好吗？搜罗搜罗小事，心里还能没有阴影吗？所以，你总能看到互联网上，有讨论岳飞的、有讨论雷锋的、有讨论董存瑞的、还有讨论英明领袖的，那是来讨论的吗？那是别有用心来挖墙脚的，挖你思想根基里最坚硬的那一块、支撑你信仰的那一块！你看看周边，凡是愿意讨论、总在讨论的，哪一个不是已经被挖倒了的或者接近成为对方一分子的。

真善美总有天道和定论，讨论者再怎么口若悬河、灿若莲花、唾沫朝天，总掩不住他已经背离或者想让你背离真善美的用心。有底气一辩的，不妨辩翻他，揭开他的面纱；没底气的，不用辩。必须要回复的，不妨回复，"尽管我不知道怎么反驳你，但我知道你是错的！"包括对本文。

"知者不博，博者不知"。学问的事，很大很多，每个人都只能知道有限的一部分，深入知道某一方面的，就做不到广博，做到广博的，就不一定能在某个方面深入了解了。我可能就属于博的，不一定知道得很深。

是不是很熟悉，一点浅薄之言，不一定对，也就做个抛砖引玉，不当之处，还请各位领导专家包涵，多提宝贵意见。

是老子跟他们学，还是他们跟老子学，恕我浅薄，其他学说结尾没有这么说的，这样的说辞，很符合老人家的气质。

尽管充满谦虚之辞，但老人家不忘用最后的话语提醒大家两件事。

第一件事，"圣人不积，既以为人己愈有，既以与人己愈多"。高水平的人不积攒积累，所谓的积攒积累，是不自己藏着掖着地积攒积累，你越是为别人着想你就拥有的越多，特别是知识，替别人思考思想越得多，你也拥有的越多；越是给人你越多，你有一个苹果，给了别人你就没有了。但知识不同，你给了别人，你就会得到的越多，因为他会反馈，他的反馈你认可，那是你得到的肯定，你不认可，那是你继续研究的课题，所以你就会得到的越来越多。

为人、与人，好知识、好观点，要分享，要学会分享。

第二件事，这可是老子最后教你的做人原则。"天之道，利而不害；圣人之道，为而不争"。天之道，就是要利于他人而不是损害他人；圣人之道，就是有作为但不争夺，不争名，不争利。

利而不害，为而不争。帮人不害人，做事不争功。

天道，人道。

诚哉，斯言。

仁哉，老子。

后记

# 草根的哲学起航

这可能是个笑话。

煌煌《道德经》由一位农村出身、小理工专业、没有特别哲学教育、没有特别文科教育背景的草根来解读。

而且客观地说，还解读的和别人不一样。

草根对比过很多相关的书籍著作。他们有的玄而又玄，有的引经据典，有的满满的牢骚感，更多的是断章取义，甚至是胡乱解读。

这可能源于他们自身的出身、学习的专业、从业的环境、对待刺激的态度，等等。

但不管怎样，如果没有正确的三观，那么对待这"第一经"的起始态度就错了。

起始态度错了，再怎么纠正，都难以保证解读得正确。我见过很多三观不正确的饱学之士，解读的经典成了歪理邪说。

为什么要这么说？

因为哲学学说本身就需要说，需要站在解决问题的立场去说。

立场包含着三观，用辩证唯物主义的说法，三观寓于立场之中。

之所以用辩证唯物主义的说法，因为这是我们目前最大多数人能理解的语言系统，如果换做阴阳、五行等传统的语言系统，那就不是给我们当前的人解读了。

所以在解读中，我越来越坚定一个信念：越是弘扬中国传统文化，越要坚持辩证唯物主义；越是坚持辩证唯物主义，越能弘扬中华传统文化。

因为语言的变化发展，以及现代科学体系在思想中的建立，我们正在讨论的以"哲学"命名的中华传统文化。中华传统文化的哲学之中，包含着许多我们现在不太容易理解的东西。

不管叫作哲学，还是中华传统文化，这两者都有一个共同的特点：解决实际问题。

如果不解决实际问题，或者不能够解决实际问题，不能将之用到实际生活或者工作之中，那么不管你怎么解读，那都只是文字解读，脱离生活的文字游戏式的解读。

这就是我在学习解读《道德经》时突然发现的问题，并以这一问题为突破口，解开了所有的疙瘩。

而在深入地解读过程中，我也越发感觉到，老子本来就是用这样的经典，来教导我们该如何解决问题。

解决问题，就这样。在方法论的层面解决问题，而不仅仅是认识论。

所以，这就是我的解读和别人不一样的地方，让老子教给你怎么解决问题。很多的解读，缺的就是这方面的内容。仅仅是认识论的、大讲道理的。

说到解决问题，这可能就和解读者的出身、学业、从业环境，特别是政务处理有一些关系了。

老子的举例、引用、比喻等，都有着现实的来源，特别是当时农耕社会的来源，比如"犹如橐龠乎"的风箱，现在没有拉过风箱的人，很难理解"橐龠"的结构和作用，以及老子想表达的引申义。

而学业方面，没有理工基础的纯粹文科生，很难从原理、理论上解释事物的具体状态，而数理化等理论，本身也是经验哲学分析事物、解决问题的有力工具。所以，很多的化学家、物理学家、数学家后面都有一个哲学家的称谓，比如伽利略、笛卡尔、牛顿等等。

从业背景也是非常重要的一环。你所从业的具体事项，决定了你在很长一段时间里要面对的问题，思考哪些方面的问题。而这，恰恰是很多解读者产生分歧或者有不同理解的根源。而我所从事的新闻宣传工作，恰好是长期关注社会事件、社会发展变化的工作，涉及极其多的意识形态、舆情处置等工作。这一点，可能大学教授、科学研究者们不太接触。而企业的新闻宣传人员，又有一个弊端，他和主业属于若即若离的状态，他不属于主专业，又不可或缺，既在大事件之中，又游离在大事件之外，这样的结果，就是只要你有心，就可以很全貌地观察整个事件的发生、发展。很多花絮细节也在其中。

最后一个很重要的因素，政务处理。在研读解读《道德经》的过程中，我越来越发现，老子更多的是在谈治理管理，如何管理好治理好社会。而"政"正式世间的大道之一，而且是核心的大道之一。

得益于我艰难的职业发展路径，一个只抱定做好工作的小工人，最后一点点地走到一个相对还好的管理职务，而在不同的职务中，同样的事情就有了不同的看法，也有了不同的做法，因此也理解了原来领导为什么要做什么事、为什么这样做这件事。这就是从政的政务处理能力，政务处理，表面是处理事，其实核心是处理人心。

这也是为什么很多领导干部都在主动研读《道德经》等著作，他们都想在中国传统文化中汲取营养，西方的管理科学，不够用，有时还水土不服。

而我在处理政务时不知不觉中实现了一些目标，甚至一些看起来很难的目标。在回顾复盘的时候，我自然地就想到了"道"，并籍此进入更高的哲学殿堂。

这里，不得不提我的新闻著作《帮你用新闻——企业新闻宣传的新观察》，我题写的赠辞就是"向业悟道"，我从中悟到的"道"，新闻之道、意识形态之道、思想之道。本书的很多思想方面的论述，就是研究新闻宣传的思想结晶。

所以，草根也有草根的好处，艰难也有艰难的好处。我对这样的艰难感到难受，但也在偷偷地享受这样的艰难。

也许，草根的成长本身就是道的成长，特别是茁壮成长的草根。

《帮你用新闻——企业新闻的新观察》为本书积累了很多的哲学思想，本书的思想又为下一本真正的哲学书籍《同一辩证法》（暂定名）积累了很多好的火苗，这些火苗，会时不时地在心头冒起，希望它们再燃烧一段时间，将零零散散的火苗串成火焰，然后爆发。

草根的哲学研究，起航。

也许，这真的就是个笑话，非专业人士认真思考之后的笑话。

2022年12月7日夜
于蠹籍堂